Sobre fazer filmes
Uma introdução ao trabalho do diretor

ALEXANDER MACKENDRICK

Editado por Paul Cronin

PREFÁCIO DE MARTIN SCORSESE

wmf **martinsfontes**

Esta obra foi publicada originalmente em inglês com o título
ON FILM-MAKING, AN INTRODUCTION TO THE CRAFT OF THE DIRECTOR
por Faber and Faber Limited, 3 Queen Square, Londres.
© 2004, Hilary Mackendrick
Introdução e notas © 2004, Paul Cronin
© 2024, Editora WMF Martins Fontes Ltda., São Paulo, para a presente edição.

O autor reconhece seu direito de ser identificado como autor da obra.

Todos os direitos reservados. Este livro não pode ser reproduzido, no todo ou em parte, armazenado em sistemas eletrônicos recuperáveis nem transmitido por nenhuma forma ou meio eletrônico, mecânico ou outros, sem a prévia autorização por escrito do editor.

1ª edição 2024

Tradução
Francisco Vergueiro
Acompanhamento editorial
Richard Sanches e Márcia Leme
Preparação
Richard Sanches
Revisões
Lívia Perran
Kandy Saraiva
Produção gráfica
Geraldo Alves
Paginação, capa e projeto gráfico
Rita M. da Costa Aguiar
Tratamento de imagens
Robson Mereu

Dados Internacionais de Catalogação na Publicação (CIP)
(Câmara Brasileira do Livro, SP, Brasil)

Mackendrick, Alexander, 1912-1993
  Sobre fazer filmes : uma introdução ao trabalho do diretor / Alexander Mackendrick ; tradução Francisco Vergueiro ; editado por Paul Cronin ; prefácio de Martin Scorsese. – São Paulo : Editora WMF Martins Fontes, 2024.

  Título original: *On film-making : an introduction to the craft of the director.*
  ISBN 978-85-469-0603-1

  1. Filmes cinematográficos – Produção e direção I. Cronin, Paul. II. Scorsese, Martin. III. Título.

24-205755   CDD-91.430233

Índices para catálogo sistemático:
  1. Filmes cinematográficos : Produção e direção : Arte   791.430233

Cibele Maria Dias – Bibliotecária – CRB-8/9427

Todos os direitos desta edição reservados à
Editora WMF Martins Fontes Ltda.
Rua Prof. Laerte Ramos de Carvalho, 133 01325-030 São Paulo SP Brasil
Tel. (11) 3293-8150 e-mail: info@wmfmartinsfontes.com.br
http://www.wmfmartinsfontes.com.br

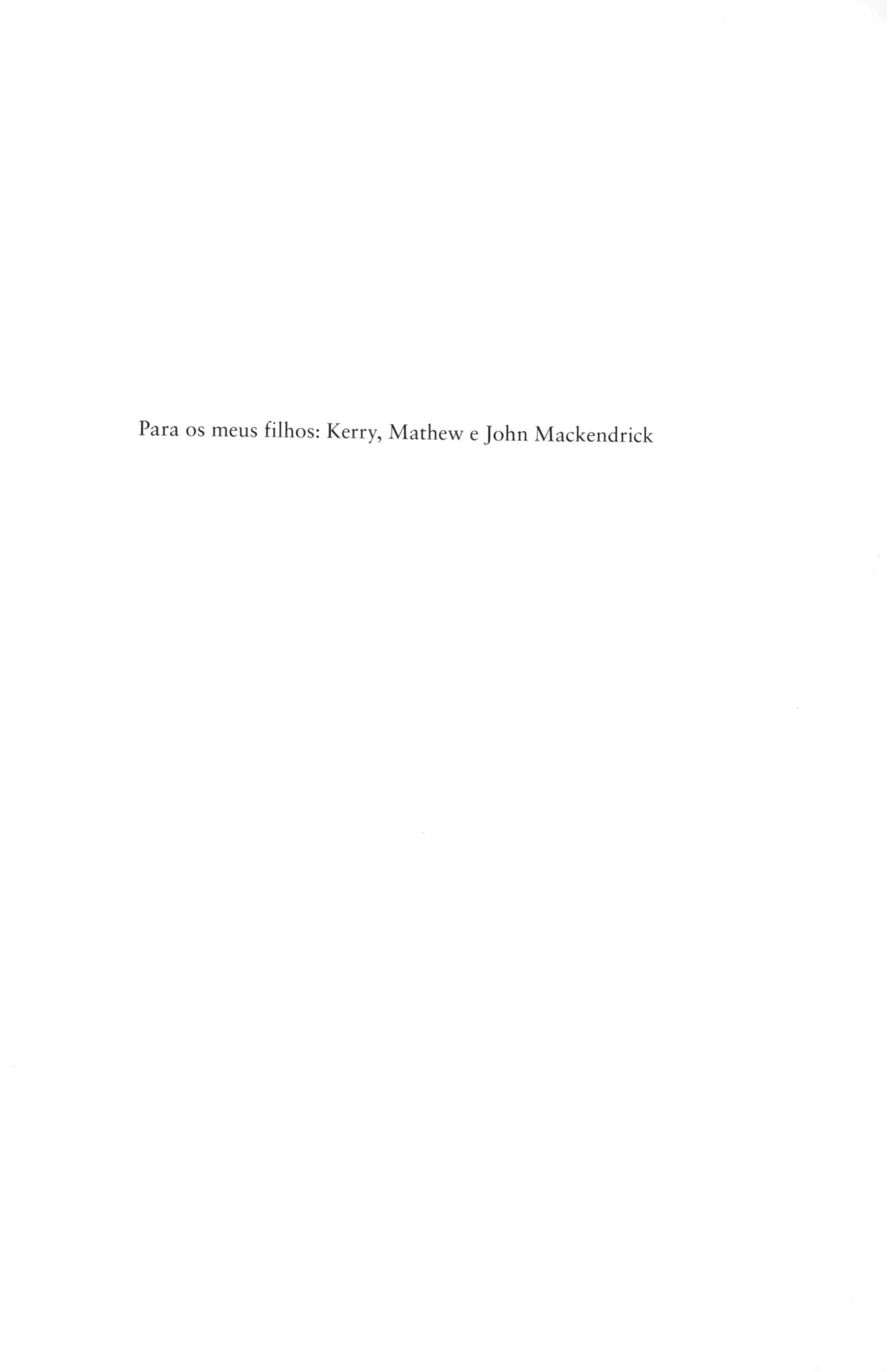

Para os meus filhos: Kerry, Mathew e John Mackendrick

Conteúdo

Prefácio de Martin Scorsese   VII
Introdução   XI
Prólogo   XLI

PARTE UM: CONSTRUÇÃO DRAMÁTICA

A linguagem pré-verbal do cinema   3
O que é uma história?   13
Exposição   30
Tendências modernistas   37
Uma técnica para ter ideias   49
Slogans para o roteirista pendurar na parede   54
Exercícios de construção dramática   60
Quando não escrever um roteiro   89
Era uma vez...   101
Atividade *versus* ação   113
Ironia dramática   120
Revisitando William Archer   126
Plausibilidade e a suspensão da descrença   144
Densidade e subtramas em *A embriaguez do sucesso*   150
Cortando diálogos   205
O exercício de Salomão   211
O diretor e o ator   229

PARTE DOIS: GRAMÁTICA CINEMATOGRÁFICA

A testemunha alada, imaginária, onipresente e invisível   250
Como ser insignificante   254
Geografia mental   258
Condensando o tempo de tela   264
Aula de desenho   274
Ponto de vista   279
O eixo   294
Relações entre planos   313
Cobertura de câmera   321
Movimento de câmera   338
Cidadão Kane   347

Epílogo   355
Sobre o editor   359

Prefácio de Martin Scorsese

Como ensinar direção de cinema? Não sei se já chegamos a um consenso. Parece que cada um aborda essa tarefa de um jeito diferente. O que não deveria causar surpresa. Afinal, trata-se de uma linguagem ainda jovem – pouco mais de cem anos não é nada em comparação aos milhares de anos que a pintura, a dança, a música e o teatro levaram para evoluir. Quais são as tradições da realização cinematográfica? Por onde começar? O que ensinar e em que ordem?

Esta coletânea de escritos de Alexander Mackendrick, além de consistente, é um ótimo ponto de partida. O fato de ser de grande valia para estudantes nem precisaria ser dito – qualquer um que tenha estudado com Mackendrick durante o longo período em que ele foi professor no California Institute of the Arts (CalArts) e que tenha recebido estes textos como material avulso pode atestar o valor deles. Mas também posso imaginar facilmente uma faculdade que ainda não dispõe de um curso de cinema construindo um currículo a partir destes escritos. Eles são extremamente claros, concisos e abrangentes. Mackendrick sabia que não era possível reduzir a produção cinematográfica a uma única coisa. Sabia que fazer cinema tinha a ver com contar histórias, mas também com imagens, com atuações e edição, com ações e palavras. E, acima de tudo, com a prática. As teorias ajudam, mas a prática é tudo. "Ainda que bastem apenas algumas semanas para você se familiarizar com as mecânicas básicas da realização cinematográfica, será necessária uma vida inteira de trabalho duro para dominá-las." Como alguém que se sente como se estivesse apenas começando, que precisa recomeçar a cada novo filme, posso atestar a verdade nas palavras de Mackendrick.

Mackendrick tinha experiência prática, e muita. Ele começou ainda no sistema de estúdios – para ser mais preciso, nos Estúdios Ealing, onde trabalhou em algumas das melhores obras daquela que é vista hoje como a época de ouro das comédias britânicas. *O homem do terno branco* [*The Man in the White Suit*]. *Quinteto da morte* [*The Ladykillers*], o último filme dos Estúdios Ealing e um dos melhores. Para Mackendrick, esses filmes se resumiam a mera prática.

Ele veio para os Estados Unidos depois de fazer *Quinteto da morte*. Burt Lancaster trouxe-o para cá para trabalhar em um filme chamado *A embriaguez do sucesso* [*Sweet Smell of Success*]. Talvez alguns de vocês tenham ouvido falar desse filme – um dos mais ousados, surpreendentes e ferozes já produzidos sobre o tema do *show business* e do poder neste país. "Não posso recomendar esse filme para os alunos estudarem-no quanto à estética", escreve Mackendrick, na abertura de uma seção sobre o processo de escrita de roteiro e as diversas contribuições de Ernest Lehman e Clifford Odets para esse filme. Pode soar como falsa modéstia, já que *A embriaguez do sucesso* é reconhecido, hoje, como um marco do cinema estadunidense. Para Mackendrick, no entanto, tratava-se apenas de mais prática. É algo que leva uma vida inteira e, mesmo assim, parece não ser suficiente. Ele sabia disso.

"Processo, não produto" era seu mantra para os alunos. O processo criativo – não o método criativo, ou o sistema criativo. O processo. Que nunca termina. Mesmo quando se está descansando, esperando que a ideia crie raízes. Mackendrick sabia disso.

Não estou insinuando que ele era um profissional pró-Hollywood e anti-intelectual – basta folhear este livro, com suas referências a Ibsen, Sófocles, Beckett e Lévi-Strauss, para afugentar essa noção. Este volume abrange tudo, de ironia dramática a geografia mental, da relação entre diretor e atores até a sólida estrutura de O ano passado em Marienbad [*L'Année dernière à Marienbad*]. Ainda assim, em quase todas as páginas, Mackendrick deixa claro para o leitor que tudo isso – das lições sobre atravessar o eixo do semicírculo de 180º e a condensação do tempo de cena até as técnicas para cultivar ideias ("coletar dados... organizar os dados... incubar o material... preservar a faísca", faz sentido para mim) – não vale nada sem a prática.

Quanto às diferenças entre realização cinematográfica de filmes de arte e de entretenimento, narrativos e não narrativos, trata-se meramente de questões de gosto e temperamento. Você só vai descobri-las por meio da... prática.

Este livro – esta obra *inestimável* – é o trabalho de toda uma vida de um homem fervorosamente dedicado a seu trabalho e a sua arte e que se empenhou em transferir seu conhecimento e sua experiência para seus alunos. E agora tudo isso está disponível a todos nós. Que presente!

Acima: Alexander Mackendrick (à esquerda) dirige Joan Greenwood (segunda, a partir da esquerda) e Alec Guinness (centro) em *O homem do terno branco* [*The Man in the White Suit*] (1951). Cortesia da The Joel Finler Collection.

Abaixo: Mackendrick contempla a miniatura feita para *Um ianque na Escócia* [*The Maggie*] (1954). Cortesia da The Joel Finler Collection.

Introdução

Não dá para ensinar a escrever e dirigir filmes; é possível apenas aprender, e cada homem ou mulher deve aprender por meio de seu próprio sistema autodidático.

Alexander Mackendrick

Alexander "Sandy" Mackendrick, depois de se aposentar, em 1969, de sua carreira de diretor de cinema, passou ainda 25 anos ensinando seu ofício no recém-inaugurado California Institute of the Arts (CalArts), em Valencia, onde ele produziu centenas de páginas de anotações de aulas e rascunhos. Estes textos cobrem uma vasta gama de assuntos, dos meandros das estruturas narrativas até as tecnicalidades de direção e atuação, da significância mítica e da história do cinema até a ciência de percepção visual. Para Mackendrick, todas essas eram habilidades indispensáveis para o estudante de cinema, sem as quais a habilidade de ser bem-sucedido seria limitada.

A distinta e influente obra de Mackendrick como diretor não é o principal motivo para que seus textos mereçam ser estudados, mas é uma razão por que deveríamos prestar atenção no que ele tem a dizer sobre cinema. Quando chegou ao CalArts, Mackendrick trazia consigo muitos anos de experiência fazendo filmes. Durante a Segunda Guerra Mundial, ele produziu filmes de propaganda para o Ministério de Informação e, como membro da Divisão de Guerra

1. Ver Philip Kemp, *Lethal Innocence: The Cinema of Alexander Mackendrick* (Methuen, 1991). Para mais informações sobre a história dos Estúdios Ealing, ver Charles Barr, *Ealing Studios* (University of California Press, 1998).

Psicológica de Eisenhower, gravou imagens da invasão da Itália pelos Aliados. Durante o começo da carreira nos Estúdios Ealing, em Londres, nos anos 1940, ele trabalhou em uma série de roteiros e desenhou *storyboards* para diversas produções antes de dirigir cinco longas naquela empresa (sendo que suas comédias são consideradas dos melhores filmes que o estúdio produziu): *Alegrias a granel* [*Whisky Galore!*] (1949), *O homem do terno branco* [*The Man in the White Suit*] (1951), *Martírio do silêncio* [*Mandy*] (1952), *Um ianque na Escócia* [*The Maggie*] (1954) e *Quinteto da morte* [*The Ladykillers*] (1955). Em seguida, Mackendrick fez em Hollywood o lendário e reverenciado *A embriaguez do sucesso* [*Sweet Smell of Success*] (1957), seguido de *Sozinho contra a África* [*Sammy Going South*] (1963), *Vendaval em Jamaica* [*A High Wind in Jamaica*] (1965) e *Não faça onda* [*Don't Make Waves*] (1967)[1].

Para os estudantes de cinema, mais importante do que os nove longas de Mackendrick é sua excelência como autor e professor, funções que desempenhou até a morte, em 1993, aos 81 anos. Cópias de suas anotações ainda são bens de alta estima entre os ex-alunos formados no CalArts, que falam de seu mentor com veneração. Planejadas para orientar os estudantes nas disciplinas que Mackendrick chamava de Construção Dramática e Gramática do Cinema ("os dispositivos visuais e narrativos que foram desenvolvidos por meio de direções e atuações inventivas durante a breve história do cinema"), as anotações são estudos magistrais acerca das duas principais tarefas com que se defrontam os diretores de cinema: como estruturar e escrever a história que pretendem contar e como usar esses dispositivos específicos do meio de cinema para contar tal história da maneira mais eficaz possível. Desprovido de obscurantismo e se concentrando no prático e no tangível, em vez dos conceitos abstratos do cinema como "arte", elas mostram que Mackendrick era dotado não apenas do talento de fazer filmes, mas também do de articular com clareza e discernimento o que esse processo envolve.

As razões pelas quais Mackendrick decidiu se aposentar como diretor e se tornar professor não são difíceis de entender. No fim dos anos 1960, como Patricia Goldstone apontou, ele "se viu gastando mais energia fazendo negócios do que fazendo filmes"[2]. Mackendrick admitiria, depois que os Estúdios Ealing foram vendidos, "Vivi um momento desanimador de diversas formas como diretor autônomo no mercado, algo para o qual nunca fui talhado".

> No Ealing havia uma figura paterna – o produtor Sir Michael Balcon – que, com sua administração, me protegeu quando iniciei na indústria em 1946. Durante dez anos, fui terrivelmente mimado, pois todos os problemas logísticos e financeiros eram tirados dos meus ombros, ainda que eu tivesse de fazer os filmes que me fossem designados. A razão pela qual descobri que sou muito mais feliz dando aulas é que, quando cheguei aqui, depois do colapso do mundo tal qual eu o conhecia no Ealing, descobri que para fazer filmes em Hollywood você precisa ser um negociador. Eu não só não tinha nenhum talento para isso, como havia sido acostumado a não ter respeito o suficiente para com os negociadores. Entendi que estava no ramo errado e dei o fora.[3]

Hilary, a viúva de Mackendrick, lembra que, "independentemente de quão ambivalente Sandy fosse com relação ao confortável mundo do Ealing em comparação com a carreira no cinema independente, ele tinha um salário regular, o que o aliviava da pressão de buscar uma fonte de renda para sobreviver entre projetos".

2. "The Mackendrick Legacy", *American Film* (março de 1976).

3. De uma entrevista não publicada, concedida no escritório de Mackendrick no CalArts, em 8 de março de 1990, conduzida por John McDonough, a quem eu agradeço por me deixar citar essa conversa.

4. Ver o artigo "Mackendrick Land", de Philip Kemp, *Sight and Sound* (inverno 1988/89).

5. Por diversas semanas no final dos anos 1970, Mackendrick deu aulas na National Film Television School, em Beaconsfield, perto de Londres, onde o escritor e diretor Terence Davies foi um de seus alunos.

6. Charles Champlim, "Putting It on Film Key to New CalArts Program", *Los Angeles Times* (31 de agosto de 1969).

Ademais, pouco antes de Mackendrick começar a trabalhar no CalArts, seu épico histórico *Mary Queen of Scots*, pelo qual nutria um apego de longa data, acabou naufragando e o filme foi cancelado[4]. Hilary Mackendrick diz que "Sandy se sentia de fato vulnerável, mas, com a elegância que lhe era peculiar, se recusou a tomar as medidas legais necessárias para que o estúdio honrasse o contrato. Ele disse: 'Serei pago para fazer filmes, e não para *não* fazer filmes.' Ele sofreu de depressão crônica por toda a vida e, desde a infância, sempre fora gravemente asmático, o que causou o enfisema que acabou levando-o à morte. Sandy ficava desesperadamente preocupado quando estava sem trabalho e sem um projeto no horizonte, e sentia-se amargurado com a forma como era tratado pela indústria cinematográfica". Naquele momento, o CalArts estava procurando alguém para o cargo de reitor da recém-criada Escola de Cinema e Vídeo e, após algumas reuniões, um contrato foi oferecido a Mackendrick, que o assinou com prazer[5].

Um folheto do CalArts do começo dos anos 1970 explica que o instituto vinha buscando um "líder dentre os cineastas profissionais que não seja um prisioneiro da tecnologia, mas, sim, alguém que dela usufrui de modo criativo e para quem ensinar jovens artistas da área do cinema não seja uma maneira de imortalizar a própria imagem". O jornal *Los Angeles Times* apontou em 1969 que Mackendrick originalmente apreciou a oferta "sem um conhecimento claro acerca das filosofias que vigoravam ali [no CalArts]. Mas depois de sondar reuniões do corpo docente por três ou quatro dias, nas quais [os integrantes] discutiam suas despretensiosas ideias interdisciplinares, Mackendrick afirmou: 'Eu tinha sido fisgado; não sabia se eles me queriam, mas sabia que eu os queria[6]'".

Apesar de ter cursado apenas um ano da renomada Glasgow School of Arts (a qual abandonou para assumir uma vaga no departamento de arte da agência de publicidade J. Walter Thompson, em Londres), Mackendrick achou intrigantes as aberturas oferecidas pelo CalArts, dizendo, em 1977, que "a ideia de começar como reitor de uma escola de artes, mesmo sem nunca ter concluído um curso de artes, era engraçada demais para resistir[7]". Depois de ter trabalhado como diretor de cinema por tantos anos, Mackendrick acreditava que o CalArts seria o melhor lugar para ele canalizar suas energias e dedicar-se à sua "atual paixão", a "questão sem resposta": o fazer cinematográfico poderia ser ensinado? – uma questão que o deixaria cada vez mais fascinado. "Eu me encontro de todo preso a essa coisa específica que estou fazendo agora, por uma estranha e imbatível mistura de exasperação e curiosidade, e estou me dedicando de corpo e alma para descobrir como isso funciona", explicou Mackendrick. Ao observar que achava "bastante emocionante" estar associado aos rituais de passagem de seus alunos, ele explicou que durante seu primeiro ano no CalArts ele teve medo de aprender a lecionar, "porque acredito que, em essência, é isso que faz um diretor na maior parte do tempo".

Michael Pressman, que hoje é produtor e diretor, esteve presente na primeira aula de Mackendrick no CalArts. "Sandy amava lecionar, e a gente podia sentir quão animado ele ficava com aquilo", diz Pressman. "Ele tinha diversas carreiras: ilustrador e cartunista, *designer* gráfico, roteirista, depois diretor e, então, professor. Havia abandonado a indústria do cinema, e muitas pessoas da área não entendiam o porquê. Eu tinha 20 anos e certamente não entendia. Hoje, depois de 25 anos no ramo, faz sentido para mim: Sandy não se interessava pelas maquinações de Hollywood. O CalArts

7. "The American Film Institute Workshop with Alexander Mackendrick" (1977).

8. Um antigo panfleto do CalArts explica que Mackendrick passou a integrar o instituto como professor em 1969, dois anos antes da chegada dos primeiros alunos. Nesse período, ele foi "essencial para o desenvolvimento do programa de Cinema e Vídeo do instituto" e teve um papel "importante no desenvolvimento do próprio instituto". Até hoje a Escola de Cinema e Vídeo segue os pilares que Mackendrick construiu décadas atrás.

9. O programa do curso Filmes Gráficos, liderado por Jules Engel, nasceu do desejo do estúdio Disney de criar uma fonte de animadores que se adequassem às necessidades da empresa. Logo ficou claro que os alunos de Engel não estavam sendo orientados na direção da animação comercial como deveriam, então foi criado o departamento de "Animação de Personagens" do CalArts (de onde saíram alguns dos profissionais mais bem--sucedidos do CalArts, incluindo os diretores Tim Burton e John Lasseter).

10. Richard Schickel, *The Disney Version* (Discus, 1968), p. 306.

11. Charles Champlim, *op. cit.*

era o ambiente perfeito para ele, um lugar onde ele podia passar para os alunos o inestimável benefício de seu conhecimento." Hilary Mackendrick diz que "foi como professor que Sandy encontrou seu verdadeiro *métier*, e suspeito que seus impressionantes talentos eram mais apropriados para o magistério do que para fazer filmes. Sei que seus últimos dez anos no CalArts foram os de maior realização profissional".

Considerada por muitos uma das escolas de ensino superior mais progressistas dos Estados Unidos, o California Institute of the Arts, como diz um panfleto recente, "foi incorporado em 1961 como a primeira instituição de aprendizado criada nos Estados Unidos para formar especificamente alunos tanto das artes visuais como das performáticas. O instituto foi concebido graças à visão e à generosidade de Walt e Roy Disney e à junção de duas escolas bem estabelecidas, o Los Angeles Conservatory of Music, fundado em 1883, e o Chouinard Art Institute, fundado em 1921"[8]. Sob a orientação de Disney, programas de graduação em dança, teatro, *design*, estudos críticos e cinema/vídeo (incluindo o influente e experimental curso de animação[9]) foram acrescentados aos de arte e música. Richard Schickel escreveu que, para Walt Disney, o CalArts era, "em uma grande escala, seu próprio sonho de uma utopia artista reconstituída; como se as antigas aulas em estúdios de arte tivessem amadurecido. Uma boa parte do patrimônio de Disney foi destinada a isso, seu último monumento, que ele via como um local onde todas as artes pudessem interagir e estimular umas às outras"[10].

Criada "com o sonho de iniciar uma tradição acadêmica heterodoxa"[11], o CalArts sempre assistiu à "industrialização" das artes com salutar desinteresse. Apesar de desde o princípio ter alimentado Hollywood com seus melhores e mais brilhantes alunos, o instituto foi originalmente concebido como "um lugar onde os alunos poderiam fazer filmes da forma como um artista pinta quadros, um ambiente criativo, nem vocacional nem acadêmico"[12]. Jack Valero, um dos primeiros professores assistentes de Mackendrick no começo dos anos 1970, lembra que o CalArts "era um local de muita experimentação, uma espécie de paraíso boêmio onde a palavra-chave era 'interdisciplinaridade'. Jamais houve, ali, 'alunos' e 'professores'; apenas artistas com diferentes níveis de experiência. Apesar de cada escola de cinema ter sua própria cara, o fato de se situar nos arredores de Los Angeles, e não no meio da muvuca, sempre propiciou ao CalArts maior liberdade de experimentação do que tinham as outras escolas, como a USC [University of Southern California] e a UCLA [University of California, Los Angeles]". Como explicava Mackendrick, "os estúdios de Hollywood não ousam e não podem bancar tentativas de fazer coisas novas. Nós podemos"[13].

12. "The Mackendrick Legacy", *op. cit.*

13. Charles Champlim, *op. cit.*

Este é um conjunto de escolas de "Arte". Arte com A maiúsculo. Desde o princípio nós declaramos que não somos uma escola comercial: nós não temos o objetivo de prover o tipo de treinamento que prepara alunos para serem contratados pela indústria. Com o termo "indústria" nos referimos, obviamente, à indústria cinematográfica, que, nos Estados Unidos capitalista (gostemos ou não de encarar esse fato), é uma iniciativa movida a lucro, projetada para lançar produtos comerciais para a massa. Em geral, os professores nesta instituição não são a favor do comercialismo. A maioria, se não todos os programas, encorajam os alunos a encarar o trabalho que fazem como um meio de autoexpressão.

Examine esse termo. *Expressão*, no sentido de externalizar conceitos, e *auto*, no sentido dos sentimentos e pensamentos que são individuais. O "Artista com A maiúsculo", que foca na autoexpressão, tem como objetivo produzir obras que apresentam uma imagem de

14. *Ibid.*

15. *Independent* (8 de março de 1991).

16. "The Art of the Film" (*BBC Radio*, junho/julho de 1955).

seus sentimentos, de seus pensamentos e de suas intuições, e então fazer dessas obras algo publicamente acessível.

"Há algo de obsessivo, de compulsivo, na vontade de fazer filmes, e deveríamos nos entregar a esse sentimento, e não discipliná-lo", disse Mackendrick em 1969[14]. Dessa maneira, em vez de trabalhar de acordo com os "padrões comerciais", algo que os alunos provavelmente acabariam fazendo durante toda a carreira caso optassem por entrar na indústria cinematográfica, Mackendrick os incentivava a trabalhar duro nas "projeções pessoais" sobre quem eram eles.

Ainda assim, apesar de o CalArts se concentrar naquilo "a que se chama de cinema independente, e não em direção de cinema"[15], Mackendrick hesitava em falar do cinema como uma "arte", sugerindo que, ao contrário de diretores e seus inúmeros colegas, "um verdadeiro artista trabalha sozinho".

> Existe hoje uma grande leva de profissionais que escrevem e lecionam sobre o que eles chamam de Cinema, escrito com um C maiúsculo. Ou seja, "filmes como forma de arte". Para pessoas como eu, que trabalham em estúdios, o cinema é mais compreensível quando escrito com um c minúsculo e quando a palavra significa algo concreto, muitas vezes literalmente concreto: prédios bastante feios com pôsteres lúgubres do lado de fora.[16]

Como Mackendrick explicou em um dos textos que distribuía para seus alunos:

> Quando comecei no CalArts, logo percebi que eu deveria tentar ocultar uma verdade muito embaraçosa. Apesar de eu ter tido, ao longo de uma longa e ativa carreira, poucos amigos de verdade que não fossem de uma forma ou de outra envolvidos com pintura (ou com

> escultura, com a escrita de livros, peças ou poemas, ou que atuassem no teatro, no cinema ou em ambos), nunca me ocorreu referir a mim mesmo como "artista". Eu pensava em mim como um "profissional". Primeiro na publicidade, depois no cinema, com passagens esporádicas pelo teatro. Um "profissional", ao menos no sentido mais comum do termo, é alguém que está bem longe de ser "independente". Se um artista procura – ou, na verdade, demanda e precisa ter – "liberdade", então o profissional da indústria tem de encarar que o que ele precisa e quer é "dependência", o apoio mútuo e recíproco de outros em uma indústria que produz algo feito para o consumo em massa com a expectativa de lucros enormes.

Para Mackendrick, o trabalho do diretor era um "ofício" que podia ser aprendido por qualquer um disposto a submeter-se ao rigoroso treinamento necessário. Ele, de pronto, detalhava aos alunos do CalArts – muitos dos quais se gabavam de serem "artistas", mas sonhavam com cargos bem pagos em Hollywood, como "profissionais", após se formarem – que havia habilidades muito específicas das quais eles precisavam para se tornarem eficientes contadores de histórias dentro desse sistema, ou, na verdade, em *qualquer* área da produção cinematográfica.

> Ninguém baniria pianos de uma escola de música alegando que a capacidade de tocar é meramente uma habilidade técnica. O que esperamos é que você seja capaz de ler um fotômetro, focar uma lente e usar uma mesa de edição, porque estas são ferramentas do ofício que são inseparáveis da prática da "arte" de fazer cinema.

Escrevendo em 1954 sobre o sistema de estúdios, ele observou que

17. "A Film Director and His Public", *The Listener* (23 de setembro de 1954).

> [toda a] elaborada usina industrial é uma máquina que não pode funcionar até que uma ou duas pessoas se encarreguem de alimentá-la com a mais tênue matéria-prima que existe – uma ideia criativa. Eu uso a palavra "criativa" com alguma apreensão. Já me referi a isso usando os termos arte e autoexpressão. A maneira mais certeira de passar vergonha em meio às pessoas que realmente trabalham em estúdios de cinema é usando essas palavras. Elas soam um tanto indecentes. Não se trata de humildade da nossa parte. É diplomacia. Quando sabemos que alguém está arriscando uma quantidade grande de dinheiro, achamos que não é de bom-tom ressaltar nosso temperamento artístico. Isso enerva os homens de negócios. E como o dinheiro com o qual apostamos é quase sempre deles, o mínimo que podemos fazer é agir como se fôssemos pessoas confiáveis e responsáveis: não artistas, mas artesãos, pessoas que são muito bem pagas para empreender um ofício e que podem garantir a produção de mercadorias de qualidade.[17]

Apesar de Mackendrick respeitar habilidades "criativas" natas, ele acreditava que estas eram ineficientes se não fossem acompanhadas de "confiança e responsabilidade" e de uma base sólida de conhecimento técnico. Apenas com tais qualidades, aliadas aos imprescindíveis comprometimento e trabalho intenso, os alunos do CalArts seriam capazes de alcançar seu real potencial. "Ainda que bastem apenas algumas semanas para você se familiarizar com as mecânicas básicas da realização cinematográfica", escreveu Mackendrick, "será necessária uma vida inteira de trabalho duro para dominá-las".

Devido às suas convicções sobre a necessidade de apresentar alguma forma de treinamento para alunos de cinema, a abordagem de Mackendrick era vista por muitos do CalArts como parcialmente antitética ao que o instituto se empenhava em ser: uma arena para a completa liberdade de autoexpressão, um laboratório experimental livre de qualquer consideração comercial para com a indústria. Mackendrick estava ciente do apelo de narrativas experimentais e ativamente encorajava seus alunos a seguir tais caminhos, certificando-se de que houvesse uma grande gama de professores na escola de cinema. Don Levy e Nam June Pail ensinavam cinema de vanguarda, Jules Engel orientava alunos de animação experimental, e Terry Sansers e Kris Malkeiwicz instruíam aqueles interessados em documentários. Mas ainda assim ele sentia que muitos dos métodos de vanguarda eram, na melhor das hipóteses, controversos e, na pior delas, uma fuga das reais tarefas dos estudantes como cineastas. "Sandy constantemente aconselhava alunos a se perguntarem exatamente na frente de que eles queriam estar ao se dizerem de 'vanguarda'", relembra Lou Florimonte, que lecionou no CalArts com Mackendrick por muitos anos.

> Se não tivessem uma noção de como funcionam a estrutura narrativa e os filmes, no nível mais rudimentar, com o que exatamente eles estavam experimentando? Sandy acreditava que existiam certas "regras" que serviam como base de narrativas, das quais um bom conhecimento seria de grande ajuda para os estudantes dominarem o ofício. Mas ao longo dos anos ele deparou com muitos alunos que sentiam que histórias precisavam de algo mágico ou de algum elemento desconhecido deles mesmos e que resistiam ao modo como ele resumia narrativas a seus elementos mais básicos. Assim, as ideias de Sandy eram vistas por alguns como antiquadas, temerosas e, consequentemente, um tanto comercias, uma visão fundada em sua ênfase na disciplina e na estrutura.

O escritor e diretor James Mangold foi o assistente de Mackendrick por dois anos. Ele explica:

18. Scope: "*Alexander Mackendrick*", BBC TV (1975).

Escolas de arte geralmente atraem o tipo de pessoa que resiste a aprender certas coisas. Sandy era a única pessoa no CalArts que dizia aos alunos: "Ao vir aqui e ignorar isso tudo, vocês estão perdendo a oportunidade de aprender coisas que precisam saber." Apesar de gostar de explorar o trabalho de diretores chamados de "experimentais", Sandy representava a velha guarda e acreditava que havia certas habilidades que contadores de histórias precisavam adquirir antes de despejar seus mundos interiores em suas obras. Como se mostrava inflexível com certas pessoas que queriam criar uma espécie de algazarra emocional antes de nem sequer dominar o básico, Sandy às vezes entrava em conflito com estudantes que acreditavam que ele os estava impedindo de se expressarem.

Mackendrick, conduzido por seu aguçado conhecimento das realidades sombrias da vida na indústria cinematográfica, não sentia que estivesse fazendo isso. Objetivando prover os alunos com a coleção de ferramentas mais funcional e maleável possível, antes de lançá-los ao mundo do trabalho, ele tinha uma abordagem simples, que se resumia a uma meta clara: treinar estudantes "para que pudessem lidar com *qualquer* coisa que pudesse acontecer"[18]. Com as bases da gramática cinematográfica aplicáveis a toda forma de cinema, Mackendrick acreditava que encorajar alunos a se familiarizarem com os conceitos que ele discutia em classe os ajudaria a se expressarem com o máximo de clareza em qualquer área em que escolhessem trabalhar.

Depois de quase dez anos como reitor, Mackendrick se afastou dessa função para focar apenas em suas aulas no CalArts, onde, segundo todas as fontes ouvidas, era um supervisor exigente. "As ideias de Sandy eram bem avançadas para alguns alunos, e talvez seja justo dizer que ele não fosse o professor mais adequado para principiantes", diz o historiador de cinema Philip Kemp. "Na sala de aula, onde ele

Mackendrick dando aulas no CalArts.

tinha uma autoridade impressionante, seu modo de ensinar era bastante rígido, acreditando que, desde que os alunos fossem talentosos e motivados – se tivessem uma necessidade genuína de fazer filmes –, eles aguentariam de uma maneira ou de outra." Mas, apesar de haver nele alguma agressividade e arrogância intelectual, Mackendrick despertava uma lealdade ferrenha e respeito de seus protegidos, que se digladiavam para estudar com ele. "Sandy não se intimidava com ninguém, mas ele mesmo podia ser bastante intimidador", diz Lou Florimonte.

> Era difícil relaxar quando você estava com Sandy, pois ele virava tudo de ponta-cabeça a todo momento, de um modo desafiador e provocativo. Ele nunca tinha a intenção de ofender; queria apenas criar uma energia viva, e como professor ele era extremamente travesso e imprevisível de uma maneira criativa. Para Sandy, o bom nunca era bom o suficiente, e ele aceitava as dificuldades de seus alunos somente depois de esgotados todos os esforços – longas sessões de orientações, exemplificações, discussões, solicitações e ameaças. Seu talento real era ser capaz de observar com impressionante clareza o trabalho que lhe era apresentado, e um simples comentário direcionado a um aluno muitas vezes encaminhava as ideias para o lugar certo. Se um aluno finalmente alcançasse a aprovação de Sandy, ele sabia que tinha nas mãos um projeto pronto para ser levado ao mundo.

Mackendrick tinha muitos métodos de orientar os alunos na direção correta. Um dos mais básicos era a repetição, um pilar importante em seu método de ensino. Muitos estudantes se lembram de sua frase "Processo, não produto" e da crença no que ele chamava de "repetição de direção", a prática de exercícios triviais que faria os alunos ascenderem na curva de aprendizado dos conhecimentos indispensáveis à realização cinematográfica de excelência. Outro expediente, associado à ideia de que os filmes dos estudantes de cinema costumavam ser ou "bem longos" ou "extremamente longos", era botar um cronômetro em sua mesa e iniciá-lo assim que os alunos começavam a contar para a sala a história em que estavam trabalhando. Um terceiro método se baseava em uma série de cartões, que ficavam pendurados nas paredes de seu escritório, nos quais estavam escritos diversos princípios. David Brisbin, um ex-aluno e atualmente produtor de arte, explica que

> Em nossos grupos, de seis ou oito pessoas, cada um de nós escrevia uma cena e as compartilhava com os demais colegas de turma. Nós todos éramos responsáveis não tanto por apresentar críticas aos trabalhos alheios, mas, sim, por encontrar soluções para os problemas estruturais das histórias à medida que fossem surgindo. Nós nos sentávamos para discutir e, quando aparecia um problema, Sandy apontava para um de seus cartões e imediatamente sabíamos de que tipo de alteração o roteiro precisava. Nossa vida estudantil girava muito em torno do que havia pendurado nas paredes daquela sala. A simplicidade dos "*slogans*" era muito útil a todos nós, e os erros que cometíamos eram com frequência tão típicos que os cartões ficaram pendurados lá por anos.

Contudo, a forma mais simples e eficaz de que Mackendrick se valia para obter o melhor de seus alunos talvez fosse esperar que eles trabalhassem duro e entregassem o melhor de si. Ele escreveu sobre como os alunos precisavam persistir incansavelmente para realizar aquilo que ambicionavam e sobre como ele próprio simpatizava com os alunos

> que tentavam evitar aquele trabalho exaustivo, demorado e entediante de coletar dados, ler uma grande quantidade de informações básicas, viajar para conver-

sar com pessoas e explorar lugares. Não é um trabalho fácil, mas constitui o cerne da invenção e uma etapa essencial do processo criativo.

A "criatividade" sempre encontrará espaço para fluir se você for prolífico em sua produtividade, o que significa começar por realizar uma infinidade de tarefas que em geral não se distinguem pela originalidade e são derivativas e imitativas. Quando a produtividade se tornar natural, você terá adquirido uma liberdade na qual sua individualidade particular e pessoal emerge por conta própria. Uma das coisas que frequentemente percebo faltar em alunos quando eles chegam no CalArts não é a imaginação, mas a habilidade de fazer um esforço disciplinado no desenvolvimento de invenções férteis.

Alunos inteligentes e críticos são muito propensos a usar o "pensamento" como um substituto para o trabalho muito mais difícil de "imaginar" em um nível intuitivo, emocional e sensorial. As pessoas que falam sobre as coisas em vez de fazê-las tendem a usar a análise como um substituto para a criatividade. Mas uma declaração sobre o tipo de efeito que você deseja alcançar nunca é um substituto para o trabalho muitas vezes exaustivo que deve ser feito para realmente criar esse efeito. O trabalho é o único treinamento real.

"Eu me lembro de ter escrito, em mais de uma ocasião, um roteiro de três páginas e então mostrá-lo a Sandy", diz James Mangold.

No dia seguinte, ele me devolvia sete páginas contendo anotações e desenhos sobre o roteiro. Como eu era um jovem preguiçoso de dezessete anos, que havia escrito aquelas poucas páginas às pressas na noite anterior, ficava impressionado com o que o Sandy se propunha a fazer como professor. Ele trabalhava muito duro para nós, muito mais do que merecíamos. Ele nunca foi um professor que se limitava pelo horário do expediente e, uma vez que ele fechava a porta de seu escritório no fim do dia, nunca sentimos que ele deixava suas ideias e seus alunos para trás. Sua resposta ao nosso trabalho era o oposto de preguiçosa, incrivelmente passional, e vinha acompanhada de uma espécie de sinal de alerta que eu parecia escutar quando estava com ele. Para mim, esse sinal dizia: "Sou roteirista e diretor de filmes a que vocês continuam assistindo trinta anos depois de eu os ter feito. A determinação e o compromisso que demonstro é algo de que vocês vão precisar para sobreviver no mundo que deixei para trás." Em retrospecto, vim a entender que naquelas sete páginas que desconstruíam e por fim aniquilavam meu trabalho, a lição de Sandy era a de que, para fazer algo bom, é preciso muita diligência.

Contudo, independentemente de quão formidáveis fossem seus métodos de trabalho, para muitos alunos o tempo de convívio com Mackendrick se mostrou inestimável. "Sandy me ofereceu uma base de conhecimentos à qual sempre recorro, muitas vezes inconscientemente, e não há um dia sequer em minha vida profissional em que eu não pense sobre o que aprendi em suas aulas e com suas anotações", diz F. X. Feeney, ex-aluno e crítico de cinema.

Jamais conheci alguém que tivesse uma compreensão tão universal e integrada a respeito de como transpor para a tela do cinema uma história escrita quanto Sandy. O maior elogio que posso lhe render é dizer que ele nos mostrou quão superficial era nossa visão do cinema. Por meio de minha compreensão de suas anotações, consigo articular de forma intuitiva o que exatamente me atrai num filme e – ainda mais importante – o que está faltando num filme ruim. O que tornava Sandy único era sua ênfase no trabalho e seu modo de evitar falar sobre "arte", com abstrações e generalidades. Ele era um construtor de sistemas intuitivo, que combinava a alma de um artista com a perícia de um engenheiro e, com uma atenção aos detalhes que era de fato típica de um homem da Renascença, era dotado de uma compreensão profunda e sistemática a respeito dos intricados pesos e medidas do cinema. Sandy era capaz de observar qualquer aparato e desmontar suas partes e componentes, e ensinava removendo cada camada do elemento para estudá-lo cuidadosamente, fosse uma imagem, uma história, uma cena de *vaudeville* ou uma piada, era possível destravar os mecanismos que o faziam funcionar e, igualmente importante, apontar o que poderia estar faltando ali.

Apesar de a seleção de textos de Mackendrick aqui apresentada estar longe de ser completa, ela oferece um sólido panorama de seus ensinamentos. Uma vez que ele planejava suas anotações para serem usadas especificamente como "um material de apoio a fim de ajudar os alunos a se lembrarem do que havíamos discutido em classe", Mackendrick sempre relutou em disponibilizá-las para pessoas que não estivessem matriculadas em seus cursos. É por isso que diversos textos construídos a partir de cenas específicas de filmes exibidos a seus alunos não foram incluídos neste livro. Exemplos de escritos que ficaram de fora desta coletânea incluem o ensaio comparativo com o título "A peça e o filme: *Édipo Rei*", que, apesar de fascinante, apenas apresenta uma descrição cena a cena de *Édipo Rei* de Sófocles e da versão de 1967 de Pasolini (ambas as quais "merecem ser estudadas puramente por suas estruturas mecânicas", diz Mackendrick). Outro material volumoso repete ideias esmiuçadas em outros textos e então se vale delas para construir uma versão de filme mudo que adapta a primeira metade da segunda cena de *Um bonde chamado desejo*, de Tennessee Williams (sobre a qual Mackendrick explica, com orgulho, que "usa apenas sete legendas que totalizam 86 palavras"). "O objetivo desse exercício", escreve ele, "não é provar que o diálogo é desnecessário para o cinema. E, sim, o oposto. Ao explorar como a gramática cinematográfica pode comunicar grande parte da narrativa sem palavras, somos capazes de isolar e mostrar quanto se acrescenta a um filme pela qualidade de diálogos e atuações do elenco."

"As audições de Watergate" é composto das transcrições e *storyboards* das audições televisionadas que se seguiram ao escândalo de Watergate, e traz questões pertinentes a respeito da natureza de filmes de não ficção. F. X. Feeney lembra que "essa apostila era a forma de Sandy nos fazer entender que todas as formas de televisão e cinema devem ser analisadas em termos da gramática cinematográfica. Estava claro para ele que alguém estruturava a narrativa das transmissões sobre Watergate, assim como as mais simplórias reportagens televisivas, propagandas políticas ou filmes educativos". Mas "As audições de Watergate", tal qual outros textos ausentes deste volume, parece excessivamente vinculado às discussões e exibições em sala de aula e carece da energia dos demais escritos de Mackendrick incluídos nesta coletânea.

Diversos materiais que lidam com a construção dramática também ficaram de fora, como "Do livro às telas: *O terceiro homem* [*The Third Man*]", que compara o romance de Graham Greene com o roteiro que o próprio autor escreveu para o filme de Carol Reed, de 1949, e outro que reproduz um capítulo específico do livro *As vinhas da ira*, de John Steinbeck, ao lado de importantes diálogos da versão cinematográfica de John Ford, de 1940. Um dos exercícios mais memoráveis de Mackendrick foi criado quando ele pegou os *storyboards* que havia desenhado de *Cidadão Kane*, de Orson Welles – um filme contado através de uma série de *flashbacks* –, e os reorganizou em ordem cronológica. ("Não é necessário dizer", escreve Mackendrick, "que dessa forma ele não fica tão bom, uma vez que o que foi descartado é justamente a ideia temática central: a exploração de por que esse homem é assim.") E, apesar de seu longo material de

19. Ver *A Poetics for Screenwriters*, de Lance Lee (University of Texas Press, 2001); *Aristotle's Poetics for Screenwriters: Storytelling Secrets from the Greatest Mind in Western Civilization*, de Michael Tierno (Hyperion, 2002), e *Aristotle in Hollywood: Visual Stories That Work*, de Ari Hiltunen (Intellect Books, 2002).

apoio sobre a Poética de Aristóteles – composto majoritariamente de passagens do clássico grego acompanhadas de esporádicos comentários – também estar ausente desta publicação, Mackendrick não se cansava de encorajar os alunos a lerem essa obra[19]. Diversos escritos que não foram incluídos integralmente neste volume são citados nesta introdução, que também inclui entrevistas com ex-alunos e colegas, bem como passagens dos cadernos não publicados (e jamais datados) de Mackendrick.

No arquivo de Mackendrick há uma grande coleção de esboços de instruções e *storyboards* (acompanhados muitas vezes dos diálogos) de cenas de diversos filmes. Nos tempos anteriores aos aparelhos de VHS e DVD, essas páginas deveriam ser tesouros para os alunos. Mas hoje, por mais talentoso que Mackendrick fosse ao desenhar, esse trabalho manual não seria um substituto à altura dos filmes em si, que incluem títulos como *O segredo das joias* [*The Asphalt Jungle*], *Casablanca*, *Vida de um bombeiro americano* [*The Life of an American Fireman*], *Sindicato de ladrões* [*On the Waterfront*] (o assassinato que abre o filme, o quarto dos fundos de Johnny Friendly e a cena no táxi), *A marca da maldade* [*Touch of Evil*] (a dinamite na caixa de sapato), *Intolerância* [*Intolerance*], *A sombra de uma dúvida* [*Shadow of a Doubt*] (diversas sequências, já que este é um filme que Mackendrick constantemente usava em suas aulas), *Trágico amanhecer* [*Le Jour se lève*], *A grande ilusão* [*La Grande Illusion*], *Desafio à corrupção* [*The Hustler*], *8 ½* (a primeira aparição de Guido no spa) e *Intriga internacional* [*North by Northwest*] (a cena do avião). Dois dos exemplos favoritos de Mackendrick eram a cena final de *Luzes da cidade* [*City Lights*], de Chaplin, e o faroeste de 1957 *Galante e sanguinário* [*3:10 to Yuma*], um filme que Mackendrick julgava ser construído com "simplicidade e economia", cheio de personagens "estereotipados e arquetípicos" e cujos diálogos "possuem um motivo e um efeito imediato".

Como observa o produtor e ex-aluno Thom Mount, "Sandy ensinava que os filmes constituem uma arte popular, e não uma das belas-artes. O giroscópio que apontará a direção correta para os filmes que você produz é uma ampla compreensão da cultura ao seu redor". Assim, entre as páginas de Mackendrick, estão seus textos sobre o desenvolvimento histórico das formas teatrais e as origens e a natureza da narrativa e do drama, páginas que incluem Homero, Virgílio, Hobbes, Kant, Descartes, Kierkegaard, Kafka, Dostoiévski, Bergson, Pirandello, Henry James, Oscar Wilde, Freud, Jung, Bettelheim, Ortega y Gasset, Sartre, R. D. Laing, Walter Benjamin, Margaret Mead, Susan Sontag, Noam Chomsky, Jean Piaget, Somerset Maugham, Konrad Lorenz, Harold Pinter, Marshall McLuhan, Northrop Frye, Robert Frost, Mickey Mouse, entre outros. Mackendrick elaborou anotações sobre temas como mito (que, para as "sociedades primitivas, representava o que as histórias de ninar fazem por nós durante nossa infância"), faz de conta ("um estado psicológico curiosamente sutil e complicado") e religião. Obras que ele considerava particularmente úteis para a compreensão do mito e da narrativa eram o livro de Johan Huizinga, *Homo ludens*[20] ("um estudo do que já foi chamado de suspensão voluntária da crença envolvida no 'brincar', o ato imaginário do faz de conta"), *The Art of Dramatic Writing*, de Lajos Egri[21], e o volume de Keith Johnstone, *Impro*[22] (especialmente a discussão que Johnstone propõe acerca do conceito de "*status*"). Mackendrick produziu, ainda, longos resumos da história do cinema[23] – da pintura rupestre paleolítica a Thomas Edison, de George Méliès a Michelangelo Antonioni – e também apostilas sobre comédia, que são, em larga medida, baseadas no livro

20. *Homo Ludens: A Study of the Play-Element in Culture* (Beacon Press, 1955; publicado originalmente na Alemanha em 1944).

21. Touchstone Books, 1972.

22. *Impro* (Methuen, 1981). Ver também *Impro for Storytellers* (Faber and Faber, 1999).

23. Mackendrick cita *Understanding Movies*, de Louis Giannetti, *Film/Cinema/Movie: A Theory of Experience*, de Gerald Mast, e *Behind the Screen: History and Techniques of the Motion Picture*, de Kenneth MacGowan, em apostilas sobre os primórdios do cinema. Outro livro que Mackendrick usava em aula é o fascinante *Archaeology of the Cinema*, de C. W. Ceram (Harcourt, Brace and World Inc., 1965), "a história definitiva do cinema antes de 1897".

24. *Enjoyment of Laughter* (Simon and Schuster, 1936).

Enjoyment of Laughter, de Max Eastman[24]. (Mackendrick dizia a seus alunos que, "Se você tem a ambição de fazer comédia, você não vai aprender muito com os livros".) Como um resumo final para uma aula de encerramento de um curso, Mackendrick escreveu para os alunos:

> O que tenho tentado demonstrar para vocês enquanto estivemos vivenciando todas essas histórias – histórias tão variadas quanto mitos pré-históricos, antigos contos épicos de deuses e heróis, obras clássicas do teatro, histórias folclóricas, contos de fadas, anedotas e, por fim, entretenimento comercial de massa? É isto: todas elas parecem compartilhar uma anatomia semelhante. Embora muito diferentes em seu conteúdo, elas são curiosamente semelhantes em sua estrutura.

Por fim, um elemento importante dos ensinamentos de Mackendrick, que ele acreditava ser fundamental para a compreensão do ofício de diretor, surge de seu interesse pela ciência e de suas vastas leituras a respeito dessa disciplina. Apesar de não ser o primeiro diretor a explorar esse território (por exemplo, John Alton, em *Painting with Light*, seu clássico livro de 1949 sobre direção de fotografia, escreve que "o cérebro humano é o estúdio de televisão mais completo e bem equipado que existe"), Mackendrick acreditava que seus alunos deveriam ter uma compreensão elementar de como o cérebro funciona quanto à percepção visual ("a leitura mental da informação que vem dos olhos"). Os alunos possivelmente o encararam com uma expressão confusa quando ouviram que precisariam aprender como o movimento de imagens é lido pela retina, ou se perguntaram por que deveriam estudar apostilas como "A evolução dos olhos e do cérebro", "Persistência da visão", "A ilusão de movimento em filmes" e "O sistema neurológico e níveis de atenção". Mas Mackendrick estava convencido de que essas coisas precisavam ser entendidas e, em um de seus cadernos, explicou como

> os princípios da psicologia da percepção são importantes para a compreensão dos alunos sobre os efeitos do movimento da câmera e de seu valor no estudo da gramática cinematográfica [...]. Particularmente no cinema narrativo/dramático, o diretor deve confiar nos "truques" que enganam os olhos e o cérebro. Valendo-se dessas "falhas" nos processos perceptivos, ele constrói, a partir de fragmentos de imagens e sons, uma "realidade" nova e persuasiva – porém, fictícia.

Mackendrick citou o trabalho do neuropsicólogo Richard L. Gregory, cujo trabalho é resumido em uma apostila[25].

> O argumento de Gregory é que mesmo nossa percepção rotineira da realidade é de algum modo ilusória. A linguagem de filmes/vídeos constitui um sistema de sinais visuais e auditivos que leva significado e estrutura para a mente, não para os olhos. O mecanismo dos olhos (não apenas o aspecto físico dos olhos, que lembram uma câmera, mas também a química nerval de bastonetes e cones na retina) fornece informações que passam ao longo do nervo óptico até o córtex, onde o sinal é decodificado e interpretado. Esse é um processo complexo, mas o que é importante para o diretor de cinema entender é que o cérebro (o olho e o ouvido da mente) está ativo. Os olhos podem fazer parte da decodificação, mas é o cérebro que lê as informações visuais e orais, às vezes confiando nas informações de ambos, além de recorrer à memória armazenada para encontrar significado. Em suma, a percepção não é uma atividade passiva: ela envolve tomar uma decisão sobre os dados sensoriais que são fornecidos.

As diversas páginas sobre a ciência da percepção e da visão não foram incluídas aqui porque estão ou defasadas, ou acessíveis de uma forma mais compreensível, ou ambos.

25. Ver *Eye and Brain: The Psychology of Seeing*, de Richard L. Gregory (Oxford, publicado originalmente em 1966, agora em sua quinta edição).

26. "Do Make Waves: Alexander Mackendrick interviewed by Kate Buford". *Film Comment* (maio/junho de 1994).

27. AFI Workshop.

As anotações de Mackendrick geralmente não contêm anedotas sobre seu próprio trabalho como diretor (sendo a exceção mais óbvia o longo texto sobre *A embriaguez do sucesso*, na parte um: "Construção dramática"). "Um diretor nunca deveria, de maneira nenhuma, tentar se 'explicar'", escreveu ele. "Mais ainda: a impossibilidade de ser objetivo sobre o próprio trabalho é o que torna mais instrutivo e útil o uso de obras alheias como materiais de estudo, já que assim podemos ser mais objetivos." Porém, o principal motivo de Mackendrick evitar usar seus filmes como exemplos em sala de aula é que ele estava cada vez mais convencido do "mal que causava aos jovens aquilo que se conhece como 'culto ao diretor' – o diretor como uma figura responsável por tudo", uma noção que ele estava "dedicado a erradicar". Para Mackendrick, a própria palavra "diretor" implicava estar de posse das habilidades dos outros tanto quanto daquelas de seu próprio ofício, se não mais. Ele explicava que "o verdadeiro papel de um diretor envolve mais do que ter experiência prática em diversas áreas técnicas – implica ter a capacidade de agir como um líder capaz de orientar um grupo composto de outros indivíduos talentosos". Na realidade, grandes diretores "se dissolvem e desaparecem em meio ao trabalho", ao mesmo tempo que fazem "outras pessoas brilharem"[26].

> Eu não sou nada mais do que a força centrífuga que mantém unidas essas distintas interpretações. Até posso pensar que fiz tudo, mas eu estaria me iludindo, pois o trabalho de um diretor é meramente canalizar o talento dos outros.[27]

Uma das crenças mais imperativas de Mackendrick a respeito da natureza criativa de fazer filmes – e a principal conexão entre as duas seções deste livro – era a importância de roteirista e diretor trabalharem juntos para levar à tela suas respectivas visões em um único filme. Para Mackendrick, as questões técnicas da gramática cinematográfica nunca deveriam ser exploradas em desconexão com a história e, ao mesmo tempo, qualquer obra narrativa cinematográfica que fosse competente era um inegável exemplo de como "a forma nunca se distingue por completo do conteúdo". Mackendrick sempre ressaltava que tudo em um filme deveria funcionar em favor da narrativa, fosse a iluminação ("Que clima e tom emocional podem ser estabelecidos por meio do uso de luz e sombra?"), a edição ("Se eu cortar aqui, o que será revelado ao público, o que ficará de fora e como isso me ajudará a contar a história?"), o enquadramento e a amplitude do plano ("Se eu usar um close-up aqui em vez de um plano geral, o que estou pedindo que o público pense?"), o movimento de câmera ("Se eu mover a câmera, de qual ponto de vista o público vivenciará a ação?"), ou a ação ("Como posso usar este adereço para transmitir determinado ponto da história ao público sem dizer nada?"). "Cada elemento do filme", escreveu Mackendrick, "deve ser necessário para o efeito geral."[28] Basicamente, a ampla variedade de conceitos articulados nas duas seções deste livro sempre teve a intenção de reforçar uns aos outros.

    Ao traçar, em duas complexas apostilas, os movimentos físicos precisos dos personagens em diversas cenas de *A marca da maldade*, de Orson Welles, e *Sindicato de ladrões*, de Elia Kazan, e ao alertar seus alunos sobre os movimentos de câmera e amplitude de planos usados para reforçar o conteúdo temático, ao expor como os personagens interagem entre si e com os objetos de cena, Mackendrick era capaz de mostrar quão unificadas eram suas anotações sobre gramática cinematográfica, construção dramática e

28. "As I See It with Alexander Mackendrick", *Film Teacher* (primavera de 1953).

atuação. "Como alguém planeja os ângulos e movimentos de câmera, os movimentos dos atores e toma as decisões sobre quando cortar de um para o outro?", perguntava ele em um dos materiais.

> Nem é preciso dizer que se deve começar pela história. Ao trabalhar com um texto, a primeira coisa que um diretor deve fazer é dividir a cena em movimentos. Não me refiro a movimentos físicos, mas aos momentos dramáticos, que marcam as intenções dos personagens, os passos da progressão da história, que só depois são gradualmente traduzidos na encenação dos atores. O que os alunos devem fazer é pensar primeiro a partir do ponto de vista do ator e só então considerar como as coisas vão aparecer no visor da câmera.

Existem diversos guias práticos sobre a produção de filmes, e muitos outros que buscam ensinar a habilidade de escrever para o cinema[29]. Enquanto preparava esta coletânea, li um bom número desses textos, algo que me possibilitou entender o que torna tão distinto o livro de Mackendrick.

Para começar, diferentemente da maioria das publicações sobre o tema, *Sobre fazer filmes* é escrito por um diretor genuíno, um homem cujas conquistas cinematográficas são reconhecidas mesmo 35 anos depois que ele dirigiu seu último filme. Além disso, seus insights como professor vêm não apenas de seus anos de experiência prática, de seu tempo como roteirista e diretor profissional em Hollywood e em outros lugares (Mackendrick tinha quase 60 anos quando deu sua primeira aula), mas também de seu subsequente estudo de vinte anos sobre como a produção cinematográfica pode ser ensinada de uma maneira melhor.

Em segundo lugar, Mackendrick era um escritor lúcido, vibrante e revigorante. Comparado com a prosa esmagadoramente superficial e egocêntrica dos mais de trinta autores

---

29. Para aqueles que pensam que a quantidade de textos didáticos sobre estrutura dramática (hoje em dia claramente aplicada para roteiros) é um fenômeno recente, a edição de 1960 de *Play-Making*, de William Archer, contém um curto ensaio biográfico escrito por John Gassner intitulado "Books on Playwriting". Embora não faça "nenhuma tentativa de ser inclusivo", 35 livros publicados entre 1890 e 1958 são citados.

que consultei (principalmente aqueles que afirmam conhecer os segredos da construção dramática), este volume tem qualidades literárias genuínas. Além de tudo – e felizmente! –, ele evita abordagens como "Acredite em si mesmo!" e "Maximize seus poderes criativos!" adotadas por tantos livros sobre "como escrever".

Por fim, o mais importante é que a crença de Mackendrick na exploração das qualidades únicas do cinema como um meio de contar histórias é algo que outros livros sobre roteiro ignoram por completo. Por estarem tão fascinados com sua aparente compreensão de como um roteiro bem escrito é estruturado, esses autores ou desconsideram totalmente, ou no máximo apenas tangenciam os vínculos intrínsecos que há entre o trabalho do roteirista e o do diretor de cinema. Mas, como Mackendrick explica nas páginas a seguir, a habilidade de um escritor em fazer bem o seu trabalho fica severamente restrita se ele tiver apenas um conhecimento superficial de como o cinema funciona à maneira de um meio de comunicação. A maioria dos outros livros explica que diálogos devem ser restritos (o bordão "mostre, não diga" é onipresente), enquanto a ideia sutilmente distinta de que as palavras sejam usadas meramente como "os granulados coloridos no topo da casquinha de sorvete"[30] é relativamente inexplorada. Um bom exemplo da abordagem característica de Mackendrick é sua discussão sobre "subtexto", um componente crucial de qualquer história. Na maioria dos livros que consultei, o subtexto parece ser confundido com "subtrama" e é explorado estritamente pelo ponto de vista do escritor ou do ator. Enquanto no teatro faz parte do trabalho dos atores tornar significantes até as falas mais banais (com o que Mackendrick chamaria de "cores" diferentes), no cinema é um diretor competente quem usará os fundamentos da gramática cinematográfica para transformar as

30. David Mamet, *On Directing Film* (Faber and Faber), 1991, p. 71.

páginas de um roteiro em sequências cinematográficas que funcionam. Ao não considerar o que a câmera, a iluminação e a edição são capazes de trazer ao público – independentemente do que está sendo dito pelos atores –, outros autores exploram apenas uma parte da história. Na verdade, a maioria dos outros livros mal menciona o conceito de narrativa visual e, quando o fazem, cometem um erro que Mackendrick consideraria crasso. Para muitos, um filme que conta com uma linda fotografia e belas imagens é "visual". Mas, para Mackendrick, tais trabalhos são meramente pictóricos. Um filme de fato visual, explicou ele, é aquele que explora ao máximo o meio cinematográfico, contando a história principalmente com imagens de plano a plano.

Este livro não almeja dar a palavra final sobre o ofício da realização cinematográfica; trata-se meramente de uma coleção dos meticulosos pensamentos de um homem a respeito do tema. Muito do que se segue aqui pode ser considerado por alguns um ponto de vista radical. Mas é provável que seja essa a ideia, já que Mackendrick estava ciente de que seus alunos iriam selecionar das ideias dele aquelas que preferissem, inevitavelmente as unindo a outros ensinamentos e a suas próprias noções do que é cinema. Sempre empenhado em afastar os cineastas dos livros sobre cinema ("escrever sobre cinema é constituir certa contradição: já se começa no meio errado") e relutante em editar seus próprios escritos para torná-los um texto coerente para publicação, Mackendrick se esforçava para que os alunos se concentrassem nas aplicações práticas de seus ensinamentos em sala de aula.

Uma das ideias que prevaleciam no CalArts desde o primeiro dia era a de "não priorizar a informação antes da necessidade". No que diz respeito a Mackendrick, este livro (que é cheio de informações) talvez seja mais apreciado por aqueles principiantes que já vivenciaram as próprias dificuldades ao tentar escrever e dirigir para a grande tela. Mas, mesmo para aqueles que sentem a necessidade – equivocadamente, insistiria Mackendrick – de ler um livro ou outro antes de pegar seu equipamento e começar a experimentar, é seguro dizer que essas anotações contêm muito material sobre o qual cineastas e artistas podem se debruçar. Câmeras e sistemas de edição são, parafraseando Jean Cocteau, tão acessíveis aos diretores de hoje quanto papel e caneta são para o escritor. Consequentemente, uma vez que os escritos de Mackendrick sobre cinema e narrativa tenham sido absorvidos e digeridos, não pode haver desculpas para não deixar este livro de lado e seguir em frente com os próprios projetos. Só então as ideias ganharão vida, os erros serão cometidos e o trabalho de fato será realizado.

Mackendrick reescrevia suas anotações todos os anos para deixá-las o mais coerente possível e, por conta disso, existem às vezes três ou quatro versões da mesma apostila. Meu trabalho foi, em parte, montar esta coletânea a partir de anotações, entrevistas, entradas em diários e desenhos que encontrei no vasto arquivo de Mackendrick. Inevitavelmente, isso significa que os textos aqui apresentados são compostos de uma variedade de fontes diferentes. Sou muito grato pela ajuda que recebi de ex-alunos e colegas de Sandy Mackendrick durante a preparação deste material: Thom Andersen, Martha Baxton, John Brice, David Brisbin, Doug Campbell, Roger Crittenden, Terence Davies, Myron Emery, Jules Engel (*in memoriam*), Gill Dennis, F. X. Feeney, Lou Florimonte, John Gianvito, Ed Harris, Mark Jonathan Harris, Mamoun Hassan, John Hawk, David Irving, Bill Jackson, Richard Jefferies, Rachelle Katz, Kris Malkiewicz, James Mangold, Chris Meeks, Francisco Menendez, Thom Mount, Michael Pressman, Terry Sanders, Conny Templeman, Antonio Tibaldi, Andrew Tsao, Jack Valero e Colin Young. Agradeço a Denis Cannan, Bernard Gribble, Ronald Harwood, Philip Kemp, Douglas Slocombe e David Thompson, e ao dr. Howard Gotlieb e a Sean Noël, do Departamento de Coleções Especiais da Universidade de Boston (que abriga a Coleção Alexander Mackendrick). Obrigado também a Richard Kelly e Walter Donohue, da Faber and Faber, pela orientação, a Marcel Fitzmaurice e Jeremy Freeson, pelos conselhos, a Lesley Shaw, pelo apoio, e em especial a Hilary Mackendrick, por sua confiança e generosidade.

Paul Cronin
Londres, julho de 2003

Prólogo

O cinema é uma mídia. É uma linguagem de comunicação que transmite um conceito, oriundo da imaginação do criador, até os olhos e ouvidos da mente daqueles a quem a mensagem é dirigida. Portanto, nada é absoluto. Nada tem sentido até que lhe seja atribuído um significado na imaginação do receptor, uma proposição válida para qualquer forma de linguagem ou de mídia. Uma mídia tem como base um acordo, um contrato desenvolvido ao longo de um vasto período no qual o locutor e o interlocutor, o criador de imagens e o espectador, o artista e o público, estabeleceram um sistema de significados: o vocabulário, a sintaxe e a gramática da linguagem em questão. Por esse motivo, uma linguagem demora para se estabelecer e continua a evoluir enquanto o público e os autores desenvolverem novas formas de se expressar.

O frequentador do cinema se senta em frente a um retângulo iluminado no qual se projetam sombras que se movem enquanto ele escuta sons gravados de antemão. Ele lê essa combinação de imagens e sons de acordo com a gramática cinematográfica por ele aceita e aprendida. Então, quando uma imagem bidimensional de uma mulher de corpo inteiro é projetada e repentinamente substituída por uma imagem muito maior do rosto de um homem, o espectador não questiona se a mulher se transformou num homem, mas, em vez disso, pensa: "Ah, agora estou em uma posição diferente, olhando na direção de um homem, que está perto, e não da mulher, que está longe." E também, possivelmente: "É para essa mulher que o homem está olhando." E por aí vai.

Assim, como professor de cinema, tenho como hábito relembrar aos alunos que filmes não são meramente algo ali na tela – eles são um acontecimento dentro da nossa cabeça. O ambiente do cinema é um espaço retangular e plano, em um teatro escuro, nada mais do que imagens fotográficas bidimensionais. Filmes tendem a começar como uma ideia na mente de um diretor ou de um roteirista. É possível que a realização do filme demande uma intricada sequência de processos mecânicos, sempre envolvendo um grande número de técnicos que fornecem importantes contribuições. Mas, ao fim e ao cabo, ela deve terminar como começou: uma reação na mente de um espectador. A princípio, e em seu eventual efeito, trata-se de algo intangível, que existe apenas no reino da imaginação. Uma ilusão.

Logo de partida, permita-me explicar que há algo de enganoso em chamar uma das aulas que leciono de "Gramática Cinematográfica". A palavra "gramática" sugere que existe algum tipo de linguagem do cinema, quando na verdade seria mais útil considerar as ideias básicas nestas anotações como nada mais do que uma série de convenções visuais sobre o contrato firmado entre quem faz filmes e quem assiste a eles. O problema é que não encontrei outro nome que seja simples e certeiro o suficiente. (Os professores de semiótica usam termos como "articulações sintáticas" para descrever o modo como planos e ângulos de câmera podem ser organizados com vistas a representar um *continuum* de espaço-tempo que seja coerente, ainda que imaginário, mas essa definição é um tanto verborrágica.)

A chave para a aula de Gramática Cinematográfica é a noção, típica do senso comum, de que, se vivemos numa era em que as crianças – antes mesmo de aprenderem a ler ou a soletrar – são expostas a imagens em movimento na televisão, então o que devemos fazer é ensinar as pessoas sobre as imagens que elas estão lendo e instruí-las a responder nessa linguagem visual, o que corresponde à alfabetização de nossa época. Em suma, é importante que cidadãos se conscientizem a respeito das influências condicionantes do cinema. Não basta ser um mero receptor desses códigos comunicacionais. Ser alfabetizado numa mídia equivale a saber não apenas ler, mas também escrever. Para saber como filmes e vídeos comunicam algo (e ao mesmo tempo manipulam), é necessário ser capaz de falar essa "língua" e ter uma ideia de como os filmes são feitos. O único modo de alcançar de verdade esse conhecimento é, claro, pela prática.

Antes, porém, de um estudante de cinema sair por aí correndo para fazer seus filmes, ele deve fazer uma análise detalhada de exemplos particulares de histórias que foram contadas por meio da mídia cinematográfica. A exposição a essas estruturas dramáticas ajudará o cineasta em formação a explorar a variedade de opções que ele pode escolher usar, segundo suas necessidades, à medida que enfrenta os problemas que vão surgindo e investiga seu modo próprio de fazer filmes. É algo que aprenderemos nas aulas a partir do uso dessas anotações e impressões sobre filmes específicos. Mas também é algo que você deveria fazer em casa ao assistir a qualquer filme, seja ele bom ou ruim. A mídia cinematográfica é de comunicação ágil – nós a "lemos" com considerável rapidez. É por isso que uma das melhores maneiras de aprender sobre a gramática do cinema é, primeiro, assistindo a um filme em velocidade normal, para absorver a onda inicial de emoções dramáticas, e, depois, estudando-o lentamente. Ao pausar as ações, você será capaz de analisar mais a fundo a dinâmica de imagem a imagem, de quadro a quadro, de cena a cena. Seu envolvimento com a história logo se dissolverá, revelando os elementos individuais da estrutura que, unidos, criam a narrativa.

Agora, com relação à questão que frequentemente emerge a respeito da realização cinematográfica: trata-se de um ofício que pode ser ensinado? Sem dúvidas, não – da mesma forma que nenhuma outra "arte" pode ser ensinada. Ao mesmo tempo, é possível apontar aos iniciantes os usos da "linguagem" cinematográfica que se desenvolveram até agora (e que continuam a evoluir). O melhor que posso fazer como professor é propiciar um ambiente em que aqueles que têm imaginação e sensibilidade (e a energia, a concentração e a disciplina fundamentais) possam aprender, ensinando a si próprios. Lembre-se: nenhuma "regra" é importante até você descobri-la por conta própria. A originalidade consiste em considerar convenções preexistentes, estudar como elas norteiam essa mídia e encontrar novos modos de usá-las. Não existem fórmulas concretas à disposição dos cineastas. Ou ao menos nenhuma que não deva ser abandonada assim que apareça uma melhor para lidar com as circunstâncias. Na verdade, talvez seja justo dizer que você não entenderá o valor do uso tradicional das convenções até que tenha experimentado novos processos que lhe possibilitem desconsiderá-las de vez. O valor de qualquer "regra" só se torna aparente ao se estudar a exceção a ela.

Assim como Picasso demonstrou seu completo domínio da pintura figurativa e ilusionista para então reinventar a linguagem das artes visuais, o artista, ou o artesão, a cada inovação que queira propor, deve começar se certificando de que tem total domínio de todos os princípios considerados essenciais antes de subvertê-los. (Afinal, um especialista em demolições precisa entender todos os princípios da arquitetura para então tornar-se apto a fazer seu trabalho.) Ao trabalhar com essa mídia, o único erro que se pode cometer é causar no público um efeito não pretendido, ou falhar em produzir o efeito desejado. Se um filme funciona, nunca é por ter simplesmente seguido as regras. No entanto, se ele falha, é quase certo que a raiz do problema se encontra na quebra de uma ou duas regras.

Então, como se adquire proficiência em direção de filmes? Permita-me apresentar dois argumentos gerais a esse respeito. Primeiro, já foi dito que o diretor é como o condutor de uma orquestra; um maestro que precisa ser capaz de tocar todos os instrumentos com competência. Por mais improvável que seja descobrir-se habilidoso nos três campos da realização cinematográfica – direção, roteiro e atuação –, acredito que ninguém chega a ser sequer competente em qualquer uma dessas áreas sem compreender os rudimentos das outras duas. Em segundo lugar, é fundamental entender que cada forma de arte desenvolveu diferentes histórias, convenções e tradições, estéticas, valores e procedimentos claramente identificáveis. Lev Kuleshov, teórico de cinema russo, escreveu: "Aquilo que, antes mesmo de ser fotografado ou gravado, já é uma 'obra de arte' não será uma obra de arte quando posto na tela." A partir disso, podemos concluir que, quando um aluno decide filmar, por exemplo, uma apresentação de dança, mesmo que o resultado possa ser o registro de uma boa apresentação, esse registro será, provavelmente, insatisfatório quando apresentado como um substituto à experiência da apresentação dos dançarinos ao vivo. E há boa chance de ser um filme ou um vídeo enfadonho, já que não faz verdadeiro uso das qualidades únicas que o cinema oferece. Como um estudante de cinema, o que você deveria considerar a cada etapa do processo são as características particulares da mídia em que você escolheu trabalhar.

Há também três sugestões práticas que posso oferecer. A primeira está intimamente relacionada com as ideias de Kuleshov. Com frequência, sou confrontado por estudantes que, ao praticarem exercícios de filmagem, querem usar textos teatrais de escritores consagrados em vez de seus próprios roteiros originais. Isso até pode ser uma boa prática para principiantes, uma vez que demanda concentrar-se unicamente em explorar as possibilidades da gramática cinematográfica ao usar a câmera e a mesa de edição. O potencial problema em se valer de um roteiro mais original é que, se o resultado final for insatisfatório, você não saberá se o problema foi sua compreensão da gramática (sua direção do filme) ou se o roteiro em si era precário. Ao poupar-se com vistas a realizar produções mais ambiciosas no futuro, ao adiar sua experiência de produção até que tenha suas próprias ideias dramáticas com as quais trabalhar, você está se privando de um aprendizado valioso. Adquira alguma experiência dirigindo peças com roteiros já existentes (e confiáveis) antes de tentar dirigir algo que você mesmo tenha escrito (embora, como Kuleshov sugeriu, usar repetidamente materiais existentes – em especial textos de teatro que dependem excessivamente de diálogos – decerto não seja uma boa ideia).

A segunda sugestão é que você trabalhe para um diretor experiente, realizando tarefas que lhe permitam estar próximo o suficiente para assistir ao processo. O trabalho de editor é tradicionalmente considerado a melhor experiência, e o de assistente vem em segundo lugar, já que você terá a oportunidade de observar como o outro sujeito faz o que faz, quais são seus desafios e quão melhor você desempenhará essa função quando tiver a chance.

A terceira dica é: escreva. Ao planejar por conta própria, e então reescrever repetidamente, mesmo que essa seja a parte do processo que considere a mais difícil (ou até intolerável), você aprenderá imensuravelmente.

Tendo estabelecido que não é possível ensinar as regras da realização cinematográfica, irei agora, com a ajuda destas anotações, tentar fazer justamente isso. O que quero dizer na verdade é que explicarei, da melhor forma que eu puder, meu próprio método de fazer filmes, aquele que me convém. Se eu pressioná-lo a tentar as coisas do meu jeito, não é porque o meu é o único modo, ou mesmo o melhor. Certamente, no final, não será o seu modo. Mas sugiro que você faça uma tentativa real de seguir minhas fórmulas como um exercício temporário. Não para "se expressar". Ainda não. Você vai poder fazer isso quanto quiser – depois. Então, deixe de lado sua sede de gratificação e criatividade imediatas, ao menos por tempo suficiente para entender algumas ideias básicas e conselhos práticos que, mais tarde, você poderá muito bem descartar.

Aquele que não quiser seguir adiante que fale agora.

PARTE UM

Construção dramática

A linguagem pré-verbal do cinema

A fala envolve a racionalização de nossos sentimentos e impulsos, algo que os diretores da era do cinema mudo descobriram que podiam captar em primeira mão.

Por meio do uso de enquadramentos e telas de dimensões variadas, da justaposição de ângulos de câmera e perspectivas, de trilhas sonoras e iluminação expressivas e dos princípios de edição, eles descobriram que a câmera pode, de maneira singular, fotografar pensamentos[1]. A partir daquele momento, os diretores que fizeram melhor uso da mídia cinematográfica têm usado a câmera para se comunicar com a plateia em um nível muito mais imediato e primitivo que a fala. Por primitivo não quero dizer simplista, ou menos sutil. Longe disso. O cinema lida com sentimentos, sensações, intuições e movimentos, coisas que dialogam com o público em um lugar não necessariamente sujeito à compreensão consciente, racional e crítica. Por conta disso, a chamada "linguagem" da qual se valem os diretores pode, de fato, propiciar uma experiência mais rica e densa. Ações e imagens expressam com mais agilidade os significados, e para um número maior de sentidos, do que a fala.

Um tema recorrente destas anotações é que o cinema não é propriamente não verbal, mas, antes, *pré*-verbal. Apesar de poderem reproduzir diálogos, filmes também são capazes de contar histórias apenas por meio de movimentos, com ações e reações. A imagem cinematográfica, em particular quando sincronizada com sons gravados de antemão, entrega uma

1. Mackendrick frequentemente citava D. W. Griffith para seus alunos como um dos diretores pioneiros mais importantes nesse quesito. "Hoje o 'plano fechado' é essencial para todos os filmes", escreveu Griffith em 1917, "pois uma visão próxima do rosto dos atores entrega pensamentos e emoções íntimas que não seriam perceptíveis em uma cena cheia de informação." (*Focus on D. W. Griffith*, editado por Harry M. Geduld, Prentice-Hall, 1971, p. 52.)

quantidade tão grande de dados visuais e sonoros que o componente verbal (mesmo os letreiros da época do cinema mudo) se torna secundário. Em consequência, o significado essencial e subjacente do diálogo fílmico é muitas vezes transmitido de forma mais efetiva, por meio de uma complexa e intrincada organização de elementos cinematográficos que não apenas são não verbais, mas que também jamais podem ser totalmente analisados por meios verbais. Veja este exemplo, retirado do filme *Os amantes de Verona* [*Les Amants de Vérone*], de André Cayatte, de 1949, e cujo roteiro é de Jacques Prévert.

Alguns visitantes estão sendo conduzidos por uma vidraçaria na qual o jovem herói é um dos hábeis artesãos que produzem taças, vasos e espelhos fantasticamente ornamentados. Uma das visitantes é uma jovem atraente acompanhada de um abastado homem de idade que claramente quer impressioná-la. Ela, no entanto, se afeiçoou bastante ao herói. Enquanto seu acompanhante está comprando um presente para ela no showroom, o herói observa através de uma divisória de vidro. A jovem se vira e sorri para ele, que faz, então, com seu cortador de vidro, alguns riscos em uma vidraça, dá-lhe umas batidas para desprender o recorte e mostra para a moça um pequeno pedaço de vidro em forma de coração. Ela se diverte, mas tem de dissimular sua reação com rapidez, pois o rico cavalheiro que a acompanha retorna com um enorme espelho ornamentado. O senhor, com orgulho, entrega o presente para a moça, que o empunha e então sorri. Mas a câmera nos mostra algo que o cavalheiro não pode ver: ela, na verdade, está sorrindo por ter visto no espelho o reflexo do jovem herói atrás dela.

Todo esse incidente é efêmero e casual. Provavelmente leva menos tempo no filme do que levou para explicá-lo em palavras e é muito mais eficaz na tela do que na forma como contei aqui. Este é o ponto: esse não é o tipo de incidente que um romancista inventaria, já que sua descrição em palavras é muito mais atabalhoada do que quando pensamos na cena filmada. Tampouco seria uma ação propícia ao teatro, pois o efeito depende de vislumbres rápidos de detalhes, do lampejo de reações nos rostos e de uma mudança de ponto de vista propiciada pela câmera. Prévert escreveu a cena para o cinema, e só para o cinema. O diretor Alfred Hitchcock disse que, durante a era do cinema mudo, os grandes diretores "alcançaram algo próximo à perfeição. A introdução do som, de certo modo, comprometeu essa perfeição"[2]. Hitchcock está sugerindo, aqui, que 90% de um bom filme deve ser compreensível mesmo se ele fosse dublado em uma língua que ninguém sentado no auditório compreendesse. Por quê? Porque um filme bem escrito, com boas atuações e boa direção deve ser capaz de comunicar seu significado emocional por meio do uso intenso da gramática cinematográfica, não das palavras. O conteúdo emocional e dramático de qualquer cena é, claro, o que realmente importa.

É provável que haja protesto imediato daqueles estudantes que insistem no fato de que o diálogo é um componente totalmente legítimo do cinema moderno. Não é necessário dizer que a palavra falada pode ser um elemento importante na narrativa de um filme, mas, uma vez que o cinema é tão bem equipado para explorar ação e movimento, com as emoções por trás das palavras (aqueles impulsos físicos e reações que antecipam a fala e que são uma resposta ao diálogo), ele não é tão dependente do que de fato está sendo dito. Como Truffaut escreve em seu livro de entrevistas com Alfred Hitchcock, "Qualquer coisa que é *dita* em vez de ser *mostrada* pode passar despercebida pelo espectador"[3]. A "regra" cardinal de Truffaut não significa que a cinegrafia de um filme seja o único meio de comunicação no cinema. Ele não está sugerindo que as falas não têm valor ou que o diálogo não contribui

2. O livro de entrevista de Truffaut, *Hitchcock* (Touchstone, 1985), p. 61.

3. *Ibid.*, p. 17.

com nada. O que Truffaut faz é apontar que, no cinema, as ações silenciosas entregam as informações mais básicas, ao passo que as informações verbais acrescentam uma dimensão secundária.

Mesmo que o dom para escrever diálogos convincentes e cheios de vida seja o mais importante para lhe assegurar uma carreira como roteirista profissional, um roteiro que depende exclusivamente de diálogos é na realidade um projeto de todo equivocado para um filme. O ponto é que o diálogo, no cinema, é sempre menos eficaz do que as ações visuais, e apenas ao entender que uma boa caracterização pode ser explicitada pelo comportamento físico e pela riqueza que a gramática cinematográfica oferece é que o roteirista se tornará de fato um escritor dessa mídia. Essa é uma das primeiras coisas que um roteirista deve entender antes de estudar a arte da construção dramática, pois é trabalho do roteirista, e *não* do diretor, decidir se a história será construída com imagens ou se estas vão meramente decorá-la.

A câmera de cinema e a mesa de edição, capazes de manipular o tempo e o espaço com eficiência (assim como um romancista pode variar pontos de vista, sem falar de sua capacidade para descrever e explicar sentimentos e pensamentos interiores), conseguem contribuir bastante para expressar o que não foi dito pelos personagens. Entre o pensamento interior (o impulso inconsciente e não censurado) e as palavras proferidas deliberadamente, pode haver alguma contradição. O que dizemos dentro de nossas cabeças é algo privado e, ao externalizar esses pensamentos, muitas vezes racionalizamos e até distorcemos nossos impulsos e intenções originais. As melhores falas do diálogo cinematográfico são às vezes aquelas em que os verdadeiros significados estão nas entrelinhas, em que as falas escondem os sentimentos verdadeiros e não adulterados do orador.

Tais emoções são geralmente visíveis para a câmera, assim como o são para um ser humano observador, porque as palavras ditas enquadram aqueles momentos reveladores e fugazes que ocorrem pouco antes de o personagem falar ou como uma reação não verbal impulsiva ao que acabou de ser dito, que é visto pelo editor do filme, por exemplo, em planos que podem conter uma mudança quase imperceptível de foco nos olhos, uma flexão inconsciente dos músculos da mandíbula ou uma gesticulação durante um discurso. Estude, quadro por quadro, a atuação de um ator bem expressivo em um plano fechado e talvez você encontre a imagem exata em que a fagulha de um pensamento ou sentimento se origina, aqueles momentos impulsivos que encontram, então, uma expressão ao se enunciar uma fala. Nas mãos de um diretor competente, até os diálogos que aparentam ser os mais insignificantes podem apresentar um significado que se perderia caso houvesse mais falas. Se uma cena é genuinamente interessante por ser cinematográfica (no sentido de que, mesmo sem os diálogos, podemos entender quase por completo, se não inteiramente, tudo o que está acontecendo), as falas, como componentes adicionais, provavelmente contribuirão com algo. Se a cena for desinteressante em termos cinematográficos, então camadas e mais camadas de diálogos só a deixarão ainda mais entediante.

Uma das tarefas do diretor, ao transpor um roteiro para a mídia das "imagens em movimento acompanhadas de sons", é basicamente esquecer o que os personagens estão dizendo e reimaginar seus comportamentos como emudecidos, para que assim todos os pensamentos, sentimentos e impulsos sejam transmitidos para uma plateia através de sons e imagens – sem falas. Existe aqui um paradoxo curioso, pois, quando uma cena é reconstruída desse modo, o diretor é quase sempre capaz de reintroduzir elementos do diálogo original de maneiras que o tornam muito mais eficiente. Além disso, quando o roteiro é concebido em termos genuinamente cinematográficos, é mais provável que seus ocasionais diálogos se libertem da necessidade de expor e, como consequência, se tornem mais expressivos. Um bom princípio é empregar o diálogo expositivo como reação a eventos que ocorrem diante da lente (lembre-se: os filmes mostram e só depois contam). Invente ações ou incidentes como forma de provocar o diálogo, pois, nos filmes, a exposição se torna muito mais interessante quando é apresentada após um evento dramático, como um comentário (ou talvez uma explicação) a respeito dele. Nesse sentido, o diálogo de um filme bem construído enriquecerá o dado visual – jamais deve ser apenas uma extensão do que já é óbvio para o público observador (pense nos letreiros de filmes mudos, que eram usados para pontuar o que estava sendo visto, e não como substitutos para as imagens).

Os roteiristas mais velhos do estúdio onde trabalhei por muitos anos, em Londres, se deliciavam em colecionar exemplos de falas ruins em roteiros. Uma das preferidas deles era esta: "Vejam, o gado escocês das montanhas!" Essa era uma citação de um filme amador em que o personagem apontava para fora do quadro, dizia essa fala, e o filme cortava justamente para o quê? Essas poucas palavras se tornaram sinônimo de exposições redundantes e desnecessárias que são usadas quando a história está sendo contada perfeitamente apenas com os elementos visuais. Um bom diretor fará de tudo, muitas vezes durante o processo de edição, quando tanto as imagens quanto as palavras estão à sua frente, para aos poucos eliminar todas as falas que não forem absolutamente necessárias. No filme final, muitas falas podem se tornar redundantes por conta das ações em cena, que já estão contando a história com clareza sem a ajuda delas. Uma cena que, no papel, parece mais eficiente quando repleta de diálogos inteligentes e chistosos pode muitas vezes se provar mais eficaz e significativa com o uso de momentos de silêncio e outras sutilezas entre os personagens (momentos que são, inevitavelmente, difíceis de apreciar na página escrita).

Na verdade, o cinema pode atingir seu estado de maior interesse e vigor quando as imagens vão *contra* o sentido literal do diálogo. Quando o que é dito pelos atores em cena vai na contramão do que o espectador vê na tela, o diálogo é capaz de expressar muito mais do que o sentido literal das palavras e, portanto, tem muito mais força. Nesses casos, o que é peculiar à mídia cinematográfica fica mais aparente. Por meio dessa justaposição extremamente sutil de palavras e imagens, o roteirista e o diretor são capazes de focar o ritmo do subtexto da cena. Ao agir dessa forma e valer-se do fato de que a câmera é capaz de dizer coisas ao público de maneira subliminar, e não de forma literal, é possível contar mais do que apenas uma história por vez.

Considere este exemplo de Truffaut, que escreve sobre "situações corriqueiras [como] jantares ou coquetéis, ou qualquer encontro casual entre dois conhecidos":

> Se observarmos tais encontros, fica nítido que as palavras ditas pelos convidados são formalidades superficiais e em grande parte sem sentido, enquanto o essencial se encontra em outro lugar; é ao estudar seus olhares que podemos encontrar o que realmente está passando pela cabeça de cada um. Vamos assumir que, como um observador em uma recepção, estou olhando para o sr. Y enquanto ele conta para três pessoas sobre uma viagem que fez à Escócia acompanhado da esposa. Ao observar com atenção o rosto dele, percebo que ele não tira os olhos das pernas da sra. X. Agora, eu me aproximo da sra. X, que está falando sobre os problemas que os filhos dela têm enfrentado na escola, e percebo que ela não para de encarar a senhorita Z, absorvendo com o olhar frio todos os detalhes da apa-

4. *Ibid.*, p. 17.

rência dessa mulher elegante e mais jovem. Obviamente, a substância dessa cena não está no diálogo, que é estritamente convencional, mas no que essas pessoas estão pensando. Meramente pela observação, descobri que o sr. Y está fisicamente atraído pela sra. X, e que a sra. X está com inveja da senhorita Z[4].

Intrigado com as dificuldades que muitos alunos encontram ao atacar os problemas que envolvem o ato de escrever para o cinema, eu me pergunto se isso se dá por conta de sermos educados para pensar verbalmente. Esse condicionamento para se expressar em sistemas verbais pode ser um obstáculo para jovens roteiristas e diretores, um desafio para aqueles que se empenham em dominar as estruturas pré-verbais da narrativa cinematográfica. Para a maioria dos estudantes, as ideias que surgem em suas mentes são transformadas em palavras de forma tão imediata que automaticamente equiparamos o pensamento com a fala e a escrita, em vez de associá-lo a imagens. Já chegou até mesmo a ser defendido por psicólogos que o ato de pensar é impossível sem a capacidade de verbalizar.

Decerto, parece que, durante nosso desenvolvimento psicológico ao longo dos estágios da infância e da pré-adolescência, o ponto em que se diz que somos capazes de pensar e de formular raciocínios abstratos parece datar do período em que também estamos aprendendo a falar. Mas não estou de todo convencido desse raciocínio. Assim como um cartunista é capaz de contar uma história usando imagens sequenciais e sem nenhuma palavra, aqueles que fazem filmes podem imaginar uma cena contada unicamente através da linguagem cinematográfica, uma linguagem inventada antes do nascimento dos filmes com som sincronizado. De qualquer modo, para traduzir certos conceitos em formas cinematográficas que sejam compreensíveis sem recorrer a palavras, talvez seja necessário ao estudante que ele se desvencilhe de hábitos vinculados ao pensamento verbal e retorne a um estágio que é de certa forma primitivo. Isso pode ser uma brutal experiência de aprendizado, que requer a eliminação de nossos hábitos de falar em termos gerais, de não conseguir ser específicos ou concretos, ou de formar conceitos intelectuais[5].

5. Uma figura citada frequentemente nas apostilas de Gramática Cinematográfica de Mackendrick, e cujo trabalho nos ajuda a entender essas ideias, é o psicólogo e teórico alemão Rudolf Arnheim, autor do livro *Film as Art* (Faber and Faber, 1983), originalmente publicado em 1933. Em uma apostila sobre as ideias de Arnheim, Mackendrick observa que foi durante os primeiros trinta anos do cinema mudo que a base imutável da gramática cinematográfica – a "linguagem" visual que o distingue do teatro e da literatura – foi estabelecida pelos diretores mais imaginativos. "Já foi dito que, antes do som sincronizado, a maioria das técnicas mais importantes do cinema já havia sido estabelecida", explica Mackendrick. Nesse sentido, ele acrescenta, "filmes falados" eram vistos por alguns como um "passo para trás".

O que é uma história?

É possível definir a natureza daquilo que chamamos história? Quais são as características determinantes de uma história? É uma questão de forma ou de conteúdo? Uma história tem de ser uma obra de ficção? Certamente não, já que existem documentários, biográficos e históricos, que se empenham em representar apenas materiais factuais, mas ainda assim contêm uma estrutura narrativa que nos envolve tal como qualquer obra de conteúdo ficcional. Existem elementos que são característicos? Uma história, seja ela real ou uma imitação da realidade, precisa ser estruturada de uma maneira específica? E, se for esse o caso, quais são os elementos indispensáveis a essa estrutura?

Um modo de abordar essas questões é explorar as origens dos impulsos de se contar histórias, que são encontrados desde as civilizações humanas mais antigas e até hoje ecoam na psicologia de bebês que adentram a infância. Já se argumentou que, quando uma criança começa a perguntar coisas como "De onde vêm os bebês?" e a mãe lhe explica que as cegonhas os trazem como presentes para mamães e papais, essa resposta é muito mais aceitável do que a informação a respeito do sêmen do papai que fertiliza o óvulo dentro da mamãe. A história da cegonha (contada a uma criança que nem sequer já viu uma ave dessas) é crível. A criança consegue entender as informações da narrativa e aceitá-la, ao passo que a realidade sobre a fertilidade é inaceitável porque abre espaço para mui-

6. Tradução de S. H. Butcher (Dover, 1997), p. 51. A tradução de Richard Janko deixa esse ponto mais claro: "[Incidentes] impossíveis que sejam críveis deveriam ser preferíveis a incidentes possíveis que sejam inacreditáveis". (N. do T.: Na tradução de Maria Helena da Rocha Pereira para a *Poética*, de Aristóteles, lê-se: "Deve preferir-se o impossível verosímil ao possível inverosímil." [Lisboa, Fundação Calouste Gulbenkian, 2008], p. 96)

7. Claude Lévi-Strauss, *The Savage Mind* (Oxford, 1972, p. 22). (N. do T.: Trad. br. de Tânia Pellegrini: *O pensamento selvagem* [Papirus, 1989], p. 38)

tas outras perguntas sem respostas. É importante notar que esse argumento foi apresentado alguns séculos antes de Cristo pelo primeiro homem que tentou estabelecer algumas regras sobre a dramaturgia: Aristóteles. Ele escreveu que "um poeta deveria preferir impossibilidades prováveis a possibilidades improváveis"[6].

A criança, com uma experiência limitada e uma compreensão simplista da vida, está tentando dar coerência a mistérios profundos e precisa de alguma explicação que seja satisfatória para seu nível de compreensão. Enquanto a história da cegonha é plausível, as informações científicas devem vir apenas quando a criança tiver capacidade de lidar com elas. É possível argumentar, portanto, que esse tipo de conto – tal como os mitos pré-históricos – funciona como uma explicação "poética" para conceitos que estão além da capacidade limitada intelectual dos ouvintes para lidar com eles. Talvez a dramaturgia tenha surgido dessa forma. Em seu livro *O pensamento selvagem*, o antropólogo Claude Lévi-Strauss diz que "a arte se insere a meio caminho entre o conhecimento científico e o pensamento mítico ou mágico"[7].

O pensamento grego da época homérica personificava todas as suas crenças. A ciência era concebida em forma de parábola, com conceitos abstratos simbolizados pelas formas semi-humanas dos deuses. Decerto, é dessa maneira que nossa imaginação funciona quando somos crianças. Na verdade, é desse modo que sonhamos, já que os sonhos são um reflexo de nosso inconsciente e têm uma linguagem própria. Psicoterapeutas nos advertem de que as figuras que encontramos nos sonhos não devem ser vistas da mesma forma que a mente desperta compreende os indivíduos. Os seres oníricos são normalmente personificações de algum aspecto da psique de quem sonha. Essa pode ser uma pista para o propósito psicológico de todas as histórias. Uma história que contém personagens fictícios pode se valer dessas criações da imaginação ou do inconsciente para representar um pensamento abstrato, uma ideia, um tema (a base dramática da história).

É possível argumentar que a forma, em todas as artes, tem um propósito mnemônico. Em termos populares, a mnemônica é um artifício de memorização, como um versinho sem sentido que nos ajuda a lembrar alguma informação que poderíamos esquecer se não conseguíssemos recitar as rimas automaticamente. A escansão e as rimas da poesia, seja ela um limerique burlesco ou versos iâmbicos shakespearianos, têm muito em comum: chegam facilmente aos lábios porque os sons das palavras, suas qualidades formais, as tornam fáceis de lembrar. De certo modo, também as histórias fazem isso. O padrão de suas unidades dramáticas, uma articulação de incidentes conectados que funcionam como enredo, facilita sua memorização. Os contrastes entre os personagens e seus padrões de antagonismo ou de afeição são concebidos em um sistema fechado, cujo tema unificador é, pensando em Aristóteles, a "unidade de ação".

Os antropólogos dizem que essa era uma das funções originais de ritos e mitos. Rituais mágicos primitivos empregavam movimentos rítmicos, gestos repetidos e sons musicais para dar sentido e unidade sensorial a algo que, interpretado de outra forma, poderia constituir um mistério assustador e perturbador. Diz-se que um mito é o equivalente verbal de um ritual que atende a uma necessidade arcaica: ajudar a mente primitiva a dominar um mistério. Também as histórias, mesmo no contexto contemporâneo de entretenimento de massa, parecem ser bem-sucedidas quando satisfazem uma necessidade, algo de que o público nem precisa estar ciente.

Um dos componentes essenciais do drama é a tensão. Essa tensão não precisa necessariamente resultar do conflito direto entre os personagens que aparecem na tela – e não precisa sequer fazer parte do enredo (ainda que um enredo de suspense não seja nada mau). Na verdade, é a tensão na imaginação do espectador que cria sentimentos de curiosidade, suspense e apreensão (por exemplo, quando o espectador se vê dividido quanto aos elementos contraditórios de um personagem). Drama, como disse o crítico William Archer, é quase sempre o efeito da "antecipação misturada com a incerteza". Portanto, um bom diretor está sempre se fazendo certas perguntas fundamentais. O que a plateia está pensando? Com relação ao que acabou de acontecer ou ao que pode acontecer em seguida, está aprovando ou desaprovando, sentindo medo ou esperança?

Ao tentar inventar histórias que têm alguma tensão dramática/narrativa, pode ser útil reconhecer os fatores que vão contra a tensão (embora isso não signifique que tais fatores sejam obrigatoriamente bons ou ruins). Ao longo dos anos, fui notando elementos de narrativa que um futuro roteirista deveria evitar, aquelas coisas que envolvem evasões da tarefa mais exigente da verdadeira escrita cinematográfica. Todas essas coisas não passam de variações de um ponto básico: não insira num roteiro algo que a câmera não possa fotografar em ação.

A passividade de um personagem é um perigo real para os valores dramáticos. "Protagonista" (o nome que se dá ao personagem central de uma história) significa literalmente a pessoa que inicia o *agon* (o combate). Mas uma figura que não faz (ou que não consegue fazer) nada e não tem o vigor para agir de modo a criar novas situações ou desdobramentos está propensa a ser – em termos dramáticos – um peso morto na narrativa. Ou seja, um tédio. Uma cena sobre algo que não "esteja acontecendo" normalmente não será dramática, a não ser que seja apresentada em termos ativos. Essa necessidade imperativa de ação positiva para produzir uma tensão que leve a uma crise não é (ou ao menos não exatamente) tão necessária em mídias literárias. É geralmente mais fácil para uma obra literária descrever "não acontecimentos" do que para um filme. Um romancista pode escrever páginas e mais páginas sobre as motivações de personagens que, no fim, decidem não agir. Ele pode explorar as características de seu herói ou de sua heroína, escrutinar seus sentimentos passados e presentes, explicar a psicologia deles aos leitores e agir como um historiador e um crítico ao interpretar as influências que contribuem para certos estados de espírito. Um livro ou um conto podem, de certo modo, não ter uma história ou uma progressão dramática, passando sem conflitos ou crises. Talvez algumas formas de cinema experimental e pessoal tenham menos necessidade de tensão dramática, mas um filme narrativo de ficção é (na maioria das vezes) diferente.

Tensão dramática em geral requer um elemento de conflito. Os teóricos do século XIX sugeriam que conflito requer a introdução de um choque de vontades entre o herói e seus antagonistas. Críticos mais modernos ressaltam que, em muitos casos, quando uma história é de fato gratificante, a tensão pode ser uma questão não *do que* acontece, mas *de como* acontece. Trata-se do efeito de uma tensão que surge de aspectos dos personagens em vez do enredo (que podemos definir, de maneira um tanto displicente, como a progressão sequencial de incidentes com conexões de causa e efeito que impulsionam as coisas para a frente). Por exemplo, o suspense em *Ladrões de bicicleta* [*Ladri di biciclette*], de De Sica, tem muito mais a ver com a relação de Ricci com o filho do que de fato com sua bicicleta roubada.

Em *Édipo Rei*, de Sófocles – uma peça que pode ser estudada como o primeiro de todos os *whodunnits** –, desde o início estamos quase certos a respeito da solução do mistério do assassinato de Laio, e não nos surpreendemos ao desco-

* Contração da expressão inglesa "*Who has done it?*" ["Quem fez isso?"], usada como categoria de narrativas de mistério em que um personagem (em geral um detetive) deve descobrir quem cometeu o crime. (N. do T.)

brir que o culpado é o próprio Édipo. O enredo consiste na gradual revelação de um mistério sobre o qual a tensão é criada. Pequenas informações e exposições narrativas são apresentadas através de sequências cuidadosamente construídas. Peça por peça, vai se solucionando o quebra-cabeça com a imagem do crime de Édipo. É preciso dizer que Sófocles estava escrevendo sobre eventos que as plateias atenienses conheciam de cor. Elas sabiam como tudo aquilo iria terminar. Mas acreditar que a surpresa não se faz presente quando o público vê ou escuta uma história cujo final ele já conhece é ignorar a própria natureza do drama. No caso de *Édipo Rei*, a surpresa de fato (até onde há alguma surpresa) é a reação do próprio Édipo, algo pelo que o público espera ansiosamente, independentemente de quantas vezes já se viu a história encenada em diferentes produções. Qualquer pai que conta histórias de ninar para seus filhos reconhece algo similar no modo como as crianças insistem em ouvir a mesma história repetidas vezes, como se cada acontecimento fosse inesperado. E não resta dúvidas de que haverá intensos protestos caso o narrador decida alterar o curso dos eventos. Quando a reação de Édipo nos é enfim anunciada, a tensão se resolve e a história termina.

Sempre que personagens são apresentados numa relação estática, a tensão dramática tende a ser fraca (lembre-se: "drama" significa a "coisa feita"). O principiante é capaz de pensar nos personagens da narrativa em termos de aparência física, idade, sexo, classe social ou profissão. Mas, em termos dramáticos, tudo isso tem bem pouca importância. Um personagem dramático é definido apenas em relação a outros personagens ou situações que envolvem tensão. Uma cena dramática é normalmente uma cena em que algo acontece: um incidente ou um evento que altera a situação dos personagens, que no fim a torna diferente do que era no início. O equilíbrio se altera, e o impulso narrativo move os personagens (e nós, o público) para uma nova situação na cena seguinte.

Muitos roteiristas de sucesso têm o talento para escrever "duólogos", cenas que apresentam uma relação entre dois personagens com o mesmo vigor que se observa numa partida esportiva entre dois jogadores habilidosos. Talvez apenas um dos personagens seja importante para a história, mas o outro (mesmo que ele esteja sendo usado para provocar uma exposição) permanece em cena para alimentar o outro lado da tensão dramática. Um erro comum de um dramaturgo inepto é escrever uma cena entre dois personagens que estão tão de acordo entre si que não há espaço para um conflito real ou uma progressão dramática de causa e efeito. Quando isso ocorre, o resultado é que as posições dos personagens chegam mesmo a ser intercambiáveis, uma indicação quase certeira de que a cena terá pouca tensão. Como o comprova uma grande quantidade de dramas televisivos, uma cena com dois personagens pode facilmente se tornar um jogo de pingue-pongue em que a incessante sequência de batidas e rebatidas não tarda em instaurar a monotonia. Note, porém, que nem sempre os personagens precisam estar em conflito direto para que surja uma tensão dramática. Em *Romeu e Julieta*, por exemplo, a cena da varanda é uma confluência de vontades e mesmo assim é claramente dramática. A tensão existe não por conta de algum atrito entre os personagens, mas porque o público entende que a relação entre o rapaz e a moça pode levar a uma crise futura. O veemente suspense da história de Shakespeare pode estar ausente nos sentimentos do jovem casal, mas está muito bem estabelecido em nossa mente no momento em que assistimos à cena.

Estudantes dizem com frequência que não têm interesse em conflitos explicitados na tela, e que o tipo mais interessante de tensão é a interior, aquela que ocorre na mente do herói.

8. Mackendrick se impressionava com o uso de contrastes em todas as formas de narrativa. Ele costumava distribuir cartuns da revista *The New Yorker* aos alunos para exemplificar maneiras de contar histórias apenas com imagens, e elogia Charles Addam, em particular, por seu uso "do contraste, a figura que precisa ser adicionada à cena como o homem comum em meio ao absurdo cômico".

"Por que é necessário ter um antagonista?", perguntam eles. A resposta é: porque um estado de espírito é algo estático. Aos olhos da câmera, é passivo, dramaticamente inoperável e nada fácil de representar em termos de ação cinematográfica. Quando os personagens em cena estão frustrados, entediados ou alienados, a situação não chega a ser dramática. Um personagem entediado só passa a ser dramaticamente interessante no contexto da possibilidade de um escape de sua frustração, quando seu estado de espírito passa a ser um catalisador para uma ação positiva na história. Por exemplo, quando contrasta com personagens ativos ou é inserido em certas situações, um personagem inativo é capaz de gerar cenas de tensão. Dito de maneira simples, se seu protagonista é passivo, talvez seja necessário criar antagonistas muito agressivos ou circunstâncias antagônicas.

A maneira mais eficaz de fazer isso é pensar no antagonista como um personagem de contraste, uma figura que – tal qual o espectador – ignora informações essenciais e portanto faz as perguntas para as quais a plateia precisa de respostas[8]. Esses personagens são confidentes ou interlocutores criados com o propósito específico de contrastar com outros personagens em cena, revelando assim determinadas coisas para o público (por exemplo, Horácio, em *Hamlet*, e o Louco, em *Rei Lear*). Em muitos casos, eles externam os conflitos do herói, trazendo-os à luz e criando situações ativas em cena. Um bom exemplo é *Édipo Rei*, em que Creonte é o antagonista de Édipo. Se você considera que o verdadeiro embate de Édipo não é contra o cunhado, mas, sim, contra os deuses que (de certo modo, injustamente) o punem pelos crimes que comete por ignorância, então Creonte é apenas um contraste dramático. No filme de faroeste *Matar ou morrer* [*High Noon*], a crise de confiança do xerife é externalizada não por meio de um antagonista, mas de sua nova esposa quacre.

Às vezes, é necessário criar situações dramáticas que neutralizem a falta de ação de um personagem. Por exemplo, como você mostraria um homem dividido entre o instinto natural de fugir das responsabilidades e o relutante sentimento de cumprir com o dever? Em *Matar ou morrer*, o xerife foge da cidade e então descobre que simplesmente tem de voltar. Seu pensamento negativo ficou caracterizado pelo contraste com uma ação positiva – sua inação foi apresentada como a interrupção direta de uma ação. Em muitos casos, quando algo está prestes a ocorrer, mas por alguma razão sua concretização é obstada, o "não acontecimento" pode se tornar dramático. Um problema similar é a necessidade de representar a falta de interesse de um personagem em algo, geralmente uma qualidade negativa e passiva com importância dramática. Na tela do cinema, essa atitude deve ser contrastada no roteiro com um interesse ativo. Certa vez, Stanislavski[9] fez a seguinte pergunta: "Como representar um homem que está entediado?" Se o ator não fizer nada, o sentimento não é comunicado de forma apropriada. Mas, se você definir a ideia de tédio como estando "interessado, mas só um pouco", então é possível representá-la. Um homem entediado é um indivíduo que acha tudo interessante, mas apenas até certo ponto. Assim, o ator deve passar a ideia de que se interessa por tantas coisas que nada o interessa de verdade.

Outra coisa que estudantes de roteiro devem evitar são generalizações e ações indeterminadas. Tratamentos de filmes (textos simples, em prosa, que explicam a trama, talvez com um ou dois diálogos) e roteiros são quase sempre escritos em um único tempo gramatical: o presente. Por mais complexas que possam ser as dimensões temporais de um filme, elas são bem mais restritivas do que as de romances nos quais o leitor encontra diversos tempos e modos gramaticais (pretérito, presente, futuro, subjuntivo). Mas não há um equivalente no

9. Constantin Stanislavski (1863-1938), diretor de teatro e teórico russo, fundador do Teatro de Arte de Moscou.

cinema para o tempo indeterminado. Enquanto um autor pode escrever o advérbio "frequentemente", um acontecimento em um filme ocorre apenas o tanto de vezes que você o mostrar na tela. O autor de um tratamento que escreve "De vez em quando, ela tinha o hábito de..." está simplesmente adiando para a etapa do roteiro a tarefa de apresentar essa ação indefinida e contínua de forma econômica e dramaticamente viável.

Observe a frase "o gato sentou no tapete". É possível dizer isso com palavras, e o significado é claro, mas quem escuta é que precisa imaginar que tipo de gato e que tipo de tapete. Deveríamos imaginar um elegante gato siamês com olhos azuis, pelo branco e listras marrons posando em um tapete navajo de trama complexa? Ou então um gato preto, tigrado, acomodando-se num capacho de borracha? Ditas ou escritas, as palavras são capazes de comunicar generalizações relativamente abstratas e intelectuais. O cinema, não, pois, apesar de uma imagem valer mais que mil palavras (como se diz), a fotografia não pode apenas comunicar ao olho da mente uma grande quantidade de informações muito específicas a respeito de como algo se parece e se move.

Aquilo que poderíamos chamar de interpretações e comentários editoriais deve ser visto com desconfiança pelo roteirista. Segundo historiadores, é provável que o drama tenha surgido a partir de cerimônias baseadas em recitações em coro de narrativas sobre deuses. Uma vez que os primeiros dramaturgos gregos estabeleceram os padrões de apresentações dramáticas, o coro tornou-se um recurso comum. No período de alguns séculos, a função do coro foi diminuindo gradualmente em favor da exposição por meio de explicações e interações entre personagens dentro da história, a ponto de hoje a exposição dramática ter passado a significar essencialmente qualquer explicação apresentada por meio de diálogos.

Um romancista pode não usar o pronome de primeira pessoa "eu", mas ainda assim pode se dar total liberdade para descrever a seus leitores todo tipo de coisas que pertencem apenas à imaginação dele, e não necessariamente aos personagens de sua história. Ao descrever os sentimentos e pensamentos internos de um personagem, o romancista se torna onisciente, com uma capacidade divina de observar as almas dos homens e interpretá-las em benefício de seus leitores. Mas aqueles que escrevem para o cinema ou para o teatro – independentemente de quantas vezes seu professor de redação os tenha encorajado a expressar suas ideias, pensamentos e sentimentos de maneira direta, como a "voz do autor" – não têm esse privilégio. Sua tarefa é expressar suas ideias narrativas através de ações e reações, coisas ditas e feitas. Em suma, ao transformar em roteiro dramático uma história que foi escrita apenas para ser lida, o primeiro elemento a ser removido é o autor propriamente dito. O roteirista tem a tarefa de eliminar por completo do texto original todo comentário editorial, toda frase, todo adjetivo ou advérbio que o autor tenha usado como pista sobre como ele próprio gostaria que as ações fossem interpretadas pelos leitores. Devem sobrar apenas os adjetivos, advérbios, símiles e metáforas que tiverem um uso prático e imediato para atores, cinegrafistas, editores ou qualquer outro membro da equipe que use imagens, gestos e sons como meio de expressão – ou seja, tudo que pode de fato ser representado na tela.

Uma narrativa é impulsionada pela progressão do personagem, algo que pode assumir mais do que uma forma. Pode ser, por exemplo, o tipo de progressão em que as mudanças não ocorrem no interior do personagem, mas, sim, no modo como o público o compreende. Ou talvez seja o tipo de desenvolvimento em que a personalidade do protagonista muda ao longo de suas experiências. A fórmula de mudança de opinião é antiga (por exemplo: Scrooge, em *Um conto de Natal*), embora seja quase sempre simplista demais e, portanto, difícil de acreditar. Já foi dito que as transformações de um personagem tendem a ser convincentes quando expressam a eventual resolução de dois elementos conflitantes que existem numa única personalidade. Aqui está uma sugestão óbvia para quando você for criar personagens: busque não apenas qualidades interessantes na personalidade deles, mas também aquelas máscaras sociais que escondem outros temperamentos que podem ser explorados dramaticamente. Pense em personagens que podem a princípio parecer simpáticos, mas que então, graças a certos desenvolvimentos ativos na história, revelam traços mais sórdidos – ou vice-versa.

Estudantes de cinema costumam se sentir desconfortáveis com a tarefa de inventar personagens que não sejam entidades individuais, mas, sim, personas interativas. Suspeita-se que isso se deva ao fato de que, nos estágios iniciais da experiência de contar histórias, o principiante escolhe um protagonista que, em termos psicológicos, é uma espécie de projeção de seu próprio ponto de vista, alguém que claramente representa suas próprias atitudes, seus sentimentos e pensamentos, uma versão mal disfarçada ou idealizada dele mesmo. Há dois problemas potenciais que precisam ser considerados aqui.

Primeiro, há uma tendência de cercar tais protagonistas com personagens que não são tão bem realizados. Todo protagonista precisa de um *agon*, um combate com os antagonistas que o cercam, e a fonte desse embate é com frequência mal interpretada pelos alunos. Tão mal interpretada que às vezes eles teimam que um conflito (ou mesmo um enredo) não é necessário.

Em segundo lugar, mudanças de personalidade não são programadas, o que significa que tais personagens não teriam para onde ir na história. Ou, em outras palavras, o escritor talvez não seja capaz de visualizar a direção que seu protagonista deve seguir, pois ele não consegue conceber que tais mudanças de atitude ou de emoções ocorram dentro de si mesmo. Mas os padrões clássicos funcionam de maneira muito diferente. Quando Édipo sobe ao palco, no início da história, ele é orgulhoso, nobre e um tanto arrogante, mas a trama o leva à desgraça e à humilhação. Portanto, ao planejar o revés de um personagem, é importante começar em um ponto diferente daquele em que deseja terminar. Se você tem em mente um protagonista com quem se identifica, faz todo o sentido, ao começar a escrever, esboçar (ou mesmo acentuar) nele ou nela aqueles aspectos que você gostaria de ver completamente abandonados no final da história.

Em uma história bem contada, todo personagem fictício funciona dentro de uma rede ou de um nexo, uma cama de gato formada pelas interações dos personagens. Certas características do protagonista e do antagonista são muitas vezes reveladas apenas através da relação entre eles ou por circunstâncias (externas ou internas) e eventos que se desenrolam em ações e reações. Sob a pressão de situações, conflitos, choques de vontade ou tensões da narrativa, as ideias que estão por trás dos temas de uma história deixam de ser meramente abstratas e se tornam pessoas que de fato fazem coisas umas com as outras ou que *reagem* às ações. Como já foi explicado, o diálogo do filme é melhor quando tem um propósito imediato e produz reações visíveis nos demais. Essa é a essência do drama. Uma vez que o caráter não é uma qualidade estática que pertence a uma figura específica, é muito mais útil para o escritor considerar a noção de "personagem em ação e reação" do que pensar em personagens individuais no mundo. A energia de uma história vem do grau em que seus personagens se mostram como elementos antagônicos, aspectos complementares que se iluminam por contraste e conflito. A única razão prá-

10. *The Third Man* (Faber and Faber, 1988; publicado originalmente por Lorrimer, 1968), pp. 7-9.

11. Ver "Exercícios para o estudante de escrita dramática", a seguir.

12. Mackendrick estava ciente de que o diretor Peter Brook havia escrito algo similar ao falar de *Rei Lear* em seu livro *The Empty Space*: "Como exercício, podemos ver *Lear* não como uma narrativa linear, mas como um amontoado de relacionamentos." (Penguin, 1990, p. 102, publicado originalmente em 1968.)

tica, de fato, para a existência de determinado personagem é que ele interaja com outros personagens.

O roteiro publicado de Graham Greene para *O terceiro homem* [*The Third Man*], contém descrições (provavelmente escritas por Greene depois que o filme foi finalizado) dos quatro personagens principais da história, seguidas de anotações sobre personagens menores, aqueles usados como contrastes ou para o desenvolvimento de ações incidentais[10]. Esses merecem ser estudados, pois são bons exemplos do tipo de coisa que pedi a vocês que acrescentassem a suas escaletas[11]. Ao delinear as relações dos personagens, é importante ser capaz de distinguir os personagens indispensáveis ao tema central daqueles necessários apenas para o bom andamento mecânico da trama e para sua exposição.

Uma razão pela qual as descrições de Greene são interessantes é que ele define seus personagens não como figuras individuais ou elementos distintos, mas, sim, em termos de suas conexões com os outros. Os papéis principais são encarados como uma teia de tensões. De fato, o padrão é muitas vezes o de um cabo de guerra, que adota padrões triangulares em que o personagem A se divide entre conexões opostas representadas pelo personagem B e pelo personagem C. O padrão é construído por etapas sucessivas que estabelecem as interações dramáticas e tensões à medida que eles crescem em força, produzindo ironias e reviravoltas surpreendentes que levam gradualmente a um desenlace final das principais linhas de tensão. Quando solicitado a escrever descrições semelhantes de personagens para sua própria história, você deve fazê-lo como se estivesse olhando do ponto de vista da resolução final de seus conflitos e relacionamentos[12].

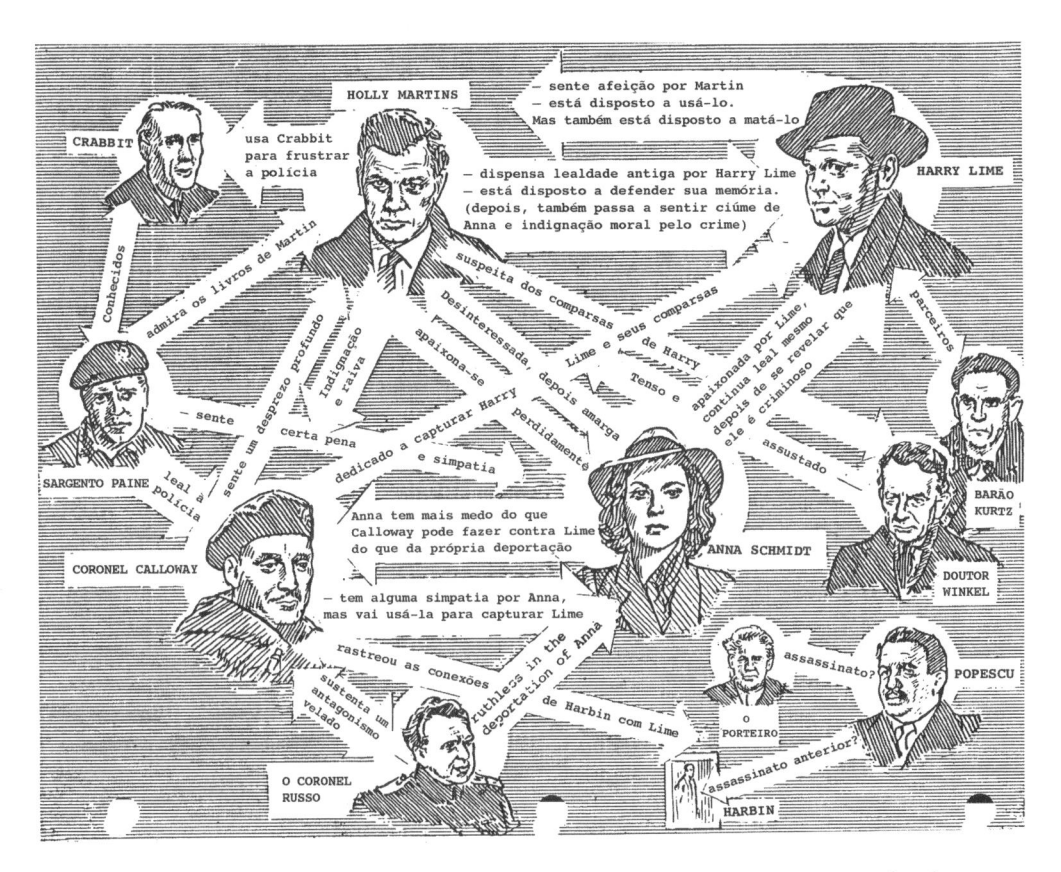

Mapa de relação entre personagens: *O terceiro homem*.

Você consegue responder a essas perguntas sobre qualquer projeto no qual já trabalhou ou que já roteirizou e planeja fazer? Seria útil ser o mais específico possível. (Também é útil fazer essas perguntas sobre seus filmes favoritos.)

1. Quantos personagens existem na história? Selecione três que podem ser considerados os principais. Fico um pouco apreensivo quando um aluno explica que na verdade só há um personagem. Como vimos, o drama normalmente envolve um conflito entre duas pessoas; portanto, você precisa de, no mínimo, dois personagens. Muitas

O QUE É UMA HISTÓRIA?

vezes, é mais eficaz ter ao menos três, já que isso possibilita uma relação triangular, um elo envolvendo uma figura central que é puxada em direções diferentes pelos outros dois. Note que em certos filmes há exemplos de personagens que têm cenas dramáticas em que nenhum outro personagem está presente, mas estas tendem a ser do tipo em que o ambiente em si faz o papel de antagonista, colocando o protagonista em uma circunstância que requer dele alguma reação.

2. De qual personagem é o ponto de vista? Às vezes é difícil decidir quem é o protagonista e quem é o antagonista. Mesmo que existam histórias em que o público não é levado a se identificar com um personagem específico, é muito mais comum ter uma figura que represente o ponto de vista da história e que tem algum tipo de "objetivo" final. Pergunte a si mesmo: ao final da história, o que esse personagem quer alcançar? O que é necessário é a intenção de um personagem que produzirá uma ação dramática, um resultado visível na tela. Como já foi explicado, em geral, no cinema, não basta ter um personagem que meramente expressa seus sentimentos. É claro que pode haver um objetivo negativo: por exemplo, impedir que algo aconteça, mas isso também deve ser concebido como o resultado de uma ação (um incidente que pode ser filmado).

3. Você é capaz de definir que obstáculos estão no caminho desse objetivo? Consegue também identificar outro personagem que seja a personificação desse obstáculo? Tal personagem é o antagonista, cuja função dramática é criar conflito com a figura central (mas isso não quer dizer que obrigatoriamente teremos menos empatia pelo

antagonista do que pelo protagonista). Entenda que a existência de um antagonista na história não significa que não há também um conflito no *interior* da figura central (está sendo puxada em direções antagônicas por algum sentimento ou crença). Há, de fato, conflitos no interior de qualquer protagonista bem definido, e muitos personagens que parecem mansos quando se trata de ações extrovertidas terão tensões introvertidas claramente definidas, que são trazidas à tona pelo antagonista para que o público as observe. Note que em *buddy movies** sempre há uma linha de tensão entre os dois protagonistas, que costuma atingir o ápice por volta do terceiro ato. Mas qualquer que seja a tensão entre os dois, ela sempre fica em segundo plano quando comparada com o conflito dramático enfrentado pelos dois ante uma terceira facção antagonista. O conflito entre eles é uma subtrama (muitas vezes cômica), um caso secundário que corre em paralelo à tensão narrativa principal.

* Literalmente, "filmes de amigos" ou "filmes de camaradas". Um subgênero do cinema no qual uma dupla de personagens protagoniza o enredo, como nas obras de Laurel e Hardy (O Gordo e o Magro), ou em *The Odd Couple* [*Um estranho casal*] (1968), *Butch Cassidy and the Sundance Kid* (1969) e mesmo *Thelma & Louise* (1991), entre outros. (N. do T.)

4. Como o conflito leva à crise? O que está em jogo para os personagens principais? Existe uma cena de confronto? Em uma história bem construída, o público está sempre na expectativa do que é chamado de cena obrigatória provocada por uma reviravolta (ou, na verdade, uma série de reviravoltas). Observe que a cena obrigatória, em geral o desfecho de uma história, expressa o tema de maneira clássica. É uma expressão da moral central da história. (Uma boa maneira de definir esse momento – na verdade, vários momentos – em uma narrativa dramática é perguntar: "Quem faz o quê, com quem e por quê?")

Exposição

Exposição é o que podemos chamar de troca de informações num diálogo, ou de habilidade de explicar. É o que fornece à plateia informações sobre as circunstâncias, as situações e os eventos do passado, sobre os personagens e as relações entre eles que a plateia precisa saber para entender e aproveitar a história. Quando a exposição é dramática e bem construída, nós deixamos de vê-la como exposição.

Quando fui contratado como roteirista, numa vaga de iniciante num estúdio de cinema britânico, ouvi uma frase usada em salas de roteiro para descrever uma exposição inútil: "Meu tio, o duque..." Presumo que se tratava da citação de algum roteiro merecidamente esquecido, empregada com o propósito de estabelecer a origem aristocrata da família de quem estava falando e direcionada a algum personagem secundário, para quem a informação não era nova. Mesmo que uma fala como essa pudesse, em tese, ser dramática (se por acaso fosse dita a um personagem que, até aquele momento, não soubesse que o duque tinha um sobrinho ou que aquele que falava tinha um tio nobre), esse é um bom exemplo de uma "regra" elementar da exposição e de diálogos em geral: se o único propósito de uma fala é prover informações expositivas não para um personagem em cena, mas, sim, para a plateia (por exemplo, diálogos sobre personagens que não estão em cena), esse diálogo é entediante. Por quê? Pela simples razão de que informações vindas de diálogos só são dramáticas quando envolvem a exploração de personagens por meio de tensão, quando o que é revelado produz na tela um efeito do qual nós, o público, temos uma participação emocional, quando se produz em certos personagens uma reação que promove um desenvolvimento da narrativa.

O dramaturgo norueguês Henrik Ibsen, segundo muitos críticos de teatro, foi um dos grandes mestres da construção dramática no século XIX. Sua peça *O pato selvagem* abre com uma cena de exposição similar à abertura de muitas peças da época. O fato de que a cena – que envolve, no escritório de uma casa, um serviçal e alguns garçons nos bastidores de um banquete – era obviamente aceitável como técnica de exposição daquele período diz muito sobre as mudanças nas formas teatrais e no trabalho do dramaturgo. Na verdade, ao longo de muitas décadas, estabeleceu-se como abertura típica de uma peça uma cena com empregados fofocando sobre seus patrões, apresentando, assim, ao público as informações necessárias sobre o passado dos personagens principais antes que estes entrassem em cena. Sem dúvida, foi uma grande perda para o dramaturgo iniciante o fato de os dramas não poderem mais ser tão facilmente ambientados no tipo de lar onde os empregados estão disponíveis como coadjuvantes para desempenhar tão prestimosa função narrativa.

Com o devido respeito a Ibsen, sugiro que você estude a cena como um exemplo de artifício bastante fraco para os padrões de hoje, e certamente para os padrões dos melhores roteiros contemporâneos. A razão é simples: os dois personagens principais que aparecem nessa cena de abertura não são importantes. Eles nem sequer voltam a aparecer na peça e foram concebidos com o único propósito de apresentar informações acerca do passado dos personagens que são de fato importantes. Embora seja possível dizer que esses personagens são contrastes, eles são de todo desinteressantes, uma vez que nenhum deles tem qualquer relação real com a ação principal da trama, ou qualquer relação particularmente reveladora com os personagens principais. E mesmo nessa cena, que foca em duas figuras essencialmente irrelevantes para o drama subsequente, há bem pouca tensão ou conflito. Nada está em jogo e nada acontece de fato. O resultado provável é que a plateia se esqueça de quase tudo que esses personagens dizem. São meras conversas.

13. Georges Simenon, *Meu amigo Maigret* (traduzido por Paulo Neves, L&PM, 2013).

Como um antídoto a Ibsen, aqui estão as falas de abertura de um tipo de escrita muito diferente, que mostram como a exposição pode iluminar pontos essenciais da trama e ser útil ao explorar as motivações e os sentimentos dos personagens.

– Estava sozinho na entrada do estabelecimento?
– Sim, meu comissário.
Era inútil corrigi-lo. Quatro ou cinco vezes, Maigret tentara fazê-lo dizer "senhor comissário". Que importância tinha? Aliás, que importância tinha tudo aquilo?
– Um carro esporte cinza parou por um instante e um homem saltou dele, quase como um acrobata de circo, foi o que você declarou, não foi?
– Sim, meu comissário.
– Para entrar na boate, ele teve de passar bem perto e chegou inclusive a esbarrar ligeiramente em você. Ora, acima da porta existe um letreiro luminoso em neon.
– Ele é violeta, meu comissário.
– E então?
– Então, nada.
– É porque o letreiro é violeta que foi incapaz de reconhecer o indivíduo que, um instante depois, afastando a cortina de veludo, esvaziou o revólver na direção do *barman*?[13]

Esse é, para mim, um excelente exemplo de exposição eficaz. Claramente, é preciso pensar num modo diferente de contar histórias ao escrever o roteiro de um filme, mas Georges

Simenon (que escreveu uma série de livros protagonizados pelo inspetor Maigret) demonstra aqui uma sólida compreensão acerca do que podemos chamar de "exposição ativa", e estudantes de construção dramática têm muito a aprender com ele.

Você pode ver por que a exposição só é dramática – muitas vezes com bastante força – quando apresentada no contexto de uma cena que tem conflito, suspense e ação (e, portanto, reação). Sua tarefa, ao estabelecer exposição, provavelmente envolverá a invenção de alguma situação que produza um vigoroso confronto de vontades entre os personagens e que demande que um desses personagens dê explicações. Quando a exposição é absolutamente necessária (quando se deve estabelecer informações preliminares a certos desenvolvimentos narrativos), é geralmente o personagem de contraste que vai fazer ao protagonista as perguntas que levam às informações necessárias para satisfazer o público (ainda que apenas temporariamente). Este é, com frequência, um problema técnico de roteiristas principiantes: como "alimentar" o protagonista de forma concisa, organizada e por meio de ações. Como já foi explicado, falar por falar (pois o roteirista precisa passar certas informações ao público) é a antítese do drama, seja no palco ou na tela (mesmo que, como você já deve ter adivinhado, muito mais na tela). Então, o truque para inventar uma cena com exposição eficaz é construir personagens coadjuvantes que estão envolvidos em situações dramáticas nas quais perguntas específicas precisam ser feitas sobre os fatos oferecidos, para que a tensão seja resolvida (talvez temporariamente) e a plateia fique dramaticamente satisfeita.

De vez em quando, um roteirista recorre ao recurso expositivo do *flashback*, com o argumento de que isso evita que o cineasta tenha de filmar longas cenas que podem ser motivadas apenas pelo diálogo. Na prática, porém, o dispositivo do *flashback*, embora pareça de todo cinematográfico, pode ser

14. Ver o capítulo "Atividade *versus* ação", mais adiante.

decepcionante. Ele é, de fato, inerentemente pouco dramático. Enquanto o drama é *ação*, agora e no palco, o *flashback* tende a ser mais uma *atividade*, pois mostra eventos que não têm resultados imediatos aqui e agora[14]. Uma vez que um *flashback* é uma descrição de tensões passadas (e já resolvidas), muitas vezes ele não tem a força do ímpeto narrativo imediato e pode facilmente se tornar um interlúdio que interrompe o fluxo da história, mesmo que tenha valores que, embora não sejam tão dramáticos, ainda compensam de maneiras diferentes. (A "lembrança de eventos passados" muitas vezes tem uma qualidade reflexiva e poética que, embora careça das qualidades de suspense da narrativa carregada de enredo, pode emprestar muito sentimento lírico a um filme.)

Outro ponto que precisa ser esclarecido a respeito da exposição se relaciona com o que podemos chamar de *whodunnit*, as histórias de detetives ou investigadores particulares. Essas histórias tendem a ser construídas com um sistema de desdobramento de eventos passados que nós, o público, e muitas vezes também certos personagens da história, desconhecemos. Esse padrão de desdobramento pode continuar até a cena final, como quando o detetive reúne todos os suspeitos para resumir todos os eventos, infindáveis e difíceis de compreender, que ocorreram até então, guardando o anúncio do verdadeiro assassino de um modo desnecessário e pouco convincente. Fórmulas igualmente tolas são aquelas em que o vilão desmascarado mantém o herói na mira de uma pistola e profere um monólogo perigosamente longo que explica tudo o que aconteceu antes, ou em que o psicólogo austríaco (falando com um sotaque pouco compreensível) explica cuidadosamente para a multidão ansiosa sentada diante dele o mal psicológico de que padece o assassino em série agora preso numa camisa de força. Quando essas cenas funcionam, não é porque são convincentes – nós as aproveitamos apenas quando são engenhosas o bastante. Tendo sido reconhecidas como clichês, hoje essas fórmulas costumam ser descartadas. Mas, como sempre, vale a pena lembrar que um clichê se torna um clichê por um bom motivo: ele funcionou quando foi usado pela primeira vez.

Existem alguns casos em que esse tipo de exposição é empregado tão bem que funciona perfeitamente. A última cena de *The Maltese Falcon* [*O falcão maltês/Relíquia macabra*] é um desses casos, um exemplo clássico de desdobramento e revelação simultâneos. A longa cena de diálogo em que Sam Spade manipula todos os vilões para que cometam traições mútuas tem um conflito e uma tensão presentes, ao mesmo tempo que prova ser a exposição de todo o caos ocorrido não apenas durante a história, mas até mesmo antes de ela começar. O filme *O terceiro homem* [*The Third Man*] é outro exemplo, ainda que um pouco diferente. Nos primeiros dois terços da história de Graham Greene, a ação toma a forma de uma busca no passado, uma investigação sobre a misteriosa morte da figura controversa (Harry Lime) que é o melhor amigo do protagonista (Holly Martins) e amante da moça com quem o protagonista está envolvido. Então, naquele que, numa estrutura dramática convencional, poderia ser considerado o final do segundo ato, vem a apoteótica revelação: Lime está vivo. Até a aparição de Lime, a história é de muitos modos um *whodunnit*, em que Martins investiga o possível assassinato, tendo no policial militar britânico (Calloway) e na namorada abandonada de Harry (Anna) figuras clássicas dessa fórmula. A revelação cria o que Aristóteles chamava de peripécia [*peripeteia*], uma virada de mesa, um ponto da história em que certas descobertas produzem um revés na situação narrativa atual. Isso pode ser uma altercação nas relações dos personagens, como uma inversão de papéis, ou uma situação em que algo oculto é revelado, algo perseguido é capturado ou escapa, ou então em que algo secreto – que é revelado apenas para nós, o público – permanece secreto.

Em O *terceiro homem*, após a peripécia que é o fato de Harry ainda estar vivo, a narrativa se projeta em direção a eventos futuros por meio de suspense direto e conflito de personagens. Não se trata mais de um desenrolar do passado; agora, o que há é um impulso baseado em causas e efeitos relacionados a eventos do presente. Nesse sentido, a história fica mais simples: todos os papéis secundários e coadjuvantes perdem importância, ao passo que a ação foca a tensão entre os quatro personagens principais. Não há mais um mistério, mas, sim, o herói dividido entre a devoção a seu velho amigo, a repugnância moral pela bagunça que o levou a uma relutante colaboração com as autoridades (e contra seu amigo) e os sentimentos não correspondidos pela moça que seu amigo traiu.

Tendências modernistas

Você concorda com algum dos pontos a seguir?

1. Tramas são antiquadas. Uma história com enredo é forçada, artificial e maçante.
2. Quando for escrever um roteiro, comece pelo início, sem tentar planejar a forma como ele vai terminar. Planejamento não é necessário. É muito melhor ser espontâneo. Improvise ao longo do caminho.
3. A coisa mais enfadonha de todas é ser óbvio. É muito mais interessante ser ambíguo. Deixe que a plateia ligue os pontos a respeito do que você quer dizer. Por que tudo precisa ser explicado?
4. O que me interessa são ideias e problemas. É por onde gosto de começar: pela ideia. Não me importo muito com os personagens.
5. Acredito que o tema mais interessante de nossos dias seja a alienação. É isso que importa hoje, já que todos são alienados. Um personagem que quer fazer coisas ou realizar algo é um impostor ou um sujeito cafona.
6. Adoro simbolismo. Não vejo sentido em personagens realistas. É muito mais interessante quando são abstratos.
7. Gosto de explorar cenas de fantasia, não de realidade. Aprecio sequências de devaneios e *flashbacks*. É mais legal quando se pode brincar com o tempo.

Frases como essas são comuns na boca de alunos do CalArts, apesar de serem expressas com uma linguagem muito mais complicada. Permita-me dizer que *todos* esses comentários fazem sentido para mim. Eu realmente entendo e respeito os pontos de vista listados aqui. Também reconheço que eles, ou outros pontos de vista similares, representam abordagens contemporâneas do cinema que são muito atraentes para os meus alunos. Há apenas um problema: eles não são compatíveis com a disciplina que leciono aqui, e é bem possível que os alunos que têm ideias como essas se sintam desapontados ao final deste curso.

A verdade é que não posso ajudá-lo a explorar o que se tem chamado de Modernismo no cinema. É por essa razão que costumo me referir a "filmes", e não ao "cinema". O ofício de contar histórias é de certa forma antimodernista. É velho. Antigo, na verdade. E, embora esteja sempre mudando, sempre em movimento e jamais estático, suas raízes estão bem assentadas no passado. Ao cineasta que sente como se tivesse chegado o momento de subverter as formas tradicionais e convencionais de narrativa/dramaturgia, eu informo que minha formação de contador de histórias vai ajudá-lo apenas a explorar o passado. O futuro é com você. Agora, vamos examinar mais de perto alguns dos pontos levantados no início do texto.

Tramas não são necessárias. São chatas.

Absolutamente correto. Isto é, quando uma plateia toma ciência da presença de artifícios de enredo, a experiência é fastidiosa e causa uma perda da "suspensão voluntária da descrença" que é tão cara às histórias que contamos. A melhor trama é aquela cuja existência não se nota. A trama costuma ser percebida apenas quando é construída toscamente, quando é imposta ao material e não se desenvolve a partir das interações dos personagens.

Essa observação, vinda de cineastas principiantes, quase sempre quer dizer algo diferente – que ele ou ela não tem muito talento para criar uma estrutura de história que seja natural, que não pareça forçada e na qual as sequências de eventos narrativos sejam embasadas nas motivações dos personagens. De fato, esse não é um objetivo fácil de alcançar, e parece se tratar de uma habilidade que vem apenas com um volume enorme de experiência – quando vem (pois muitas vezes os roteiristas se desviam dessa necessária experiência porque experimentam com a técnica apenas por experimentar). As primeiras tentativas da laboriosa engenharia que é a criação de enredos narrativos estão fadadas a ser desengonçadas e óbvias. As engrenagens da narrativa vão ranger, e as brechas vão se tornar evidentes. Por isso mesmo é importante estudar a estrutura clássica de uma história. Essa é a razão de se empenhar diligentemente em analisar seus filmes favoritos na forma de escaletas.

Não perca tempo com planejamento. Por que você teria de saber como sua história vai terminar antes mesmo de começá-la? Na verdade, como é possível saber o fim de uma coisa até que se chegue lá?

Por estranho que pareça, esse argumento é praticamente o mesmo que o anterior. Mas pode haver algum mal-entendido, pois improvisação e planejamento não excluem um ao outro.

Acredito que um roteirista que embarca em uma história sem ter uma boa ideia de como vão surgir o clímax e o desfecho da narrativa está mais propenso a se perder no caminho e ir parar em lugar nenhum. Mesmo que ele improvise cenas divertidas no meio do caminho, o efeito pode ser frustrante, já que não há uma espinha dorsal que junte tudo e sustente a tensão até o fim. Meu primo, um dramaturgo e roteirista de sucesso, discorda. Ele diz, com uma arrogância admirável, que seus melhores trabalhos são aqueles em que ele começa na página um, vai inventando à medida que avança e jamais faz revisões enquanto desbrava seu caminho. Os personagens e os conflitos entre eles assumem o controle, ditam as próprias tramas e abruptamente revelam ao autor a principal crise e sua respectiva solução ao chegarem ao terceiro ato. O que é particularmente irritante, claro, é que ele é capaz de provar seu argumento, já que esse método funciona para ele.

Existe também a questão do que queremos dizer com "saber". De que nível de conhecimento estamos falando aqui? Críticos modernistas cunharam o termo "disnarrativo" ["*dysnarrative*"] para classificar um tipo de narrativa cuja estrutura é tão elíptica que os pontos que engendram a trama permanecem ocultos e camuflados, não importa quão a fundo você procure. Mas faça uma escaleta, por exemplo, da adaptação de Alain Resnais para o complexo roteiro de Alain Robbe-Grillet, O *ano passado em Marienbad* [*L'Année dernière à Marienbad*], um trabalho com um tipo de estrutura antinarrativa, e você certamente encontrará uma tensão narrativa que de fato se faz muito presente.

A expressão "unidade de ação", de Aristóteles, se refere ao sentimento de completude que é a satisfação básica de quase todo trabalho dramático. O paradoxo (como sugeriu Jean-Luc Godard) é que "o começo, o meio e o fim" estão lá mesmo quando "não aparecem nessa ordem". Portanto, se você acredita que tem um ótimo começo para uma história, mas o final dela é fraco, a verdade é que você ainda não tem o começo certo. (Buster Keaton, ao falar de suas comédias mudas, disse certa vez a um entrevistador: "Alguém tinha uma ideia. 'Este é um bom começo', nós dizíamos. Então pulávamos o meio. Nunca prestávamos atenção ao meio. Íamos direto para o fim. Trabalhávamos no encerramento e, caso conseguíssemos um final que julgássemos satisfatório, então voltávamos e trabalhávamos no meio. Por alguma razão, o meio sempre se desenrolava sozinho.[15]") Ainda que, ao inventar uma narrativa, você provavelmente não tenha o final exato elaborado de antemão (caso tenha, sua história pode ser previsível tanto para o público quanto para você mesmo), é preciso sempre ter, nos recônditos de sua mente, um forte instinto que lhe diz se determinado evento da história a faz mover-se na direção do final que você pensou, se o fusível com o qual você decide trabalhar num momento específico se tornará parte da cadeia latente que leva ao *big bang* no final. Um escritor, ao trabalhar, deve estar ao mesmo tempo ciente e insciente da estrutura. Há roteiristas que, contradizendo meu primo, declaram que preferem planejar em detalhes a história inteira antes de começar a escrever. Eles preparam escaletas meticulosas não só com as sequências de cenas, mas também com os movimentos em cada cena. Anotam tudo que diz respeito aos personagens e preparam falas-chave de diálogos a serem usadas em momentos importantes. Mas, para ser sincero, também tenho minhas suspeitas a respeito desse método e acredito que ele seja mais complicado.

 Embora a opção por preparar um cenário como o esqueleto no qual será construída uma camada mais sólida de comportamentos dos personagens possa ser uma estratégia adequada ao temperamento de muitos roteiristas, parece que, ao agir desse modo, eles deliberadamente "esquecem" o trabalho de preparação. Enquanto trabalham, todos os escritores estão, de uma forma ou de outra, improvisando. Se um escritor em particular prefere mapear o enredo com antecedência, é provável que, uma vez que ganhem vida na imaginação do autor, os personagens insistirão em tomar caminhos distintos daqueles que haviam sido mapeados para eles. Em qualquer história pujante, tem-se a impressão de que os personagens

15. Ver o capítulo "Atividade *versus* ação", mais adiante.

ditam as próprias ações a seus criadores. (Leia a peça *Seis personagens à procura de um autor*, de Pirandello, para uma ilustração dramática desse processo.) Ao desenvolver suas habilidades dramatúrgicas, você descobrirá que se trata de um fenômeno estimulante e, de certo modo, místico. As criações de um escritor quase sempre parecem saber, melhor do que ele mesmo, para onde estão indo. Mesmo o clímax da história pode ser para ele uma surpresa, ainda que se trate de uma surpresa que ele vem cozinhando no subconsciente há algum tempo. Quando esse clímax emerge (em geral, de maneira abrupta), o dramaturgo descobre que na realidade aquele ponto sempre esteve presente, desde o início.

Entre os alunos de atuação, é comum ouvirmos variados argumentos a respeito do valor da improvisação; porém, muitos desses estudantes automaticamente associam a técnica à espontaneidade e tomam uma pela outra. É como se qualquer atuação que se ampare em palavras escritas de antemão não pudesse ser tão "real" como uma improvisação. É claro que a improvisação pode ser uma ferramenta valiosa para diretores (em particular) e atores, bem como para roteiristas. Exercícios de improviso durante o processo de ensaios às vezes são o único recurso de que dispõe um diretor para lidar com atores que passaram a prestar mais atenção no modo como enunciam suas falas do que nos impulsos ou nas motivações que estão por trás delas. Em especial, ao trabalhar com um material "poético", pode ser importante para um diretor insistir que os atores ignorem o texto por completo e improvisem uma nova linguagem própria para alcançar as intenções dos personagens, antes de retornar ao texto em si mais tarde. Nesse sentido, a improvisação durante a atuação é, até certo ponto, similar à escrita. Mas a ilusão de supor que o diálogo improvisado de um ator pode substituir totalmente o trabalho de um diretor e de um roteirista se tornou bastante evidente em muitos esforços de improvisação que já acompanhei, em que as cenas a princípio parecem ter um frescor e um realismo emocionantes, mas logo se tornam entediantes porque se nota que há um elemento essencial faltando ali. Não há um motivo real para as falas, nenhum drama, nenhuma estrutura. Elas simplesmente não levam a lugar nenhum.

16. De *The Parade's Gone By*, de Kevin Brownlow (University of California Press, 1968, p. 481).

Entre o planejamento e a inspiração, não existe nenhuma contradição. Na verdade, é possível ir além: nenhum dos dois tem valor sem o outro. A preparação meticulosa de esboços, rascunhos, cenários e anotações pode até tornar-se uma desvantagem e uma inibição, a menos que, graças a um esquecimento voluntarioso, esses processos deixem ainda grande espaço para liberdade e espontaneidade num âmbito definido e garantam a integridade do tema central. (Já foi dito que a genialidade da imaginação humana reside no fato de que, à medida que encontramos uso para essas coisas aparentemente esquecidas e enterradas nas prateleiras da nossa consciência, elas podem ser transformadas ao voltarem à mente consciente.) A improvisação é de fato valiosa apenas quando se ampara no exaustivo e disciplinado trabalho que lhe precede. Como forma de substituir tal esforço, é provável que ela seja fraca e trivial.

"Clareza" e "ambiguidade"

A obscuridade é raramente uma virtude. Se o que você quer dizer é significativo, então não há problema nenhum em enunciá-lo de forma clara. "Para aqueles que questionam se clareza é importante, só posso dizer que é a qualidade *mais* importante ao se fazer um filme", escreveu Truffaut[16]. De fato, é bem provável que, ao falhar em esclarecer as questões mais importantes, você deixará o público confuso e irritado.

Um problema comum a muitos roteiristas principiantes é que eles subestimam a necessidade de suas histórias terem uma exposição de contexto. Uma vez que eles próprios já detêm as informações, costumam assumir que elas são óbvias, mesmo que na grande maioria das vezes não seja esse o caso. Por que um roteirista precisa explicar tudo? Porque, se o público precisa de informações expositoras para apreciar e entender situações importantes dos personagens, o fracasso do autor em se preparar para isso pode enfraquecer desastrosamente o prazer do público com a história como um todo. A clareza é a comunicação daquilo que é essencial e a exclusão do que não é essencial; o que não é uma tarefa fácil, já que pode ser complicado decidir o que não é essencial e então achar uma maneira de reduzir sua ênfase. Às vezes, é necessária uma boa dose de engenhosidade e perspicácia para isolar aquilo que de fato importa (e que portanto deve ser retido, ou mesmo acentuado) em textos que são confusos ou supercomplicados por conta de irrelevâncias e banalidades.

Ao se empenhar em deixar o roteiro o mais claro possível, o autor inexperiente em geral morre de medo de empregar obviedades, acreditando que ser óbvio é ser não apenas entediante, mas também banal. O que isso geralmente causa é um acúmulo de ansiedade (muitas vezes justificada) pelo fato de ele não saber como explicar as coisas sem ser tedioso. Essa ansiedade o leva a acreditar que certas coisas são mais interessantes quando deixadas implícitas. O roteirista pensa: por que é tão importante que tudo seja explicado com tanta clareza? Não é muito mais intrigante permitir alguma ambiguidade?

Tenho a impressão de que existe um sentimento comum a muitas pessoas que se veem como artistas criativos: o sentimento de que é enfadonho ter de estudar as habilidades necessárias para se comunicar com clareza e, por outro lado, que há algo bem mais excitante e "artístico" em obras que não prezam pela clareza, que são ambíguas. A simplicidade e a clareza são, na mente de muitos roteiristas, sinônimos de banalidades e chatices. E, claro, é verdade que obras sem graça são quase sempre óbvias. Mas o sentimento de que uma exposição obscura e confusa é de algum modo mais esteticamente interessante é uma armadilha terrível. Seria "óbvio" o mesmo que "dito com clareza"? A falta de clareza torna uma história mais interessante por ser mais difícil de compreender? Eu com certeza não acredito nisso. Ninguém jamais foi desprezado por críticos por ser claro demais em suas exposições. Tais cineastas podem ser criticados pela falta de sutileza em sua narrativa, mas sutileza e clareza são coisas bem diferentes. Não há nenhum perigo em ser óbvio se sua obviedade expressa algo excitante. Assim como as virtudes do bom jornalismo são economia e clareza, bem como contar uma história o mais rápido possível e com um mínimo de desperdício de esforço, o mesmo pode ser dito a respeito do roteiro e da direção[17].

Aliás, "ambiguidade" é um termo que o novato emprega sem compreender. A ambiguidade não deveria ser vista como sinônimo de confusão ou obscuridade. A palavra quer dizer literalmente "ter dois sentidos distintos", o que pode ser muito interessante em termos dramáticos se ambos os sentidos forem apresentados com clareza e se forem válidos ao mesmo tempo. A chave para a ambiguidade, nesse contexto, é que as perguntas sem respostas parecem ter mais impacto quando formuladas com clareza por algum personagem da história. O público não se preocupa tanto com a incerteza nas respostas para situações ou questões obscuras, desde que o autor tenha deixado claro que a ambiguidade é deliberada.

Problemas *versus* personagens

Eu já afirmei, em uma ou outra ocasião, que muitos de nossos estudantes de cinema deveriam pensar menos e usar mais a imaginação. A inteligência costuma ser equiparada à

17. Mackendrick se preocupava tanto em capacitar os alunos a se articular com clareza ao escrever que incluiu em uma de suas apostilas as seguintes frases do ensaio de George Orwell "A política e a língua inglesa", publicado originalmente em 1946: "(i) Nunca use uma metáfora, símile ou outra figura de linguagem que está acostumado a ver impressa. (ii) Nunca use uma palavra longa quando uma curta dará conta do recado. (iii) Se é possível cortar uma palavra, corte-a sempre. (iv) Nunca use a voz passiva quando pode usar a voz ativa. (v) Nunca use uma expressão estrangeira, uma palavra científica ou um jargão se puder pensar num equivalente do inglês cotidiano. (vi) Infrinja qualquer uma destas regras antes de dizer alguma coisa totalmente bárbara." (George Orwell, "Politics and the English Language", em *The Collected Essays, Journalism and Letters: Volume 4* (Penguin, 1970), p. 169. [Ed. brasileira: George Orwell, "A política e a língua inglesa", em *Como morrem os pobres e outros ensaios* (trad. Pedro Maia Soares, Companhia das Letras, 2011).]

capacidade de criticar e analisar. Mas o cinema, na minha opinião, não é a mídia mais apropriada para estimular o pensamento. O cinema tem uma carga gigante de informações sensoriais, emocionais e intuitivas, ao passo que a maioria das questões intelectuais é explorada de forma mais direta quando separadas das complexidades e contradições da psicologia humana. Nesse sentido, até o drama – em que emoções e impressões sensoriais constituem obstáculos – pode ser um tanto incompatível com nossas capacidades racionais e intelectuais.

Um personagem bem construído é aquele que, por definição, não pode ser visto de forma bidimensional. Na comédia, como em outras formas dramáticas, um estereótipo costuma bastar para se contar uma história (de fato, a comédia geralmente exige que a figura cômica seja uma caricatura que não pode sofrer demais e cujas emoções são simplificadas ao nível do absurdo). Da mesma forma, uma história que se concentra em ideias e problemas também tem menos probabilidade de exigir uma caracterização que apresente profundidade emocional real. É possível pensar aqui em George Bernard Shaw, um didata cujas peças pareciam mais com debates do que com dramas humanos, e cujos personagens não eram outra coisa senão veículos para as opiniões políticas e sociais do autor.

"Alienação"

Alguns anos atrás, a "alienação" era um tema bastante em voga no cinema, mesmo que hoje a própria palavra pareça ter saído de moda. Ainda assim, ela continua sendo uma atitude presente nos jovens cineastas (na verdade, em todos os jovens) –, para quem o início da vida adulta é um período de enorme tensão –, que compreensivelmente se preocupam com o mundo ao nosso redor e que se sentem profundamente desamparados e ansiosos quando tentam confrontá-lo. A alienação, nesse sentido, pode ser uma tentativa desesperada de se proteger de uma ansiedade opressiva. Ao deliberadamente se distanciar das emoções, é possível evitar ferir-se. Ou ao menos é isso o que argumentam os psicólogos de botequim.

Eu não posso confortá-los. Confesso que sinto certo desalento quando vejo projetos solipsistas de estudantes que lidam com a relação entre seres humanos de uma forma que indica uma alienação *total* de qualquer sentimento de afeto, uma ausência de sensibilidade emocional. Acredito que filmes, mais do que qualquer outra mídia, são capazes de explorar sentimentos. Acho que se trata de algo que é inerente à própria mecânica do aparato, a psicologia da percepção de imagens em movimento acompanhadas de som (e a leitura mental de informações que entram pelos olhos). O cinema vai direto na veia – seu impacto é sensorial e físico. O drama, desde os primórdios, sempre buscou uma catarse que os gregos antigos acreditavam que purificava o espírito humano ao despertar emoções de piedade e terror. Embora o emocionalismo descarado dos primeiros filmes mudos possa parecer hilário hoje, ainda assim espero sinceramente que os dispositivos projetados para explorar o fenômeno das conexões emocionais, como é o caso do cinema, sobrevivam à estética da alienação.

É claro que as histórias que lidam com a alienação (aquelas que abordam questões bastante subjetivas, introspectivas e particulares, pensamentos e sentimentos que não costumam ser comunicados às outras pessoas) são, por sua natureza, problemáticas em termos dramáticos. O personagem alienado (muitas vezes uma projeção mal disfarçada do próprio aluno) não tem a intenção – ou a capacidade – de realizar uma ação positiva de conexão através da comunicação ativa e, portanto, dramática. Assim, o aluno interessado em explorar o tema da alienação deve determinar a melhor maneira de dramatizar esses personagens pouco ativos e pouco comunicativos, o que não é uma tarefa fácil.

"Figuras simbólicas"

O simbolismo costuma ser mais eficaz no teatro do que no cinema. Uma das limitações da cinematografia é que ela pode ser real demais, no sentido de que pode fornecer mais informações visuais do que desejamos. Qualquer imagem cinematográfica nos mostra tanta coisa que se torna extremamente difícil despersonalizá-la. Essas imagens apresentam criaturas particulares e individuais, e não abstrações como a humanidade ou a maternidade. Ser específico e concreto é uma característica imanente ao cinema. Por outro lado, é por isso que o cinema pode tirar proveito de coisas como o surrealismo, porque a irrealidade de uma imagem surrealista é criada pela desconcertante justaposição de elementos incompatíveis, mas que são de todo reais, algo que o cinema pode realizar brilhantemente.

Uma técnica para ter ideias

Não existe uma técnica para ter ideias. Dito isso, vou descrever uma teoria que ouvi muitos anos atrás, desenvolvida por um professor universitário. Um amigo dele que publicava uma revista lhe telefonou para pedir uma sugestão de algum treinamento que pudesse ser oferecido aos editores e redatores da revista para estimular a capacidade deles de "ter ideias".

O professor reagiu com muita coerência. Ele riu e disse ao amigo que tal treinamento não existia. O dom da criatividade pode até ser identificado, explicou ele, mas não ensinado. Satisfeito, o professor não quis pensar mais no assunto, mas a questão logo começou a incomodá-lo. Eventualmente, ele retornou ao editor não com uma resposta, mas com algumas ideias que havia desenvolvido sobre o processo, muitas vezes estranho e misterioso, da criatividade. Em seguida, preparou uma palestra sobre o tema, a qual ele foi convidado a apresentar em diversos lugares, inclusive em algumas das maiores agências de publicidade, que gostam de passar uma imagem de seriedade para os clientes. Existem, disse o professor, as seguintes etapas:

1. Coleta de dados

Pesquisar, reunir materiais. Juntar uma grande quantidade de matéria-prima que seja mais ou menos relevante sobre o assunto acerca do qual se espera ser criativo. Trata-se de uma atividade que requer grande esforço e energia. Pode envolver viagens, conversas com várias pessoas e abundantes anotações. Talvez inclua horas de estudo em bibliotecas, muita leitura e ocasionalmente a coleta de referências visuais. Diversas organizações contam com bibliotecários e pesquisadores contratados com esse propósito, mas, com ou sem a ajuda desses profissionais, é aquele que busca criatividade quem deve dedicar tempo e energia adquirindo experiência – direta e pessoal – com as matérias-primas.

A atividade de coletar dados não deve ser confundida com os próximos passos. Um bom pesquisador deve não apenas ser minucioso, mas também ter a mente aberta. Ele não pode tirar conclusões sobre os dados que estiver coletando antes de os ter coletado. Inevitavelmente, ele já vai ter alguma ideia do que poderá ou não lhe ser útil e relevante, mas se esquivará do tipo de preconceito que pode impedi-lo de encontrar material proveitoso apenas por não lhe parecer de imediato que vá atender às suas necessidades.

Para mim, é impressionante que, dentre os alunos do CalArts, tão poucos reconheçam o valor dessa etapa de pesquisa. É claro que esse é o tipo de trabalho que, ao ser deliberadamente adiado, adia também aquilo que todos os alunos julgam ser o momento primordial: a invenção de algo original. A grande tentação nesse estágio é agarrar-se a um lampejo qualquer que atice a imaginação e de pronto começar a escrever um roteiro, ou até mesmo a filmar.

2. Organização dos dados

Organizar o material coletado. Analisar o que foi encontrado. Dar um sentido a tudo isso. Enquanto a coleta de dados requer energia, curiosidade e uma mente aberta a novas experiências, esta etapa subsequente é muito mais analítica e crítica. É necessário o tipo de inteligência que diferencia, contrasta e categoriza, que é capaz de reconhecer paralelos e semelhanças.

Isso tem algo a ver com criatividade? Talvez você ache que não, mas, na essência, essas duas primeiras etapas são equivalentes à experiência de vida. Estudantes de cinema são muitas vezes criticados por aprenderem técnicas, mas não terem nada a dizer. Não é justo culpar alguém que está saindo da adolescência ou entrando na casa dos 20 anos de ter pouca experiência de vida. Na verdade, o problema talvez não seja a falta de vivência e, sim, a inabilidade de investigar e organizar informações acessíveis, absorvidas das experiências dos outros. Exemplos disso são vistos no trabalho de homens e mulheres que tiveram vidas bastante resguardadas, mas que, por meio de estudos de outros lugares, épocas e pessoas, recriaram mundos diferentes dos seus.

O roteirista que tiver dedicado tempo à coleta e à análise de material pode até se sentir pronto para começar a colocar tudo num roteiro, mas o resultado pode ser frustrante se aquilo que se requer for uma história, um conceito. Os dados podem estar disponíveis, o assunto pode ter sido explorado e estar representado, mas e a ideia? Ela ainda precisa ser desvendada.

3. Incubação do material

Esperar. É claro que não existe um sistema prático para se certificar de que uma boa ideia virá a seguir. Boas ideias, ideias fracas, ideias maravilhosas – todas elas parecem ter vida própria, e surgem sem aviso prévio. Na verdade, um modo de impedir que elas apareçam é ser impaciente. Não é algo que você faz, é algo que acontece. Então, por que parece que elas ocorrem mais a homens e mulheres brilhantes do que a gente estúpida? A resposta pode estar nas duas primeiras etapas. Os materiais coletados e dispostos num quadro de referências são

18. Ver *The Act of Creation*, de Koestler (Arkana, 1989; publicado originalmente em 1964), um volume que Mackendrick mencionava aos alunos. Nas frases de abertura de seu livro, Koestler explica a proposta de "uma teoria do ato de criação – dos processos conscientes e inconscientes por trás de descobertas científicas, originalidade artística, e inspiração cômica. Ela espera provar que todas as atividades criativas têm um padrão básico em comum" (p. 17).

armazenados na memória e, quanto mais se acumulam, mais provável é que a fagulha da inspiração se acenda. Contudo, talvez não se trate inteiramente de um acidente. É possível que aquilo que se chama de "pensamento lateral" seja, mais do que um ato deliberado, um estado de relaxamento mental que pode ser reconhecido e de alguma forma cultivado.

Seria o "pensamento lateral" um nome diferente para o que Arthur Koestler chama de "biassociação"? Koestler cunhou o termo para se referir a um fenômeno que ele descreve como o "ato de criação". Trata-se da fagulha que desencadeia conceitos originais, um evento que ocorre em um estado semiconsciente ou de distração, quando a mente está fazendo associações livres. Koestler compara-o a uma espécie de curto-circuito mental que instaura uma conexão entre dois referenciais até então desconexos[18].

4. Preservação da fagulha

Se, por um lado, o verdadeiro despontar de uma ideia é involuntário (embora resulte de um grande investimento de energia e trabalho duro), por outro, o processo que se segue depende muito mais do esforço e da disciplina: garantir que a fagulha da criatividade estabeleça um nível de produtividade e eficiência ao longo do período de gestação, que pode durar um bom tempo, antes do nascimento da obra. Há dois erros que o roteirista pode acabar cometendo nesse ponto. De um lado, há o indivíduo que tem pouca paciência e humildade para esperar pela fagulha, e assim abraça uma ideia que não foi incubada por tempo suficiente. De outro, o indivíduo que esperou, talvez de forma demasiado passiva, pela fagulha da inspiração e então depara com as limitações de suas habilidades e com sua falta de experiência prática (muitas vezes agravada pela ilusão de que, assim que ele começasse a trabalhar, seus primeiros esforços seriam de qualidade excepcional). Muitos colapsam entre um extremo e outro, e é comum que se apague a energia criativa necessária para manter a fagulha acesa. O picareta habilidoso se apega cedo demais a um conceito que rende ideias imaturas e superficiais. O amador inspirado encontra um conceito brilhante que naufraga por incompetência de expressão.

Para muitos alunos, a má notícia é que o único modo de manter um talento criativo no nível certo é por meio da prática. Muita, muita prática. As habilidades expressivas devem se tornar automáticas, e somente quando a técnica se torna uma espécie de reflexo, respondendo de forma desinibida e instantânea, a imaginação fica livre para fornecer energia contínua. Essa é a energia que a inspiração requer. Quando o nível dessa energia está baixo, há um risco de a técnica assumir o controle e levar o autor a optar por um clichê para evitar as dificuldades inerentes à construção de uma obra de fato original. Competência técnica e habilidade têm sido encaradas, nos últimos anos, como uma alternativa à originalidade. Obviamente, cabe aos alunos tomar suas próprias decisões a respeito disso. Mas vale a pena explicar aqui e agora que, se você aprecia as virtudes da inexperiência e da incompetência técnica, não faz sentido seguir frequentando as aulas, pois você será menos corrompido pela técnica se alugar seu próprio equipamento e usá-lo sem se distrair com as orientações de seu professor, por mais diligentes que sejam.

Slogans para o roteirista pendurar na parede

Os filmes MOSTRAM... e só então CONTAM. Um filme de verdade tende a ser 60% ou 80% compreensível mesmo se os diálogos forem em uma língua estrangeira.

OBJETOS DE CENA são a chave de um diretor para o planejamento de "momentos casuais": tácitas sugestões de comportamento que podem evitar a "teatralidade".

É difícil tornar dramático um personagem isolado. Drama costuma envolver CONFLITO. Se o conflito é interno, então o dramaturgo precisa personificá-lo por meio de confrontos com outros indivíduos.

Autopiedade não gera empatia para com um personagem.

CUIDADO COM A EMPATIA entre personagens. Esse é o FIM do drama.

CUIDADO COM *FLASHBACKS*, SEQUÊNCIAS ONÍRICAS E VISÕES. Em materiais dramáticos/narrativos, esses recursos tendem a enfraquecer a tensão dramática. Eles são mais apropriados para produções "líricas".

Filmes de estudantes vêm em três tamanhos:
- MUITO LONGOS
- LONGOS DEMAIS
- REALMENTE MUITO LONGOS

(E EM VIDEOCASSETE É PIOR)

Filmes MOSTRAM
... e só depois CONTAM!

Um filme de verdade provavelmente será compreensível entre 60% e 80% se seu diálogo for em língua estrangeira.

Roteiros não são escritos; eles são REESCRITOS, REESCRITOS E REESCRITOS de novo.

Os roteiros surgem em três tamanhos: LONGOS, MUITO LONGOS E LONGOS DEMAIS.

Os filmes de estudantes vêm em três tamanhos: LONGOS, MUITO LONGOS E LONGOS DEMAIS.

Se algo pode ser cortado, CORTE. Eliminar o que não é essencial apenas fortalece aquilo que permanece.

A exposição é CHATA a não ser que se insira no contexto de alguma tensão/crise dramática presente. Comece com uma ação que crie tensão e só depois forneça a exposição a partir dos desenvolvimentos presentes.

O começo da história costuma ser a consequência de uma HISTÓRIA DE FUNDO, ou seja: o ímpeto de progressão em sua narrativa provavelmente está enraizado em eventos anteriores – em geral, ensaios daquilo que acontecerá em seu enredo.

Coincidências podem ser um sinal de que a exposição está fora de lugar. Ou seja: se você estabelecer circunstâncias muito convenientes antes de elas se tornarem dramaticamente necessárias, então elas não passarão a impressão de serem coincidências. Use coincidências para criar problemas para seus personagens, e não para safá-los.

Em obras dramáticas, PASSIVIDADE é um pecado capital.

> Roteiros não são escritos
> Eles são REESCRITOS
> e – REESCRITOS
> e – REESCRITOS
> e – REESCRITOS

> O que está acontecendo AGORA não é tão emocionante quanto o que pode ou não ACONTECER DEPOIS

* Gravação de uma cena inteira, do começo ao fim, sem cortes. (N. do T.)

Um personagem dramaticamente interessante deve ser inteligente o suficiente para antecipar eventos. Ele ou ela não apenas pensou de antemão sobre a situação em que se encontram, mas também anteviu reações e possíveis obstáculos. Personagens inteligentes preveem desdobramentos e dispõem de planos alternativos.

IMPULSO NARRATIVO: o fim de uma cena deve dar uma indicação clara do que será a cena seguinte.

Ambiguidade não é o mesmo que falta de clareza. Ambiguidade pode ser intrigante quando consiste de sentidos alternativos, desde que ambos os sentidos estejam claros.

"Comédia é difícil" (as últimas palavras de Edmund Kean). A comédia funciona melhor com *master-shots**. A estrutura cômica é simplesmente a estrutura dramática, porém BEM MAIS: acurada, breve, ágil. Não tente fazer comédia até que você tenha se tornado de fato um perito na estruturação de materiais dramáticos.

O papel de um ANTAGONISTA pode ter mais a ver com a estrutura de um enredo do que com o PROTAGONISTA. Quando você estiver sem ideias para um terceiro ato, pense nas situações pelo ponto de vista de qualquer personagem que se OPONHA aos desígnios do protagonista.

PROTAGONISTA: a figura central da história, o personagem "por cujos olhos" vemos os eventos.

ANTAGONISTA: o personagem ou grupo de personagens que representam uma oposição às metas do protagonista.

IRONIA DRAMÁTICA: uma situação em que um ou mais personagens em cena não estão cientes das circunstâncias já sabidas pela plateia.

Se você tem um começo, mas ainda não tem um fim, então você está enganado. Você não tem o começo certo.

Em filmes, o que é DITO pode não criar muito impacto – a não ser que venha na forma de um comentário ou uma explicação de algo que acabamos de ver acontecer.

O que está acontecendo AGORA tende a ser menos interessante, do ponto de vista dramático, do que aquilo que pode ou não ACONTECER EM SEGUIDA.

Aquilo que acontece logo antes do FIM de uma história define O TEMA CENTRAL, a ESPINHA DORSAL do enredo, o PONTO DE VISTA e o melhor PONTO DE ATAQUE*.

Certifique-se de que você escolheu o melhor ponto de ataque. Erro comum: a tensão demora muito para começar a crescer. Talvez a história precise começar em um ponto posterior, e a ação anterior deva ser mais "estofada" ao longo das sequências posteriores.

O que ocorre no fim muitas vezes será uma surpresa tanto para o público quanto para o autor e, ao mesmo tempo, em retrospecto, algo totalmente inevitável.

Progressões de personagens: quando você definiu que tipo de personagem seu protagonista será ao final, comece com ele ou ela sendo o oposto no começo. Por exemplo: Édipo, que é arrogante na abertura da história, mas que no fim

* Em teoria dramatúrgica, ponto de ataque [*point of attack*] é a ação ou o evento principal que introduz a complicação central da trama, desencadeando as demais ações dramáticas do texto – ou seja, o fato que dá origem à história. A esse respeito, ver, por exemplo: Patrice Pavis, *Dicionário de teatro* (Perspectiva, 2008, p. 297). (N. do T.)

é humilhado, ou Hamlet, que é reticente no início, mas que termina como um herói.

AÇÃO fala mais alto do que palavras.

A maioria das histórias com um enredo forte é construída com base nas tensões de CAUSA E EFEITO. Cada incidente é como uma peça de dominó que tomba para a frente e derruba a seguinte em uma sequência que mantém o público fisgado enquanto se dedica a fazer antecipações. "O que será que vai acontecer agora?" Cada cena apresenta uma pequena crise que, à medida que se desenrola, produz uma nova incerteza.

DRAMA É ANTECIPAÇÃO MISTURADA COM INCERTEZA.

UM SCRIPT DE FILMAGEM NÃO É UM ROTEIRO. O roteirista principiante deve ser desencorajado de tentar criar histórias no formato de script.

UM PERSONAGEM DE CONTRASTE é uma figura concebida para fazer as perguntas para as quais o público quer respostas (apresentar as perguntas pode ser mais importante do que obter as respostas).

AÇÕES NEGATIVAS (coisas que não acontecem) precisam ser dramatizadas em termos de ações positivas. Você mostra algo que está começando a acontecer e que então é suspenso.

DOIS ELEMENTOS DE SUSPENSE TÊM METADE DO EFEITO DE APENAS UM.

CENA DE CONFRONTO é a cena obrigatória pela qual o público está aguardando e cuja ausência pode resultar em uma grande decepção.

O que você deixa de fora na história é tão importante quanto o que você insere nela.

Roteiros se resumem a ESTRUTURA, ESTRUTURA, ESTRUTURA.

Nunca escolha seus atores por atributos físicos.

A "unidade de ação" de Aristóteles significa que UMA tensão dramática deve predominar. Todas as demais devem ser subordinadas a ela.

Todo personagem é importante.

Exercícios de construção dramática

"Narrativa" é um termo que sugere que as coisas estão em sequência: uma situação seguida de outra (diferentes entre si, mas relacionadas). A palavra "dramática" tem o sentido implícito de "fazer algo" ou de "algo sendo feito", uma ação ou reação. Portanto, estrutura narrativa/dramática (uma história) depende da conexão de causa e efeito. Como consequência do primeiro incidente ou da primeira situação, surge uma nova situação (quase sempre bem diferente da anterior). Por mais simples que seja explicar essa noção, muitas vezes é difícil para o estudante de cinema entendê-la na prática. E é da prática que depende esse aprendizado.

Dos três elementos básicos para a história de um filme (enredo, tema e personagem), o enredo é, sob vários aspectos, o menos importante. Ele se resume à ordem sequencial dos eventos e incidentes que se conectam (em geral na forma de causas e efeitos) e dão sustentação ao impulso narrativo. Mas, no fim, quando uma boa história se encerra, raramente é o enredo que fica em nossa memória –, e, sim, as situações, os personagens e, às vezes, aquilo que chamamos de tema. Não faz muito tempo, tinha gente que defendia a ideia de que a estrutura narrativa convencional (histórias com enredos) estava morta para sempre, que, ao que parecia, não era mais necessário ou desejável fazer filmes desse tipo. Apesar de essa ser uma reação modernista, ela certamente traz à tona algumas questões relevantes. Seria o enredo por si só profícuo? Se os espectadores mais inteligentes de nosso tempo se entediaram com a ênfase dada aos enredos, não seria porque a enorme onda de entretenimento de segunda e terceira categorias que encontramos no cinema e na TV se resume puramente ao enredo, com personagens que não passam de marionetes manipuladas pelos cordéis de histórias inverossímeis e desinteressantes ou temas de pouca relevância? E por aí vai. É claro que, de todo modo, sem a base de uma trama sólida, os outros elementos às vezes podem se mostrar incapazes de prender a atenção do público massivo.

Eu suspeito que não seja possível ensinar a capacidade de criar personagens vívidos e de lidar com temas expressivos e relevantes. Um escritor nasce com esses talentos, e nenhum professor pode ensiná-los. Em compensação, a habilidade de desenvolver tramas é um saber prático, que se adquire com a experiência – e, nesse caso, as orientações de um bom instrutor podem ser úteis. É importante entender que o enredo é um aspecto narrativo que costuma despontar apenas num estágio bem posterior do processo criativo. Simplificando: é claro que o enredo é importante; a questão é que ele não é o elemento mais promissor para se tomar como ponto de partida. Personagens e situações tendem a render mais como pedras fundamentais de nossos sonhos. Obviamente, eles são a mesma coisa, já que personagens não são objetos estáticos. Um personagem, que é sempre inseparável da ação, se revela por meio das trocas que estabelece com outros personagens, e raramente de forma isolada.

Nas aulas de Construção Dramática, busco descrever o sistema que foi usado por muitos anos nos departamentos de roteiro dos grandes estúdios. Trata-se de um método que costumava ser aplicado somente depois de encerrada a redação da primeira versão do roteiro, mas antes de se autorizar a revisão dela. É um sistema que recomendo de corpo e alma. O roteirista pega uns cem cartões em branco, no tamanho de cartões-postais, e escreve em cada um deles, com o mínimo de palavras possível, a descrição de um passo na narrativa (por exemplo, as interações mais importantes dos personagens naquela cena). Basta uma frase que expresse a ação de forma bem simples. O tamanho de um cartão-postal limita o espaço para que não se escreva nada além dos passos narrativos mais concretos e específicos (lembre-se: quem faz o quê, com quem e por quê?), ou seja, cada cena deve ser descrita da maneira mais elementar. Esse é o objetivo do exercício. Cada cartão representará cerca de um minuto de filme – ou uma página do roteiro. E, se as letras forem grandes e o número de palavras reduzido, é possível se distanciar do mural onde esses cartões estarão fixados e ver a escaleta (descrita a seguir) inteira do filme.

Dessa forma, não sobra nada além do esqueleto da história, obviamente. Esse é o ponto, pois, ao observar a obra a partir desses andaimes, os problemas estruturais que ela pode comportar ficarão mais evidentes. Embora funcione melhor com equipes reduzidas, você pode usar o método por conta própria. A mera preparação dos cartões já tem o potencial de nos fazer enxergar com surpreendente clareza certos problemas que intuíamos estarem presentes, mas que éramos incapazes de identificar objetivamente. O olho é capaz de fazer uma varredura geral por todos os cartões no painel, movendo-se com agilidade em todas as direções para ver como o longo rastilho da história vai se queimando à medida que ela se desenrola, e se não há elementos bloqueando ou interrompendo essa continuidade e que precisam ser suprimidos. Você vai ver que certos gatilhos podem ser introduzidos muito antes na história e que a exposição pode vir bem depois. Talvez alguns elementos narrativos devam aparecer mais adiante, e as ações que foram detalhadas em cartões do início precisem trazer consequências posteriores. Você vai conseguir localizar os pontos nos quais a tensão se mantém e nos quais ela esmorece, os momentos em que o ritmo acelera demais ou o suspense quase desaparece, o instante em que emerge o clímax e aqueles que demandam a inserção de peripécias.

É preciso estar preparado para grandes confrontos durante esse exercício. Se houver algum problema mais proeminente em um projeto, um contador de histórias experiente é com frequência capaz de diagnosticá-lo sem grande esforço. É comum que um produtor, um diretor ou um ator tenham um claro instinto acerca do que está errado e do que não funciona, mas não consigam enxergar uma forma de consertá-lo. Usando esse sistema dos cartões-postais, os problemas se tornarão mais evidentes do que nunca. O problema mais comum em uma história é a existência de ações supérfluas que podem ser eliminadas para acelerar o passo da narrativa, cenas que são totalmente desnecessárias ou que podem ser abreviadas. Leia seu roteiro e teste cada incidente e personagem para ver se eles podem ser retirados da história sem danificar o restante. A "regra" aqui é que qualquer coisa que pode ser eliminada deve ser suprimida, pois, ao se desfazer de tudo o que não é essencial, aquilo que permanece é acentuado.

Vale muito a pena estudar o formato escaleta [*step outline*] com o intuito de desenvolver sua habilidade de criar tramas. Escaletas são documentos geralmente preparados no meio do processo de criação de um roteiro e destinados a ser lidos apenas por pessoas que já estão envolvidas com o projeto. Podem funcionar como o esboço geral que se prepara quando roteiristas e produtores enfrentam problemas ao adaptar um livro, uma peça ou outro material que ainda não esteja pronto para ser filmado. Também podem ser elaboradas no momento em que se propõem drásticas reformulações e revisões na primeira versão de um roteiro. Mas não se deve usar esse recurso para começar a desenvolver uma ideia. No contexto das aulas de Construção Dramática, usaremos escaletas para analisar filmes que já foram lançados. Dessa forma, conseguiremos reconstituir historicamente o desenvolvimento de nossas histórias favoritas e desvendar o esqueleto que dá suporte aos músculos e à pele dessas obras.

O que é exatamente uma escaleta? É uma breve análise da estrutura do enredo de um filme já existente, uma sinopse direta dos passos de uma história, uma ferramenta com a qual se desmontam e se expõem a estrutura narrativa dramática e os mecanismos usados nela. É uma lista dos passos básicos na progressão da narrativa de um filme que levam de uma cena (no sentido de um episódio que contém sua própria estrutura interna, suas crises e peripécias) à seguinte. Não é nada mais do que a mecânica do enredo, o esqueleto da narrativa despido de carne e nervos, e deve ser o mais resumida possível, sem deixar de conter tudo o que é essencial para a estrutura da história. A extensão vai variar de acordo com a densidade do enredo em questão. Uma escaleta pode ter apenas três ou quatro páginas, ou chegar a cinquenta, se ela for importante para explicar uma trama complexa.

É útil definir os passos em parágrafos numerados, que costumam representar as cenas, uma unidade de ação dramática. É possível pensar em uma cena como um evento que ocorre em um único espaço geográfico, mas um modo mais útil seria enxergá-la como um incidente ou confronto que contém em si a dialética ação/objetivo da progressão narrativa (o evento dramático), vista da forma como se insere na história como um todo. Uma cena é um trecho da narrativa no qual há um propósito e uma intenção claramente definidos, o espaço ocupado por um único e predominante episódio de tensão dramática, ainda que esse espaço possa abarcar também passos e eventos de menor importância para a história. A ideia é que cada personagem provavelmente terá não apenas um objetivo central que justifique seu comportamento, mas que também desempenhe atividades secundárias e incidentais que, ao longo da narrativa, são necessárias para alcançar esse objetivo principal.

Analogias com a literatura nem sempre são apropriadas, mas você pode pensar no modo como um autor divide um livro em capítulos; um capítulo, em parágrafos; parágrafos, em períodos; períodos, em frases – cada unidade contendo uma estrutura e um significado. Portanto, um evento pode ser uma sequência de falas ou certas ações motivadas por uma única intenção identificável. Pode até ser algo tão simples quanto a articulação de sentimentos e pensamentos discretos. Quando se olha desse modo para uma história, você precisa, em sua análise, deixar bem claro o que ocorre de forma ativa em cada cena (ainda mais se a ação transcorre em mais de um local) e na história como um todo. Você tem de reconhecer de onde partiu a história e como cada passo afeta o que pode, ou não, ocorrer em seguida.

Nesse sentido, escaletas não são apenas uma lista de cenas – são, antes, sequências de eventos. Ao enumerar as cenas, lembre-se de que todas devem ser lidas como movimentos progressivos, um passo na cadeia de causas e efeitos. Imagine, por exemplo, que todo parágrafo começa com a frase "A consequência disso é que...". Isso deve ajudá-lo a reconhecer a necessidade do impulso que dá energia e tensão contínuas a uma história. A cada parágrafo de uma escaleta, o leitor deve saber por que ele permanece sentado ali, imaginando e esperando o que acontecerá a seguir. Não se esqueça: "antecipação misturada com incerteza." Ambas são necessárias. A antecipação é a expectativa que sentimos em decorrência do que acabou de acontecer e de como isso provavelmente produzirá um novo evento que, suspeitamos, virá a seguir. A incerteza é a sensação de que, embora tenhamos uma ideia do que acontecerá a seguir, não sabemos como isso acontecerá. Nós antecipamos,

* Caixas chinesas [*chinese boxes*], à semelhança das bonecas russas, são caixas de tamanhos diferentes projetadas para se encaixarem umas dentro das outras, das menores às maiores. Em termos de teoria narrativa, o conceito se refere a uma estrutura na qual uma história é contada no interior de outra, e assim por diante. (N. do T.)

mas ainda estamos prontos para surpresas. O trabalho de um contador de histórias é, portanto, a invenção de uma estrutura que segue os princípios das bonecas russas ou das caixas chinesas *. Cria-se uma situação na qual nossa curiosidade é aguçada pelo desejo de desvendar ou revelar uma solução, ou de desfazer um nó de tensão, mas, quando a descoberta é feita ou o nó é desatado, encontramos apenas outra caixa, outro esconderijo.

Para se concentrar na estrutura do enredo, sugiro que você insira no começo da escaleta uma lista dos personagens principais (e dos secundários mais importantes) com uma ou duas linhas descrevendo suas idades e as conexões que têm uns com os outros. (Não se preocupe com a aparência física deles, a não ser que se trate de uma característica relevante para a história e para a ação. Alguns anos atrás, um aluno produziu uma escaleta de *Conspiração do silêncio* [*Bad Day at Black Rock*]. Já fazia alguns anos que eu tinha assistido a esse filme e fiquei intrigado ao sentir que havia alguma coisa faltando ali. Então me dei conta de que a sinopse não mencionava que o personagem central é um veterano de guerra que tem apenas um braço. Já que esse detalhe é central não apenas ao personagem, mas também ao enredo, aquela foi uma omissão curiosa.) Ao escrever sobre os protagonistas, não se esqueça de detalhar as relações entre eles apenas na medida em que elas definam suas motivações e, portanto, suas ações. Isso pode significar anotar algo a respeito de sua história passada, informações que forneçam ao personagem um propósito e uma intenção dramática em sua ação presente.

Escaletas não contêm descrições desnecessárias, escritas para fins atmosféricos, tampouco incluem questões estéticas. *Hamlet*, por exemplo, tem um enredo que, quando lido em forma de escaleta, não é tão interessante se comparado à profundidade e à ressonância do verdadeiro gênio que o trabalho expressa com sua linguagem poética. A escaleta se concentra na ação, o que significa que não deve incorporar explicações explícitas sobre os personagens ou seus motivos e certamente nenhuma opinião do autor. Uma vez que a escaleta trata do enredo, é óbvio que não há nela nenhum espaço para a exploração de nuances de sentido, além de não se costumar encontrar ali muitas observações a respeito do tema da história ou da caracterização que se desenvolve no interior dessa estrutura. Contudo, ao redigir uma escaleta, um bom roteirista é capaz de, com um mínimo de palavras, estabelecer os eventos da história que descreverão "o personagem em ação" com a máxima clareza, o que, por sua vez, vão *sugerir* o caráter e os temas.

Uma escaleta não precisa ser entediante. Apesar de ser um documento de trabalho, ele deveria ser interessante e empolgante. A exigência de economia e simplicidade não significa que a escaleta precise ser uma mera lista de incidentes e eventos, repleta de abreviações e frases desconexas. Ela deve ter ímpeto e impulso narrativo próprios. Jornalistas experientes tendem a ter essa habilidade de usar informações que contêm força e clareza para enfatizar o ímpeto das causas e dos efeitos. Escreva frases com sujeitos, verbos e complementos. Assim você vai desenvolver a disciplina necessária para escrever com a linguagem de ação e reação, em vez de situações estáticas e atividades contínuas que não envolvem muita tensão e que tendem a ser demasiado descritivas e explicativas. Tem sido interessante para mim apreciar que, pela mera estrutura sintética empregada na redação da escaleta, consigo perceber se um aluno já domina os meandros da progressão narrativa do cinema.

Para redigir sua primeira escaleta, é interessante escolher um filme que você ache cativante e dramaticamente satisfatório. Ao mesmo tempo, tenha em mente que certos filmes que os alunos acham particularmente fascinantes são difíceis de dissecar com esse método. Como já foi dito, a escaleta tem uma forte ênfase no enredo. Quando o filme apresenta uma estrutura dramática bastante óbvia e consolidada, é relativamente fácil transpô-lo para uma escaleta. Mas, em inúmeros filmes maravilhosos, o enredo pode ser o aspecto menos interessante. O cinema contemporâneo tende a depender de valores demasiado sutis para se expressar numa escaleta, o que muitas vezes pode tornar a tarefa impraticável. Assim, meu conselho é que você comece com um filme que tenha uma única linha narrativa e que ela seja consistente. Veja o filme do começo ao fim. Na segunda vez que assistir, faça anotações sobre cada cena. Essas anotações iniciais podem parecer obscuras: uma lista de personagens, alguns diálogos importantes, nada mais do que isso. Uma vez que tiver memorizado (internalizado) a sequência de eventos da história, você estará pronto para começar propriamente sua escaleta. A real tarefa nesse momento é eliminar tudo que não seja um passo ou um movimento da narrativa. A grande tentação é interpretar, escrever de uma forma que comunique as qualidades particulares do filme. Mas lembre-se de que o propósito da escaleta, diferentemente de outros modos de redigir a história do filme, é reduzir o mecanismo do enredo a seu esqueleto, é despi-lo de todos os seus valores.

Minhas primeiras tentativas de oferecer uma oficina sobre estrutura dramática não foram bem-sucedidas. Na minha opinião, elas foram um fracasso sob qualquer perspectiva que se olhe; porém, mesmo com todos os erros que cometi, aprendi muito no processo (provavelmente mais do que os alunos). Eu começava convidando os alunos a escreverem suas ideias no formato de uma escaleta porque tinha a impressão de que roteiristas iniciantes acham a estrutura do enredo muito difícil, em especial o tipo de enredo que vai se expandindo. Uma história forte costuma ter um nível de tensão que sempre ascende. Ainda que ela possa ser suavizada aqui e ali, a tensão do conflito dramático provavelmente ganhará mais vigor nas sequências finais, até o ponto em que aparecem as crises finais que precedem a resolução de tensões e conflitos significativos.

Contudo, quando os alunos entregaram suas escaletas, poucas continham boas conclusões. Muito mais tarde entendi o porquê: eu havia cometido o erro de pedir a eles que começassem pelo enredo. Eu deveria saber que não era certo sugerir que começassem um trabalho criativo pensando nos termos de uma escaleta, pois, em minha experiência como roteirista profissional, estava claro que uma escaleta nunca é redigida nos estágios iniciais do processo pelo qual se inicia uma história. Se uma escaleta chega a ser elaborada, costuma ser quando alguém está cozinhando uma história que já tem uma forma mais acabada, num estágio mais avançado – por exemplo, quando um editor ou diretor está analisando a estrutura do enredo de um roteiro preexistente que demande mudanças estruturais.

O problema de usar a escaleta como forma de projetar uma história original é que, apesar de ela oferecer uma ideia da estrutura, teremos apenas um esqueleto, sem carne nem sangue. Trata-se de algo morto. O enredo em si (quando separado dos personagens e dos temas) é um material sem vida, um mecanismo narrativo sem nenhuma força criativa. Portanto, use a escaleta (que, no contexto da estrutura narrativa, é uma abordagem puramente analítica) apenas para estudo. Use-a como um instrumento para desmembrar, dissecar e explorar os elementos e as engrenagens de uma estrutura dramática *que já exista*. Quando surgiram esses problemas em minha oficina, percebi que eu precisava fazer uma agonizante ponderação. Confessei meu deslize e expliquei que havia cometido um erro ao sugerir a escaleta como método adequado para explorar ideias de histórias. Em vez disso, disse que uma história é mais bem investigada em termos de personagens.

Apesar de já terem dito que escrever é como encenar dentro da própria cabeça, poucos alunos de cinema têm experiência em atuação, e menos ainda em técnicas de improviso. Mas desconheço um jeito melhor de conceber um personagem do que esse tipo de exercício: a prática de fazer de conta e fingir que você é um personagem. As inibições que jogam contra essa prática são muitas. Para começar, os alunos que não têm experiência de se expressar em público são tímidos. E não existe cura para a timidez senão a brutal experiência de fazer papel de bobo na frente dos outros. Mas há um consolo a ser oferecido: o fato de que os indivíduos instintivamente tímidos costumam se revelar, paradoxalmente, os melhores atores assim que aprendem a superar suas inibições. Por outro lado, é a personalidade tão carente de timidez e autoconsciência que pode achar impossível ser outra pessoa além de si mesma.

O mesmo vale para a escrita. O roteirista dramático precisa ter um bom ouvido para diálogos, uma habilidade de escutar dentro da própria cabeça os ritmos de fala e entonações de seus personagens, tal qual um bom mímico. Esse é mais um fator que explica a vantagem de que dispõe um roteirista que tenha ao menos a imaginação de um ator, mesmo que não goze do talento da encenação. Quando percebi que explorar personagens era o modo mais apropriado de começar uma história, intuitivamente senti que a melhor maneira de fazer isso era improvisando a voz deles, escrevendo tudo na primeira pessoa do singular. Venho examinando o processo de explorar as motivações dos personagens por meio da redação de monólogos, um exercício que muitos alunos têm achado útil. As regras do jogo são as seguintes:

1. Quando você encontrar uma boa premissa para uma história, uma situação de abertura, mas então descobrir que essa história não propicia um terceiro ato

satisfatório, deixe o enredo de lado. Ignore os problemas da narrativa por enquanto e foque nos personagens.

2. Pense em particular no protagonista. Às vezes é fácil identificar essa figura; em outras, nem tanto. É possível que sua primeira ideia não seja a correta. (Por exemplo, quem é o antagonista de *Édipo Rei*?) A melhor pista para identificar o antagonista é que ele ou ela personifica o obstáculo para os objetivos do herói/heroína.

3. Agora, imagine-se no lugar desse antagonista. Comece a escrever um monólogo interior em primeira pessoa e conte a história pelo ponto de vista dele. Não se preocupe muito com a sequência de eventos: apenas improvise livremente da forma como o antagonista descreveria, se ele estivesse escrevendo em um diário, todos os seus pensamentos, impulsos secretos e justificativas para o que está fazendo ou o que quer fazer. Invente a história passada, qualquer que seja ela, necessária para explicar as atitudes e os comportamentos do antagonista.

4. Ao escrever, tente se manter consistente quanto às ações, às situações e aos personagens que você já tiver estabelecido ou imaginado. Mesmo que esteja escrevendo (no papel do antagonista) sobre sua relação com o protagonista da história, talvez você perceba que é necessário se aprofundar em questões das quais o protagonista não está ciente, de modo a tornar crível seu comportamento. Ao mesmo tempo, ao se pôr no lugar do antagonista, é quase certo que você irá desconhecer certas situações que o protagonista (ou até mesmo você, o autor) conhece. É provável que, ao longo desse processo de compartimentalização

da mente, você acabe encontrando oportunidades de criar ironia dramática ao retomar sua tarefa de construir o enredo.
5. Escreva tudo isso em retrocesso, recapitulando os eventos enquanto olha em retrospecto, a partir do fim da história. Mesmo que seu personagem esteja morto, comece com algo como "Agora que tudo acabou...". Curiosamente, se fizer esse exercício antes de ter definido a principal crise dramática da narrativa (antes de saber como tudo vai acabar), você talvez perceba que o antagonista começa a tomar as rédeas da história e passa a ditar as ações por conta própria (o que não é necessariamente ruim).
6. Eventualmente, esse monólogo vai empacar. Quando isso acontecer, tente mudar de personagem. Deixe de lado esse monólogo inacabado, com o enredo, e comece de novo, escrevendo um relato diferente da mesma história pelos olhos de outro personagem. Talvez seja necessário repetir esse processo três, quatro ou mesmo cinco vezes, até que você dê vida a vários dos personagens principais que estão envolvidos na ação.
7. Quando o processo estiver funcionando bem, geralmente do nada chega um momento em que você encontra o que estava procurando. Nesse instante, retome a tarefa de escrever o roteiro em forma narrativa. Incidentalmente, você pode acabar topando com um novo ponto de ataque e descobrir que sua primeira tentativa de tramar a história estava partindo do lugar errado. E agora, ao começar a redação de um roteiro muito mais rico e colorido, você poderá usar como falas algumas das frases que havia inventado para os monólogos. Falas que foram concebidas como pen-

samentos particulares agora podem ser ditas a outros personagens.

Ao improvisar dessa forma, enquanto se dedica a pensar nos eventos dramáticos do enredo, em especial a partir do ponto de vista do protagonista, você se vê forçado a inventar situações e incidentes que são a matéria-prima da estrutura narrativa. É também uma demonstração de como uma boa história funciona do ponto de vista de qualquer um dos personagens principais (e às vezes até de personagens menores). Trata-se de um processo mais fácil de demonstrar do que de descrever e, para ilustrá-lo, aqui vão dois monólogos que redigi dessa forma: Johnny Friendly (o antagonista de *Sindicato de ladrões* [*On the Waterfront*] e Harry Lime (personagem de Orson Welles em *O terceiro homem*) [*The Third Man*]. Os monólogos que você escrever podem ser muito mais longos do que estes. Não se preocupe com isso. A sugestão é que, num primeiro rascunho, você escreva o tanto que achar necessário antes de eventualmente cortar e polir o material no processo de reescrita.

Johnny Friendly

Como eu disse a eles, vou me lembrar de cada um daqueles otários. Não vou me esquecer. Aquele fuinha, Pop Doyle, que me botou pra fora da gangue e me jogou direto na lama, vou tomar conta dele direitinho. Todo mundo achou engraçado. Bom, eles vão rir pelo lado inverso da boca quando eu acabar com eles.

Eu posso esperar. Agora as coisas estão quentes pro meu lado, e preciso tomar cuidado com onde piso. Talvez também tenha que sair da cidade por um tempo. Ir para a Flórida, quem sabe. Tenho boas conexões nas docas, e de lá podem chegar coisas boas para mim. Não é como aqui, claro, porque aqui a gente organizou tudo direitinho. Quer dizer, estava tudo certo até aquele imbecil resolver bancar o rato e me entregar.

Depois de tudo que eu fiz por aquele canalha. Caramba! Quando encontrei aquele merdinha ele não era nada! Nada mesmo! Eu lhe apresentei um treinador e fizemos ele crescer bastante. Será que ficou zangado só porque não demos o título pra ele? Ele não estava pronto. Nós não estávamos prontos! No momento certo, a gente teria dado uma chance pra ele. Vou te falar que eu amava aquele garoto. Amava ele como um filho. E o que ele me apronta?

E não aprontou só pra cima de mim. Porque agora todos os outros vão estar encrencados. Claro, a polícia vai fazer um espetáculo, se gabando de como eles conseguiram acabar com a baderna, mas logo isso passa e então a máfia volta a controlar tudo. Sei exatamente quem vai fazer isso. Os mesmos caras que eu tive que enfrentar quando fiz minha jogada.

Todo mundo conhece a história. Três caras com facas e precisei pressionar minha garganta com a mão para impedir que o sangue jorrasse e eu morresse. Mesmo assim, ainda acabei com eles.

Você tem que mostrar que é forte. Senão, você não dura por aqui. De todo modo, não gosto quando tenho que matar alguém. Não deveria ser necessário. É só botar um pouco de medo neles. Foi o que eu disse para aqueles capangas quando precisaram lidar com aquele moleque Doyle. Não o mate. A não ser que seja necessário. Só dê um susto nele. Talvez tenha rolado uma briga.

Acho que esse moleque Doyle era amigo do Malloy. Tá, talvez tenha sido um erro usá-lo para fazer Doyle subir no telhado. É. Talvez tenha sido um erro.

Harry Lime

Decidi arriscar. É um café pequeno na esquina de um daqueles bairros que foram totalmente bombardeados. Eu costumava encontrar a Anna lá. Tem uma entrada pelos fundos também, e fica perto de vários bueiros que dão direto no sistema de esgoto, que conheço como a palma da mão. A mensagem que mandei pro Holly é que ele deveria estar lá por volta das dez, assim haverá poucas pessoas no entorno. Viena dorme cedo nestes dias, e terei a oportunidade de fazer um reconhecimento, para saber se ele veio sozinho. Se for uma armadilha, vou conseguir fugir de lá num instante.

Há um risco, é claro. Pode muito bem ser uma armadilha. O Popescu está convencido de que o Holly nos entregou ao Calloway. Ele estava aqui uma hora atrás, em pânico porque tanto o Kurtz quanto o Winkel foram presos hoje. Eu estava esperando por isso, claro, porque, desde que o Calloway desenterrou meu caixão e achou o corpo do Harbin, ele sabe que estou vivo. E, de qualquer modo, é provável que o Holly tenha contado que se encontrou comigo.

A pergunta que importa de fato é quanto a polícia revelou para o Holly. Se for uma armadilha, como diz Popescu, então o Holly está trabalhando com a polícia. Mas é difícil acreditar nisso. É ridículo, claro, mas a verdade é que eu gosto dele. Ele já me foi muito útil no passado e, nas atuais circunstâncias, poderia ser ainda mais útil. O Popescu está em pânico e, se eu cruzar a fronteira para o Oeste, lá o Holly seria muito mais valioso.

Eu não disse que o Popescu está certo: não acredito que o Holly deixaria o Calloway usá-lo desse jeito. Por que ele faria isso? Que tipo de pressão teriam posto nele? Alguma espécie de recompensa? Não é a cara do Holly. Tenho pensado sobre ele. Ele é confiante demais, tão pouco sofisticado quanto aqueles personagens tapados das novelas de faroeste que ele escreve. Nunca consegui terminar um de seus livros, mas eles me ajudam a entender como a mente dele funciona. Uma extraordinária vocação para a lealdade sentimentaloide. Ao ponto de me deixar aturdido mesmo nos tempos de escola, quando estudávamos juntos.

Admito que de vez em quando tenho uma pontada de remorso pelo modo como eu costumava tirar vantagem do Holly. Mas é que era tão fácil! A verdade é que, claro, ele tem essa necessidade acachapante de adorar alguém como a um herói. Ele sempre precisou mais de mim do que eu dele, então não sei por que eu deveria me sentir culpado. Nunca precisei de ninguém. De certa forma, gente como a Anna e o Holly causam um pouco de inveja, com sua fé cega e simplória. O que o Holly disse no Prater é bem típico dele. "Você costumava acreditar em Deus." Deve ser muito reconfortante acreditar que existe um ser benevolente lá em cima, olhando para nós, registrando as boas e as más ações que praticamos e decidindo quem vai para o céu e quem vai para o inferno. No momento, é bem difícil acreditar no céu, e fácil demais acreditar no inferno. É só abrir os olhos e olhar em volta.

O problema real é o Calloway. Minha maior preocupação é que aparentemente o Holly tem se encontrado muito com ele. Foram dois momentos de má sorte, nenhum dos quais era possível prever. O primeiro foi quando o Holly chegou na hora do meu funeral, e o Calloway grudou nele. Quem me disse foram o Kurtz e o Winkel, que viram os dois saindo juntos de lá. A outra ocasião foi quando o Holly me viu do lado de fora do apartamento da Anna. Um desastre, claro, mas a expressão do Holly quando aquela luz se acendeu ainda me faz rir. Quase valeu a pena.

O Holly deve ter ido direto à polícia. Eu não esperava isso. Mas tenho certeza de que ele não fez por mal. Pelo que entendi, a única razão de ele ter permanecido em Viena era que ele acreditava que eu havia sido assassinado. Ele estava bancando um dos heróis de seus suspenses baratos, o detetive amador que vai atrás dos vilões que mataram seu melhor amigo. Uma comédia; porém, bastante inconveniente e, como se provou, muito perigosa.

O acidente falso não fora tão bem executado como eu gostaria. Eu tinha usado a Anna para mandar uma mensagem ao Harbin, pedindo a ele que viesse me ver no meu apartamento naquela noite. O Harbin estava receoso, claro, já que a polícia estava no pé dele. E nós estávamos nervosos porque o Harbin era a nossa fonte de penicilina no hospital. Nós o pagávamos mais do que o suficiente, mas ele estava com medo e queria cair fora. O perigo de fato era o Calloway fazer um acordo com ele. Mas, como eu disse, não havia por que matá-lo. Isso era com o Popescu.

De pronto, chamei o Kurtz e o Winkel. Os dois estavam totalmente apavorados. Levou uma hora para eles se acalmarem. Nenhum deles estava em perigo porque eles não estavam lá quando o Harbin morreu. Eu tive que explicar para eles que era eu quem tinha contato direto com o Harbin, e que a polícia viria atrás de mim assim que percebessem que o Harbin havia sumido. Era necessário se livrar do corpo. E eu precisava sumir. Dizendo dessa maneira, fica bem óbvio o que tínhamos que fazer. Meu motorista era a única pessoa de que precisávamos para encenar o trágico fim, com o Winkel passando por lá por acaso para poder reconhecer o corpo do Harbin como meu.

Sob a pressão de um inquérito, do enterro e de tudo mais, eu me esqueci do Holly. Acho que, se eu tivesse pensado nisso a tempo, o Kurtz poderia ter mandado um telegrama para ele, dizendo que eu estava morto. Mas esqueci e ficou tarde demais. O pateta do Holly, coitado, chegou bem na hora do meu funeral, e ninguém conseguiu convencê-lo a voltar para casa.

Será que devo me encontrar com ele? Será que estou prestes a cair numa armadilha? Como é possível calcular a probabilidade? Embora seja verdade que o Holly seria bem útil para me ajudar a atar as pontas soltas dos meus negócios por aqui e coletar todo o dinheiro que fizemos até agora – o suficiente para o Holly e eu vivermos o resto de nossas vidas sem preocupações –, o fato é que eu poderia minimizar minhas perdas e sair daqui sozinho. Mas não tenho certeza. Por estranho que pareça, a verdadeira razão de eu ter aceitado me arriscar é minha curiosidade. O Holly está traindo minha confiança ou não? Eu preciso saber.

Não é necessário dizer que esse segundo monólogo não daria um filme tão bom quanto aquele escrito por Graham Greene e Carol Reed. Por quê? Uma das razões é que, apesar de o Harry Lime funcionar como um catalisador do enredo, ele não é tão interessante quanto o personagem de Holly Martins (encenado por Joseph Cotten). Apesar de ter sua complexidade – ele obviamente está dividido entre seus sentimentos de afeto e amizade pelo velho amigo e os próprios interesses arrebatadores –, Lime não se encontra no centro do tema principal da história de Greene.

É importante entender que a escolha do ponto de vista de uma história muitas vezes determina o tema. Não é incomum que um escritor prepare um esboço de história com um protagonista e depois reescreva o material pelos olhos de outro personagem. Graham Greene, que escreveu O *terceiro homem*, estava interessado no tema da perda da inocência, e é nesse contexto que Lime é um personagem que, por ser cínico desde o princípio, não teria um desenvolvimento de caráter. Martins, por outro lado, é a exata personificação do tema da perda da inocência. Por meio do que pode ser interpretado como ciúmes de Anna, ou como sentimento de dever moral devido à persuasão de Calloway e sua experiência no hospital infantil, Holly Martins trai o amigo que costumava ser seu herói. Em termos de tema e de personagem, essa história é muito melhor.

Tudo o que posso oferecer são uns poucos conselhos práticos para você escrever suas histórias.

Lembre-se de que os roteiros não são escritos, mas, sim, reescritos, reescritos e reescritos (a regra de Mark Twain para a escrita era: "Não despregue da cadeira os fundilhos das calças"). Durante os dez anos em que trabalhei para um estúdio britânico, primeiro como roteirista contratado e depois como roteirista/diretor, surgiu um padrão. Todo roteiro que eventualmente se tornava um filme era reescrito no mínimo cinco vezes e no máximo sete. Não era uma regra explícita, ninguém podia explicar o porquê dessa recorrência – mas era assim que funcionava. Outro padrão perceptível era que muitos assuntos não chegavam sequer à fase de roteirização e eram descartados depois do primeiro rascunho (enquanto um roteiro que precisava de muitas revisões era descartado depois da sétima versão). Então, simplesmente escreva. Não espere que tudo esteja perfeito, apenas escreva.

"Arte com A maiúsculo" talvez seja um pouco diferente do drama. Drama – ou, dito de uma maneira mais vulgar, o ofício de inventar histórias – depende da criação de personagens. Dizemos que um personagem é a personificação de um ponto de vista. Histórias geralmente envolvem um conflito (pontos de vista em oposição) e, para criar um vilão convincente e plausível, o escritor precisa "achar o vilão" em sua própria natureza. O vilão (antagonista) é a personificação do que o herói enfrenta e, assim, ele ou ela acabam sendo mais importantes para a estrutura da história do que o próprio protagonista. (Pense em seus filmes favoritos: você não costuma se lembrar mais dos vilões do que dos heróis?) Então, se você é um desses cineastas que não dão a mínima para as sensibilidades do público, aqui vai uma tática para você: personifique aquilo que acredita ser desagradável. Faça do público um personagem e transforme-o em um antagonista convincente, que pode representar crenças que se opõem às que você tem. (Mais uma coisa: uma história contemporânea, nestes dias em que nos sentimos desconfortáveis com o "heroísmo", pode depender mais da derrota do antagonista do que da vitória do protagonista.)

Muitos anos atrás, participei de uma reunião em Londres na qual psicólogos estavam fazendo experimentos com um processo terapêutico chamado de "psicodrama". Um exemplo típico seriam as dificuldades de comunicação entre, por exemplo, uma menina e sua mãe. O psicólogo convidaria a paciente (a filha) a encenar uma briga com alguém no papel da mãe. (Às vezes, um profissional era chamado para ajudar nessas improvisações.) Com frequência, o procedimento fazia bem ao paciente. A mera oportunidade de encenar, na frente de outros, a dor de um relacionamento infeliz trazia algum alívio à tensão. Mas o que era extraordinário era o passo seguinte. Quando havia algum progresso nesse jogo de agressão de faz de conta, o psicólogo pedia à filha e à "mãe" que trocassem de papéis. Os resultados variavam. Para alguns pacientes, esse desafio era impossível. Mas em certos casos o resultado dessa brincadeira era sensacional e criava momentos teatrais de impacto profundo.

Foi a memória desse experimento que me levou a criar um exercício que acho muito útil para trabalhar com alunos que enfrentam dificuldades ao formular ideias para histórias originais. O primeiro passo é geralmente fácil. Os alunos inventam uma situação eficaz para o primeiro ato, uma premissa para um drama em potencial, envolvendo um personagem inventado em meio a uma situação convincente. Para a maioria dos estudantes, a dificuldade vem a seguir. Uma vez que a situação é apresentada, as histórias dos estudantes costumam perder força. A tensão diminui, e não há uma sensação de construção rumo ao tipo de crise que proporcionará um terceiro ato coerente. A solução, que se provou eficaz várias vezes, é pedir ao autor que se coloque temporariamente na posição oposta, improvisando uma nova versão da história pelos olhos do antagonista, uma figura com quem não é fácil para o autor se identificar, mas que, uma vez que tenha se identificado, revela-se como o elemento crucial que faltava. (Essa técnica também pode ser aplicada com a mesma eficácia a histórias e filmes existentes.)

Lembre-se também de que a cadeia de acontecimentos que constituem uma história geralmente se ancora no desfecho. Isso pode ser um problema para o escritor sem experiência. Ao começar, pense adiante, pois é o final o que importa de verdade (ainda que o Rei de Copas, de *Alice no País das Maravilhas*, tenha simplificado bastante ao dizer "Comece pelo começo... e prossiga até chegar ao fim; então, pare"). Outra citação de Alice faz mais sentido: "Como posso saber o que quero dizer antes de escutar o que quero dizer?" Talvez isso signifique que você só consegue reconhecer o que falta ao começo da história quando depara com o final.

De acordo com alguns editores de histórias, aqueles sujeitos que estão em busca de novos talentos para a indústria, o problema mais comum nos roteiros que eles recebem é que "carecem de um terceiro ato". É importante ter em mente que um terceiro ato débil não significa apenas um desfecho fraco, mas uma debilidade profunda do roteiro como um todo. Um começo é o princípio de uma estrutura que só se completa de fato ao final. Desse modo, uma premissa interessante, mas que não leva a lugar nenhum, não é uma premissa dramaticamente viável. Talvez exista outro modo de dizer isso: a situação que aparenta ser promissora, mas que carece de um impulso para chegar até o fim, provavelmente é uma premissa que ainda não alcançou seu verdadeiro potencial.

É claro que ter uma ideia de como tudo vai funcionar na conclusão de uma história não significa que você deve saber o final com precisão; basta que você tenha um bom instinto para guiá-lo. Talvez alguém sugira a você começar pelo fim e trabalhar em ordem reversa até chegar ao começo. Isso pode funcionar, mas só até certo ponto. Apenas quando uma história foi bem construída é possível reconhecer que a crise definitiva e sua resolução não apenas estavam implícitas na premissa inicial, mas também eram inerentes às cenas de abertura. Nesse sentido, a tensão dramática depende mais de *como* um evento acontece do que *por que* acontece. Quando chega a hora de a cena obrigatória e as peripécias aparecerem no final da história, nós já vínhamos de certo modo antecipando-as e nos preparando para elas há algum tempo ("É claro! De que outra forma poderia ter acabado?!"), apesar de aproveitarmos a maneira como a narrativa foi planejada, de sorte que, até certo ponto, ainda somos apanhados de surpresa pelo desfecho.

Se você não tem nem um pouco do instinto sobre o rumo da história, então é possível que você ainda não esteja preparado para decidir o ponto em que ela deve começar. Trata-se de algo demonstrado pela experiência de autores que descobriram que, ao escreverem um romance, precisam redigir páginas e mais páginas até chegarem à situação que acaba se revelando o início da história que eles querem de fato contar. Mas o material extra que é "descartado" nunca se perde de verdade, pois ele pode reaparecer, talvez como uma história de fundo da narrativa principal, ou servir como um ensaio fundamental das relações entre personagens e das situações que conferem profundidade e dimensão à história emergente.

Ao escrever uma cena, pergunte-se: que elemento do passado pode ter sido um ensaio para esse momento? Stanislavski sempre pedia aos atores que se concentrassem em três questões, que se relacionam respectivamente com o passado, o presente e o futuro do "personagem em ação": "De onde venho?", "O que estou fazendo aqui?" e "O que busco alcançar?". Esse é o sentido de uma história de fundo. Para conseguir determinar quais são as motivações de um personagem, você precisa saber o que aconteceu com ele ou com ela até aquele momento. Aquilo que fazemos, e a forma como reagimos aos eventos e às pessoas que nos rodeiam, é afetado pelo que foi feito conosco, ou pelo que nós mesmos fizemos em algum outro momento. (É como o mundo de um diretor no set de filmagem. Ao se preparar para a tarefa de transpor para a tela uma cena que até então só existe no papel, ele precisa ser capaz de imaginar, com total clareza, todo o universo da história em questão – um universo do qual a cena em que ele está trabalhando é apenas uma parte pequena ou até relativamente sem importância.)

Um bom exemplo é o trabalho de Graham Greene para *O terceiro homem*. Greene sentia que seu primeiro rascunho não deveria ser escrito no formato de um roteiro, mas, sim, no de uma noveleta[19]. Posso dizer, por experiência própria como um diretor que trabalhou com escritores em materiais originais, que às vezes um roteiro não é o melhor formato para um autor explorar o começo de uma história. Um formato mais literário com frequência oferece mais liberdade para um escritor criativo explorar, muitas vezes aleatoriamente, as relações entre os personagens, as ambientações e aqueles comentários e reflexões editoriais que são potencialmente enriquecedores, mas que talvez nem cheguem a aparecer no roteiro. Os primeiros rascunhos são sempre mais livres em termos estruturais. É apenas durante as revisões que a estrutura começa a ser moldada até tomar a forma concisa e econômica de um roteiro.

19. Ver o capítulo "Quando não escrever um roteiro".

É importante dizer que histórias de fundo são mais eficazes quando estão presentes na ação, no sentido de serem vistas na tela como uma recapitulação de eventos passados. O ponto de ataque de uma narrativa instigante talvez seja o momento em que uma fagulha acende um pavio que, ao longo dos rodopios e reviravoltas, seguirá queimando o rastilho que levará até a explosão do último ato. Mas narrativas eficazes nos levam em duas direções: para o que aconteceu no passado e para o que vai, ou não, acontecer no futuro. A cena do táxi em *Sindicato de ladrões* é dramaticamente densa por essa razão. A substância mais importante diz respeito a algo do passado: a noite em que Terri foi forçado a entregar uma luta para que os mafiosos ganhassem dinheiro. De um lado, sua fala é uma mera exposição de personagem, uma explicação de por que ele se chama de "vagabundo". Por outro, em termos dramáticos, o "aqui e agora" da ação é como Charley é afetado. Por conta dessa história de uma traição passada, ele sabe que não pode convencer Terry a desistir de falar com a polícia e, já que é responsabilidade de Charley convencer Terry a não testemunhar, é sua própria vida que está em perigo. Assim, o que é uma recapitulação do passado acaba sendo ao mesmo tempo um elemento-chave para uma ação que ocorre no presente.

Ao assistir a uma cena, especialmente uma cena obrigatória, existem alguns pontos que devem ser estudados.

1. Analise a ação. Cada personagem chegará ao confronto com um objetivo específico, e o choque entre esses objetivos deve levar a algum tipo de peripécia. Pergunte-se: quais são os objetivos do personagem principal? Divida a cena em movimentos. Há uma peripécia ali? Como ela é preparada e como é detonada?

2. Quais são os temas da cena e, consequentemente, o provável tema da história? O conflito de uma cena obrigatória encontra-se com frequência enraizado não apenas no que fazem os personagens (personagem em ação), mas também nos temas que cada um deles personifica. Sublinhe as falas nas quais certas ideias expressadas pelos personagens provam um ponto particular ou enunciam uma verdade geral e nos levam – nós, o público – a atribuir certas qualidades a eles.
3. Aristóteles usa termos como *dicção* e *melodia*. Estude a cena pelo prisma da linguagem específica empregada para ilustrar personalidades (o modo particular como os atores as expressam). Assim como você sublinhou os movimentos e eventos da cena, destaque também a variedade de emoções e humores contrastantes nos personagens em ação, que talvez não estejam explícitos no texto, mas que podem ser expressos pelos atores. Essas são as nuances inesperadas de uma atuação, e explorá-las é um bom modo de encorajar a vitalidade e o vigor dos atores. Por meio de entonações, estilos linguísticos e ritmos de fala, bons atores são capazes de passar uma mensagem com muito mais sutileza e emoção. Quando comparado a filmes mudos (que inevitavelmente têm uma qualidade muito mais primitiva), este talvez seja o elemento mais importante de filmes com som.
4. O drama é mais eficiente quando há um prenúncio dos eventos que virão a seguir. Procure o momento da história que deixa absolutamente claro que a resolução final está prestes a acontecer e avalie quais personagens podem estar envolvidos no desfecho. Observe

o que significa exatamente a resolução em termos do conflito e das inversões de papéis na sua história. Ao mesmo tempo, estude a história como um todo em retrospecto e identifique os incidentes que levaram os personagens até aquele momento de clímax.

Existem muitos exercícios que os estudantes de construção dramática podem fazer, mas cheguei à conclusão de que os mais eficazes são os mais simples.

Construa obstáculos para as seguintes premissas:

1. Uma jovem estenógrafa em Minnesota tem pulmões frágeis e quer um bom casaco de inverno.
2. Um advogado se candidata a um cargo no Congresso.
3. Uma professora quer aceitar uma proposta de emprego em uma cidade distante.
4. Dois homens querem se casar com a mesma mulher (a mulher é a protagonista).
5. Um grupo de mineradores quer aumento salarial.
6. Uma menina de dezesseis anos descobriu um segredo escandaloso sobre alguém que ela idolatra (mencione o objetivo dela e o obstáculo que enfrentará).
7. Um menino de quinze anos está determinado a entrar para a Marinha.
8. Uma jovem esposa quer que seu marido tenha orgulho dela.
9. O dono de uma fábrica quer substituir um capataz incompetente.
10. Um médico quer esconder de uma paciente que o filho dela tem uma deficiência mental.

Encontre um objetivo claro e dinâmico para os protagonistas a seguir, e um modo de tornar esses objetivos interessantes para um público composto de (a) empresários, (b) fazendeiros, (c) estudantes universitários, e (d) membros de uma igreja:

1. Shakespeare.
2. Um homem que herdou uma fazenda (e gosta de trabalhar na terra).
3. Um colono pioneiro estadunidense.
4. A mãe de um soldado morto em combate.
5. Uma mulher que se casou com cinco velhos (todos vivos, nenhum divorciado).
6. Santo Agostinho.
7. Al Capone.
8. A filha de uma viúva rica.
9. Uma mulher cujo marido diz que ela o deixa entediado.
10. Um homem de habilidades medíocres que tinha um ancestral importante.

Escreva o final destas histórias e qual seria a cena obrigatória de cada uma delas:

1. A atraente – porém, recatada – protagonista constantemente critica dois divertidos amigos de seu pai por beberem. Ela fica noiva de um jovem belo e espirituoso que é dono de um bar.
2. Duas mulheres são muito amigas. Uma delas descobre que seu marido está arruinando o marido da outra, e gradativamente o levando à falência.
3. Um dos convidados de uma festa, recém-chegado à cidade, está particularmente empolgado. Outro convidado lembra de tê-lo conhecido antes. Já outra fica nervosa com a presença dele.

4. Depois de um dia difícil no trabalho, Jack planeja continuar a trabalhar em casa. Ele não sabe que sua mulher convidou os pais dela para o jantar.
5. Uma mulher apaixonada pelo marido não sabe que ele é um criminoso.

Escreva o final destas histórias, agora usando o formato de "Era uma vez...".

Comece pelo fim da história, que será sobre um crime. Considere que o indivíduo assassinado é o objetivo, e o assassino, o obstáculo. Encontre um protagonista e descreva seu plano.

1. Comece com uma notícia: um lutador descobriu que sua esposa, uma ex-cantora, o trai com o empresário dele. Na vara da família, durante o divórcio, ele pediu a custódia do filho, alegando que a esposa não estava apta para criar o menino. Determine o protagonista, seu objetivo e a sequência de ações.
2. Com base em um personagem que você conhece, encontre um objetivo que o coloque em harmonia com o universo dele. Suponha que ele reconheça as necessidades para alcançar esse objetivo, ou para um objetivo substituto do qual ele acredita que precisa. Explique o que pode estar em seu caminho e permita que isso constitua os obstáculos. Planeje um curso de ação em que ele atinja o objetivo e outro em que ele não consiga alcançá-lo.

Quando não escrever um roteiro

A realização cinematográfica é um processo contínuo. Seus estágios se sobrepõem. Apesar de normalmente serem executados por pessoas de ramos profissionais distintos, os diversos trabalhos técnicos que fazem parte da produção de um filme se mesclam e, quando um bom filme ganha vida, eles formam um todo coerente, uma unidade: as várias partes ficam tão interligadas que ninguém realmente sabe quem fez o quê. Os membros de uma equipe de filmagem deveriam se sentir como um homem que um amigo meu conheceu algumas semanas atrás. "Sandy Mackendrick?", disse o homem. "Eu o conheço. Ele trabalhou em dois dos meus filmes." Eu de fato trabalhei em dois filmes com ele: ele era o carpinteiro reserva, e um carpinteiro de primeira, já que entendia que os filmes eram tanto dele quanto de qualquer outro.

Um roteiro nunca é propriedade exclusiva de um roteirista ou de um diretor, e apenas quando os dois são verdadeiros colaboradores o filme funciona da melhor maneira possível. Mesmo que a forma final de um roteiro não seja um amontoado de páginas xerocadas, e sim um filme acabado, o trabalho de um diretor não começa com a escolha do elenco ou quando ele entra no set, nem mesmo quando o roteiro é finalizado. Na verdade, seu trabalho deve estar enraizado na origem da primeira conceituação dramática. A elaboração de um roteiro é um processo redutivo, de gradualmente condensar e aprimorar a estrutura encontrada no trabalho original. É um procedimento durante o qual o diretor irá, por exemplo, passar um tempo com o roteirista, sugerindo como as ideias presentes nos diálogos podem ser expressas de forma mais econômica com ações e incidentes através da linguagem cinematográfica, algo que costuma ser explorado com mais eficiência durante o processo de edição.

É importante entender que um dos trabalhos do roteirista é ser a conexão entre duas personalidades: o diretor, que fala a linguagem cinematográfica, e o ator, que está descobrindo o papel. Na verdade, alguns dos roteiristas mais talentosos com quem já trabalhei tinham sido atores no passado. O grande atributo de um escritor que tem razoável compreensão sobre atuação é ter um bom ouvido para diálogos que possam ser interpretados, pois as palavras sempre precisam ser mais eficientes na boca de um ator do que o são no papel, nas páginas de um roteiro. Mais importante ainda é o fato de que, mesmo antes de inventar qualquer diálogo, muitos roteiristas imaginam o comportamento físico de seus personagens. Desse modo, ações não verbais (assim como qualquer fala que seja absolutamente necessária) surgem como claros impulsos de expressão, sentimentos e pensamentos. Nesse sentido, o roteiro se torna o ponto de partida do qual um ator pode desvendar os impulsos e ideias que passaram pela imaginação do roteirista e originaram as cenas. Como dizem alguns, escrever é atuar na imaginação.

Escrever, atuar, dirigir e editar são, de certo modo, habilidades performáticas. Um diretor competente segue o mesmo processo que um ator: ele explora a origem criativa que um roteirista forneceu, colaborando com o ator para redescobrir os personagens e as situações que não passavam de imagens e vozes na cabeça do escritor. E o editor, que recebe essas mesmas imagens e sons em formas concretas, precisa mais uma vez capturar e apresentar esse faz de conta que não para de evoluir. Um dos melhores editores com quem trabalhei já havia sido um ator. Eu costumava observá-lo trabalhando, vendo e revendo tudo o que havia sido filmado. Enquanto ele trabalhava, era possível ver em seu rosto que estava absorvendo as ações e palavras dos atores, instintivamente atuando com as *performances* na tela, até achar o quadro exato em que um ator estava, em essência, anunciando o corte. Um bom editor pode até redescobrir elementos mágicos presentes no material que o roteirista, os atores e o diretor nem sequer sabiam que tinham criado.

Eu nunca dirigi um filme em que não trabalhei como colaborador do roteirista ou dos roteiristas. Na maioria das vezes, eu ajudava na construção da história e auxiliava com as primeiras versões dos diálogos, mas cheguei até a reescrever falas durante as gravações, quando os roteiristas não estavam presentes. Na verdade, nunca fiz um filme em que os diálogos não precisassem de alguma forma de edição, seja na hora de filmar, seja durante o processo de pós-produção. Mas isso é apenas uma parte natural do processo coletivo que é a realização cinematográfica.

Na situação ideal (que raramente acontece), a colaboração entre o roteirista e o diretor deve começar já na concepção da ideia e continuar com a presença do roteirista nos ensaios, como observador, para que ele possa, assim, editar o texto ou fazer sugestões aos atores e ao diretor a respeito de como a cena pode ser interpretada.

Nesse sentido, apenas pedi para ser creditado ou aceitei os créditos como roteirista em filmes em que trabalhei sozinho num primeiro esboço completo do roteiro. Na verdade, dentre os meus filmes, aqueles que me deixaram mais satisfeitos foram feitos dessa maneira. Como um roteirista (não um

20. Em seu ensaio de 1954, "Um diretor de cinema e seu público", Mackendrick escreveu: "Goste ou não (e, via de regra, ele não costuma gostar), o sujeito que quer se expressar em celuloide é parte de um grupo. Se o que ele busca é autoexpressão individual e pessoal, ele está na profissão errada. Isso se aplica até mesmo às primeiras etapas da criação de um roteiro."

autor, mas um honesto mercador de palavras), trabalhando em roteiros para outros diretores, eu ainda fazia o esforço de pensar no trabalho que seria executado pelo futuro diretor – mesmo se acabasse sendo eu mesmo o diretor. Sempre era útil chamar, em algum momento, outro roteirista, que, inevitavelmente, tinha muitas críticas sobre essa primeira versão e insistia em reescrever tudo. Com esse novo olhar vindo de fora, eu era forçado a sair do papel de autor original e a analisar meu trabalho crítica e objetivamente. Uma vez que eu havia tido o privilégio de selecionar esse novo roteirista e o escolhido para oferecer o talento, a habilidade e as perspectivas que eu sentia que me faltavam, isso não era um desafio. Sempre fui capaz de me separar do roteiro, sem me apegar a ele de forma passional.

Muitos estudantes de cinema parecem se intoxicar com o conceito de *autor* no cinema, a ideia de que um filme comercial pode ser considerado uma obra de um único criador, tal como uma pintura, um romance ou mesmo uma peça musical. Embora esse seja um conceito muito enganoso, poucos alunos parecem realmente interessados em colaborar[20]. Minha impressão real é que os estudantes em geral não têm o desejo de serem roteiristas de verdade. Ou no mínimo não querem ser *apenas* roteiristas. Os alunos que vêm ao CalArts interessados no trabalho narrativo/dramático costumam cultivar o desejo de se tornarem diretores, não roteiristas. Para completar, o cineasta principiante tende a alimentar uma fantasia muito atraente (mas, na minha opinião, irrealista) de se tornar um "polivalente", ao mesmo tempo roteirista e diretor, antes mesmo de ter passado pela dolorosa experiência de estudar esses dois ofícios separadamente.

A maior tentação que se apresenta aos alunos quando deparam com problemas de construção dramática na etapa de roteirização é se esquivar dos verdadeiros desafios e começar a fantasiar sobre os problemas mais agradáveis (e decerto mais fáceis de resolver) que surgem durante a gravação propriamente dita. Assim, esses alunos buscam desenvolver suas histórias, desde o começo, no formato de um roteiro de filmagem (aqueles que já incluem os planos, enquadramentos e detalhes de edição específicos, inclusive a direção dos atores e os ângulos de câmera), antes de botar as ideias no papel com um roteiro convencional (com os diálogos e explicações expositoras básicas) ou mesmo com um tratamento (que resume o essencial: enredo e ações da história). Não caia nessa armadilha. Faça de seu roteiro uma história redonda antes de se deixar levar pelo trabalho sedutor de ser um diretor.

Todo ano eu tento convencer meus alunos de que, nas etapas iniciais da criação de uma história para a tela, até o formato de um roteiro baseado em diálogos pode ser um erro. Mas quase sempre falho. Deixe-me explicar minha razão. É comum que no começo do processo sua história esteja em um formato diferente. Talvez seja um romance ou um conto, ou até uma série de reportagens impressas (como no caso de *Sindicato de ladrões* [*On the Waterfront*]). Em certas ocasiões, talvez seja necessário adaptar peças escritas originalmente para o teatro – o que muitos roteiristas dizem ser um desafio particularmente difícil. É possível que você tenha de descartar o texto da peça por completo e começar a escrever do zero. Nesses casos, um roteirista pode chegar à conclusão de que, antes de começar um roteiro repleto de diálogos, é melhor preparar um rascunho no formato de um tratamento. Escrito em prosa, um bom tratamento pode ser tão longo quanto um roteiro, mas terá de todo modo um acabamento bem mais literário, soando um pouco como uma noveleta. Desse modo, o potencial da história, assim como estruturas dramáticas pouco desenvolvidas e questões de caracterização, se torna mais claro e fica muito mais fácil identificar os problemas que terão de ser enfrentados em etapas subsequentes. Além do mais, começar com um texto em prosa leva o roteirista a focar dois elementos cruciais da criação de um roteiro. Primeiro, o trabalho final inevitavelmente terá menos diálogos. E, em segundo lugar, os temas da história tenderão a ficar mais evidentes para você à medida que escreve.

A elaboração de um tratamento propicia ao roteirista uma boa oportunidade para se expressar diretamente aos leitores, à maneira de um romancista. Por ser um formato menos rigoroso e restritivo que um roteiro, ele oferece mais liberdade e recursos. O melhor exemplo desse tipo de redação usada como base para um material a ser filmado vem de Graham Greene, um escritor que trabalhou muito bem no cinema. No prefácio da versão publicada de seu primeiro rascunho em prosa para *O terceiro homem* [*The Third Man*], Greene descreve seu trabalho de meses em colaboração íntima com o diretor do filme (Carol Reed), sempre pensando na história em termos cinematográficos. A história em prosa, insistia ele, nunca foi pensada para ser publicada. Sempre se tratou de material de base para o filme.

> Para mim, é quase impossível escrever o roteiro de um filme sem escrever a história antes. Um filme precisa de muito mais do que um enredo; ele depende de caracterização, de atmosfera; e esses elementos são quase impossíveis de esclarecer na primeira versão de um roteiro sem graça. É possível reproduzir efeitos que já foram captados em outros meios de escrita, mas não é possível iniciar o processo criativo de uma história no formato de um roteiro. Portanto, *O terceiro homem*, ainda que jamais tenha sido pensado para ser publicado, precisou ser escrito primeiramente em prosa antes de passar pela sequência interminável de transformações até chegar às telas[21].

21. Graham Greene, *The Third Man and The Fallen Idol* (Vintage, 2001; publicado originalmente em 1954, pp. 9-10.)

Vou usar minha experiência para explicar por que é preferível começar com um tratamento a um roteiro. Muito do que sei eu aprendi quando integrei a equipe de roteiristas de um estúdio de cinema britânico, com um contrato que era renovado anualmente, trabalhando em qualquer projeto que aparecesse. Isso geralmente significava trabalhar em projetos que já haviam sido aprovados para desenvolvimento, então o roteirista tinha seis semanas para produzir uma nova versão de um roteiro que os produtores insistiam que precisava ser refeito. Às vezes, o pedido vinha diretamente de um diretor recém-contratado, que tinha ideias para mudanças específicas, ou por conta de uma questão do elenco (uma estrela poderia se recusar a assinar um contrato até que certas mudanças fossem feitas no roteiro).

Vocês se lembram de um dos *slogans* na minha parede? "Roteiros não são escritos, eles são reescritos e reescritos e reescritos de novo." O resultado disso é que hoje em dia os créditos de um roteiro raramente são dados a uma única pessoa. Depois de alguns anos, quando comecei a trabalhar como diretor, meus primeiros projetos foram aqueles que o estúdio me passou. Não demorou para eu querer trabalhar nos meus próprios projetos. Quando isso aconteceu, percebi que era mais inteligente começar a desenvolver uma ideia a partir de um tratamento. Por quê? Assim como poucos diretores se entusiasmam com a ideia de escrever um roteiro para outra pessoa dirigir, poucos roteiristas gostam de escrever um roteiro baseado no tratamento que outra pessoa se empenhou em tramar. Roteiristas preferem trabalhar nas próprias ideias e geralmente têm dificuldade em se entusiasmar com personagens e situações que não foram criados por eles.

Por meio da experiência de reescrever roteiros de outras pessoas, aprendi quão importante é para o roteirista estabelecer uma conexão própria com o tema do roteiro; ao mesmo tempo, porém, eu sabia que um diretor pode facilmente convencer um bom roteirista a colaborar em um roteiro que ainda não está imobilizado pelo formato com diálogos. Um tratamento escrito por um diretor talvez contenha muito das ideias por trás do enredo e alguns detalhes da história, mas ainda deixa bastante trabalho para o roteirista. Se ficar claro, como imagino ser o certo, que o diretor não espera ser creditado como roteirista (ou seja, o roteirista terá a chance de figurar sozinho nos cobiçados créditos de roteiro), muitos roteiristas vão abraçar a oportunidade de continuar o trabalho a partir do tratamento e tomar para si o tema abordado. Então o diretor terá alcançado seu objetivo de estruturar o tema em sua forma mais elementar e entregar a história para um roteirista que consiga incorporar no projeto suas próprias ideias e visões. Quando isso ocorre, a situação ideal é que tanto o roteirista quanto o diretor acreditem que tudo que funciona no filme seja por conta do trabalho que fizeram. (É importante dizer que mais para a frente, com o uso da câmera e da edição, um diretor que sabe o que faz pode essencialmente reescrever um roteiro sem mudar sequer uma palavra do que foi escrito. Se uma cena tiver recebido cobertura o suficiente, é possível editar as imagens de modo que o subtexto fique mais aparente do que o próprio diálogo. Curiosamente, quando um diretor consegue fazer isso, um roteirista talvez nem entenda como aquilo aconteceu.)

Um roteirista que esteja empolgado demais para demonstrar como uma cena é instigante em termos cinematográficos pode acabar alienando o diretor que estiver lendo seu roteiro. Uma vez redigido, um bom roteiro não deve se importar com questões técnicas. Ao tentar ressaltar seu talento como diretor (em vez de roteirista), o aluno talvez inclua no meio do texto termos técnicos usados para demonstrar seu conhecimento com problemas de produção (o exemplo mais simples disso seriam ângulos e movimentos de câmera). Sugiro que você evite isso, já que essa não é sua função. Um bom diretor vai ignorar todas essas sugestões, e os produtores vão perceber de pronto que você não passa de um amador. Além do mais, essa preocupação com questões técnicas é apenas uma distração do desafio muito mais importante que é contar a história. O texto de um roteirista experiente não desperdiça palavras descrevendo o que será, no filme finalizado, a contribuição do cinegrafista, do cenógrafo, do figurinista ou de qualquer outro membro da equipe. Diretores, certos ou errados, veem como parte do trabalho contribuir nesses tipos de detalhes. Mas o roteirista experiente entende que o tom e a atmosfera de uma cena não são responsabilidade sua, e que sua única (e essencial) função é providenciar as tensões dramáticas, ações, incidentes, reações e situações (e, é claro, os diálogos). A primeira pessoa a deixar isso claro foi o homem que escreveu sobre a questão do drama milhares de anos atrás: Aristóteles. Na *Poética*, ele escreve que "O espetáculo possui uma atração emocional própria, mas, de todas as partes, é a menos artística e a que mais se distancia da arte da poesia. Pois o poder da tragédia está certamente presente mesmo quando separada da encenação de atores. Além disso, uma produção espetacular depende mais da arte de um cenógrafo do que de um poeta.[22]"

Permita-me mencionar brevemente um roteiro no qual tive o prazer de trabalhar alguns anos atrás. Eu estava colaborando com um roteirista por quem eu tinha grande respeito. Passamos meses trabalhando juntos em reuniões de roteiro nas quais ele improvisava cenas. Mais tarde, quando fui procurar locações e trabalhar com um diretor de arte, esse roteirista foi fazer o que é essencialmente um ato solitário: escrever. Quando li o roteiro, o que me surpreendeu foi minha descoberta de que o roteiro já era, de certo modo, um roteiro de filmagem, mesmo

22. Aristóteles, *Poetics* (Dover, 1997, pp. 13-4).

sem mencionar explicitamente nenhum detalhe sobre enquadramento, planos ou questões de edição. Mas cada vez que uma frase começava eu era capaz de ver o ângulo perfeito na minha mente. Um exemplo pode ser algo como: "O jovem pega as poucas fichas que sobrar, dá um gole de sua bebida e se direciona à mesa, onde ele hesita, olhando para trás." Aqui, vi um plano geral, enquadrando o homem no primeiro plano por trás. E então: "Ele só agora nota o espelho preso na parede atrás de sua cadeira e chega a uma conclusão desagradável." Talvez um plano que mostre seu ponto de vista, com a traseira da cadeira refletida no espelho. E finalmente: "Mas o casal que o enganou já foi embora." Um plano aberto, enquadrando um resumo da situação, mostrando a mesa e o homem em pé ao lado de sua cadeira. Esse tipo de escrita tem uma vitalidade e um ritmo que fazem da leitura uma experiência satisfatória e excitante para um diretor. Para ser honesto, é exatamente o tipo de energia que não encontro em roteiros de alunos, que muitas vezes são cheios de palavras desnecessárias e literários em excesso. Ao escrever um roteiro, o autor inexperiente muitas vezes busca as qualidades que legitimam as formas literárias mais expressivas da indústria (o tratamento), mas que não deveriam estar presentes em um roteiro.

  Roteiros profissionais têm uma qualidade em comum com o bom jornalismo: ambos empregam o menor número de palavras possível para passar o máximo de informação. Um bom roteiro deve ser fácil de ler, mas também fácil de ler rapidamente. É verdade que um roteiro é apenas um projeto do filme finalizado e, portanto, deve ter com ele uma relação similar à que existe entre a planta desenhada por um arquiteto e o prédio finalizado, cuja construção foi responsabilidade de outras pessoas. Mas um roteiro, sendo um material escrito, que lida com emoções, também deve ser prazeroso de ler. O estilo sintético que se demanda não deve ser enfadonho a ponto de não conseguir despertar no leitor as mesmas emoções que o filme finalizado espera causar.

A preocupação com o diálogo também pode ser a raiz do problema de outro erro comum cometido por roteiristas novatos. Ao sentir que o diálogo não tem o impacto emocional desejado, e na tentativa de instaurar uma atmosfera mais impactante, o roteirista pode querer descrever em detalhes a aparência física dos personagens principais, mesmo que nesse estágio o roteiro não passe de um documento criado para guiar os profissionais que darão vida ao filme (executivos do estúdio, produtores, diretores, estrelas, agentes). Todas essas pessoas certamente preferem criar em suas mentes a imagem do protagonista nos moldes do ator que imaginam para o papel. Da perspectiva do roteirista, é, portanto, um erro escrever tendo um ator específico em mente, em especial se você está tentando ocultar o segredo (não tão secreto) de sua ambição de dirigir o filme. Poucas coisas irritam mais um produtor do que o esforço de um roteirista para mostrar que na verdade ele é um diretor. E a maioria dos atores inteligentes dirá que prefere um papel que seja de um personagem bem construído a um personagem que parece ter sido escrito especificamente para eles. (Quando Alec Guinness já gozava de ótima reputação, muitos roteiros eram enviados a ele por agentes que descreviam o papel como "perfeitos para o Alec Guinness". Alec fazia questão de nem sequer ler esses roteiros, alegando que, se ele fosse o único ator que pudesse encenar tais personagens, eles não eram personagens que valiam a pena.)

Há mais uma razão importante para um roteirista não pensar em um ator específico. Todos nós inevitavelmente caímos na armadilha de acreditar que, só porque somos capazes de *descrever* o que queremos, já *criamos* o efeito desejado. Quando você escreve com um ator em mente, pode sentir que, por ter criado uma imagem reconhecível na página, ela será transmitida exatamente da mesma maneira em cena. Mas isso raramente ocorre. O drama é a *ação*, o *fazer*, e a caracterização de personagens está mais associada a motivações e temperamentos do que a aparências físicas. O visual de um personagem não importa nem um pouco se não é construído por meio de ações. (Esse é o mesmo problema que muitos alunos de direção encontram. Assim como a redação e a atuação, também a direção é uma atividade muito mais imaginativa e intuitiva do que intelectual. A armadilha é que, quando um diretor explica aos atores o efeito que quer alcançar, ele sente como se já estivesse a meio caminho de realizar esse desejo. Mas o fato é justamente o oposto: você está pulando uma etapa importante de trabalhado árduo e substituindo-a por um prazer muito mais fácil.)

Pensando naqueles produtores com uma capacidade limitada de imaginar o modo como um ator diria as falas, muitos roteiristas incluem complementos adverbiais nos diálogos ("com raiva", "com calma"). Contudo, produtores e diretores sinceramente detestam isso. Não passa de outra tentativa do roteirista de influenciar a direção, mas, assim como a descrição da aparência física dos personagens, esta é uma indicação de que o roteirista depende do ator para trazer emoção real às palavras e de que ele está fugindo de sua tarefa: criar emoção e sentimento por meio das próprias palavras. O bom roteirista entende que interpretações desse tipo são prova de que o roteirista falhou em criar diálogos e situações interessantes e dramáticas por conta própria. O emprego de advérbios cumprindo a função de instruções só é legítimo quando a entonação de uma fala é contraditória às palavras em si, por exemplo: "(friamente) Que legal!" Mas mesmo num caso desses o melhor é tentar deixar esse sentido implícito no contexto da cena.

Era uma vez...

Espero que ainda existam pais e mães que contam histórias de ninar para seus filhos. Nos longínquos tempos antes da invenção da televisão, isso era algo que todos os pais faziam. Vai ser deprimente se a televisão tiver destruído esse ritual da infância para sempre.

Eu realmente espero que o ato de contar histórias se mantenha vivo não apenas pelo valor que tem para quem as escuta. Os dons do contador de histórias, aquele que narra desventuras cara a cara com o público, são de imenso valor para quem almeja trabalhar com mídias narrativas/dramáticas, no cinema ou no teatro. Assim que uma passagem é lida em voz alta e encenada, algumas questões importantes surgem na mente do contador de histórias. "Para quem estou narrando este conto? E com que propósito?" Francamente, fico um pouco preocupado toda vez que percebo que tais habilidades (e questionamentos) não estão tão presentes nos alunos do CalArts quanto estiveram nos jovens da minha geração. Essa é uma das razões por que acredito que os alunos de construção dramática devem adquirir o máximo possível de experiência com atuação, algo que pode ajudar a desenvolver um componente essencial da imaginação de um roteirista: ter ouvido para diálogos.

A experiência cara a cara envolvida na arte do contador de histórias é inestimável para a compreensão do que é uma história. Escrever uma história logicamente deveria envolver os mesmos processos de recitá-la em voz alta para uma plateia, mas não envolve. O ato de contar histórias é, sem dúvidas, uma arte performática. A tensão entre quem conta e quem escuta é essencial, assim como a compreensão do contador acerca dos momentos em que essa tensão se mantém e daqueles em que ela perde força, da preparação para a crise e do curioso sentimento de satisfação que se obtém quando um clímax prometido é entregue. Um roteirista solitário que se comunica com um leitor imaginário tem muito mais chance de ser levado a acreditar que seu leitor tem o mesmo nível de interesse em um assunto do que ele. Mas o contador logo descobre que os ouvintes geralmente têm menos paciência e interesse do que ele, e que os períodos de atenção desses ouvintes são inevitavelmente mais curtos do que ele esperava.

Contar histórias é a arte de rapidamente capturar a imaginação de um público e não soltá-la mais. Digressões e elaborações são permitidas, mas apenas quando o público já está fisgado pela promessa de que se sentirá satisfeito. A tensão do anzol pode eventualmente diminuir, mas a linha deve ser esticada sempre que o dramaturgo sentir o perigo de perder o que apanhou. Por isso mesmo, confesso que, no passado, eu achava muito útil, durante a pré-produção de um filme, escolher alguém em cujos instintos eu confiasse e lhe contar a história em voz alta, mesmo que fosse apenas uma sinopse. Ao fazer isso, eu percebia exatamente os pontos que careciam de energia, aqueles em que a ação poderia ser reduzida e o momento em que o clímax deveria ocorrer.

Quanto mais um ouvinte prestar atenção e demonstrar interesse, maior é o poder dele sobre quem está contando a história. *Feedback* de qualquer tipo deixa claro para o contador de histórias os momentos em que há necessidade de mais exposição ou (com mais frequência) aqueles em que deveria haver menos. O contador vai instintivamente perceber quando o suspense é forte o suficiente a ponto de permitir uma elaboração, uma expansão e uma reestruturação, ou quando é preciso acelerar o ritmo, cortando o que não é essencial para chegar mais rápido ao que deseja alcançar. Até o silêncio de um ouvinte diz muito. Na verdade, o silêncio é quase sempre um sinal de que o ouvinte está prestando atenção e que possivelmente está tão interessado que quer saber a cada instante o que vai acontecer em seguida.

É possível afirmar que a estrutura dramática é a capacidade de manter uma plateia excitada e de evitar qualquer tipo de tédio. Na verdade, acho muito útil pensar na plateia como um inimigo, e sempre tento contar histórias lembrando que o público tem algum lugar melhor para estar ou algo melhor para fazer. Suponha que, como contador de histórias, você sempre tenha de manter seu público tomado pela curiosidade, pela expectativa e por algum suspense. Com isso em mente, sugiro que você examine algumas das frases típicas das histórias de ninar. Para ilustrar esse ponto, vou usar um conto de fadas clássico (*Cinderela*), um texto dramático clássico (*Hamlet*) e um filme clássico (*Ladrões de bicicleta* [*Ladri di biciclette*]).

"Era uma vez..."
O gênero (faroeste, suspense de espionagem, épico histórico, história de fantasmas). O local e o momento, o universo restrito de uma história, os valores sociais e ideológicos de um assunto, as regras que organizam um cenário geralmente imaginário.

"... onde vivia..."
O protagonista. A figura central da história, o personagem por cujos olhos veremos os eventos. Às vezes, o herói – mas nem sempre. Com frequência, na escolha do protagonista está implícito o ponto de vista que o dramaturgo quer que assumamos.

"... que..."

A ação do protagonista. Nós usamos a palavra "ação" no sentido do que o personagem quer e faz, o desejo e o propósito do personagem.

"... mas..."

O obstáculo, o que ou quem está no caminho da ação e dos objetivos do protagonista. Em geral se personifica na figura de um antagonista (vilão). Em dramas contemporâneos, é o personagem (ou grupo de figuras) que representa uma oposição ao objetivo do protagonista. Para a existência de uma tensão dramática, um protagonista fraco ou passivo precisará de um antagonista forte.

"... Então, certo dia..."

O "ponto de ataque" (o incidente inicial ou a premissa). Esse é o momento em que a ação se inicia. Em peças do século XIX, era comum que a tensão dramática começasse apenas perto do fim do primeiro ato e que tudo que acontecesse antes fosse exposição (estabelecendo o contexto). Mas em estruturas de histórias contemporâneas bem construídas é preferível começar a história com um evento dramático e só então explorar o contexto por meio de exposição, já que a exposição é mais dramática quando se tem algo em jogo.

"... E o resultado foi que..."

A progressão narrativa. A maioria das histórias com um enredo forte é construída com base nas tensões de causa e efeito. Cada incidente é como uma peça de dominó que, ao tombar, colide com a próxima em uma sequência que mantém o público em uma situação de antecipação. No geral, o padrão é que uma cena apresente uma crise que, ao ser resolvida, produz uma nova incerteza (definida na clássica frase "antecipação misturada com incerteza", que é basicamente a definição de drama).

"... Mas ao mesmo tempo..."

Desenvolvimento simultâneo: subtrama. Uma peça do dominó, ao cair, pode desencadear uma segunda trilha de colisões. Alguma complicação na trama.

"... E, assim, sem que soubesse..."

Ironia dramática, um ingrediente comum e quase essencial de uma boa estrutura de história.

"... Até que chegou o dia em que..."

Uma cena de confronto. Em um suspense, pode haver muitas dessas cenas, mas em histórias que oferecem as simples – mas ao mesmo tempo intricadas – satisfações que uma audiência popular almeja, a estrutura dramática geralmente segue um gráfico de altos e baixos de tensão. Os pontos altos são as crises, separadas por momentos em que a tensão relaxa um pouco. As cenas do começo, que vêm após o gancho inicial da premissa, geralmente têm menos suspense do que as posteriores. O conflito ou a tensão não começam tão fortes, mas crescem progressivamente até o final, quando costuma ocorrer um grande confronto. Mas lembrem-se de que uma história pode ficar monótona bem rápido se a tensão for constante. Durante os momentos de relaxamento da tensão, o suspense ainda continua presente – latente, mas presente. A volta à trama principal inevitavelmente traz um impacto adicional por conta do respiro temporário (o exemplo comum é *Macbeth*, de Shakespeare, e a cena do porteiro que ocorre entre o assassinato de Duncan e a descoberta do crime).

"... Quando de repente — para a surpresa de..."

A peripécia, o termo grego para uma virada de mesa, usada por Aristóteles para descrever uma mudança inesperada nas relações, muitas vezes uma forma de inversão de papéis que produz uma resolução do drama. Costuma exigir um forte elemento de ironia dramática.

"... E no fim..."

A resolução, o final, literalmente o desfecho de toda a tensão da história.

"... E para todo o sempre..."

O encerramento, a sensação de ter completado o círculo. Não precisa, obviamente, ser na forma de um final feliz, mas deve fornecer algum nível de satisfação. Classicamente, o fim pode ser surpreendente, embora, quando visto em retrospecto, seja reconhecido como inevitável (é o que "tinha de acontecer").

Veja como essas frases típicas podem ser aplicadas às histórias de *Cinderela*, *Hamlet* e *Ladrões de bicicleta*, totalmente diferentes entre si. Observe como, em cada um dos casos, o período e o local determinam o tom: o conto de fadas folclórico em *Cinderela*, a tragédia e a poesia épica em *Hamlet* e o neorrealismo em *Ladrões de bicicleta*.

"Era uma vez..."

Cinderela: O local é vagamente germânico, um país composto de pequenos reinos, com príncipes e plebeus. O período é a Idade Média. Mas também é um reino de fantasia onde existem fadas e feitiços. Os personagens são simples. O material de fábulas, de folclore e da infância. O tom é similar ao de contos morais do século XIX.

Hamlet: A história se passa na Dinamarca, no castelo de Elsinore. O período é o século XVI, uma época de violência, guerras, assassinatos e reivindicações rivais aos tronos. Mais uma vez, os valores são feudais, com ênfase em motivações de vingança.

Ladrões de bicicleta: A cidade de Roma após a Segunda Guerra Mundial. Um período de grande pobreza, mas também em que as comunidades se empenhavam em restabelecer valores humanos. A cidade está repleta de desilusão, pequenos crimes e mercados negros. O tom é de uma busca desesperada por decência e dignidade após os anos de fascismo (contém, portanto, uma dimensão política).

"... onde vivia..."

Cinderela: Uma menina sem mãe, maltratada pelas meias-irmãs.

Hamlet: Um príncipe de luto pelo pai morto recentemente.

Ladrões de bicicleta: Um homem da classe trabalhadora desempregado.

"... que..."

Cinderela: É forçada pelas meias-irmãs a trabalhar como uma condenada em condições horríveis.

Hamlet: Está deprimido porque seu pai morreu e sua mãe casou com seu tio, o irmão do rei morto, logo em seguida.

Ladrões de bicicleta: Está desesperado para conseguir um emprego e sustentar a esposa e o filho.

Perceba como cada personagem tem uma luta interior, essencial para a dinâmica de um personagem ativo.

Cinderela: Sonha com um grande romance e em poder escapar dos maus-tratos de suas meias-irmãs.

Hamlet: Está dilacerado por seus sentimentos de indecisão e inadequação, contrastando com o heroísmo de seu pai guerreiro.

Ladrões de bicicleta: Luta para manter a dignidade e o trabalho, que é a base de seu autorrespeito, assim como do respeito da esposa e do filho.

Perceba também que os protagonistas, assim como os antagonistas e mesmo outros personagens com que a figura central está envolvida em termos dramáticos, podem ser vistos como personificações dos temas da história.

"... mas..."

Cinderela: É abandonada em casa enquanto suas meias-irmãs vivem uma vida de luxo.

Hamlet: Lamenta a morte do pai, odeia o tio e é torturado pela ambivalência de sentimentos pela rainha (sua mãe). Ele também é atormentado ao ponto do desespero suicida por sua baixa autoestima, sua incapacidade de agir heroicamente.

Ladrões de bicicleta: O homem, que recentemente penhorou sua bicicleta, aguarda todos os dias entre os outros desempregados na fila pela chance de um emprego público enquanto sua esposa e filhos esperam em casa.

Assim são estabelecidos os elementos de luta, as circunstâncias dos personagens que encarnam as forças que estão no caminho dos desejos ou intenções do protagonista. O protagonista conduzirá a história e, por meio de interações com personagens de contraste, ilustrará a raiz da ideia e o tema da história.

"... Então, certo dia..."

Cinderela: Fica sabendo do baile organizado pelo príncipe que está procurando uma esposa. Cinderela não é convidada. Antagonistas: as meias-irmãs e o restante dos esnobes que habitam a cidade.

Hamlet: É forçado por seus companheiros a confrontar o fantasma de seu pai. Ele descobre sobre o assassinato, mas não tem como prová-lo, tampouco está seguro de que seus medos não passam de um resultado de sua paranoia neurótica. Antagonista: seu tio Cláudio (o "vilão") e as próprias inseguranças de Hamlet.

Ladrões de bicicleta: Uma oferta de emprego é anunciada com a condição de que o candidato tenha bicicleta. Mas a bicicleta do protagonista, que ele resgatou dos penhoristas, é roubada. Antagonistas: a insensibilidade, a desilusão e o cinismo do período; o sentimento de desesperança na luta pela dignidade humana.

"... E o resultado foi que..."

Cinderela: Com a ajuda mágica de sua fada-madrinha, Cinderela vai ao baile disfarçada, mas esquece que precisa sair de lá antes da meia-noite e acaba perdendo seu sapatinho. (Perceba o elemento de ironia dramática criada pelo disfarce de Cinderela.)

Hamlet: A peça dentro da peça expõe a culpa de Cláudio, tio de Hamlet. Mas Hamlet mata Polônio por engano, e Cláudio usa isso como pretexto para enviar Hamlet para a Inglaterra, enquanto também arranja seu assassinato. A conspiração de Cláudio falha quando Hamlet retorna à Dinamarca, e mais uma vez Cláudio planeja matá-lo com veneno durante o duelo.

Ladrões de bicicleta: Em uma busca desesperada por sua bicicleta roubada, o homem e o filho exploram Roma, vão à polícia, aos sindicatos, à igreja e finalmente encontram um senhor que é capaz de identificar o ladrão, mas o perdem mais uma vez. Durante o processo, a relação entre pai e filho (o verdadeiro tema da história) se desenvolve.

"... Mas ao mesmo tempo..." e "... E, assim, sem que soubesse..."

Cinderela: O príncipe e as meias-irmãs não têm ideia de que Cinderela era a moça misteriosa do baile.

Hamlet: Hamlet não sabe nada sobre a trama para matá-lo quando desembarca na Inglaterra.

Ladrões de bicicleta: O filho é mandado embora para não presenciar a perda de dignidade do pai, que tentará roubar uma bicicleta, assim como a dele foi roubada.

"... Quando de repente — para a surpresa de..."

Cinderela: Cena obrigatória e peripécia. O príncipe e as meias-irmãs descobrem que Cinderela é a moça do sapatinho de cristal. Acontece uma reviravolta, as meias-irmãs perdem, e o príncipe se casa com Cinderela.

Hamlet: Hamlet mata Cláudio, e a mãe acidentalmente toma o veneno. Hamlet também morre. O fato de que Hamlet comete um ato violento também é uma peripécia de personagem.

Ladrões de bicicleta: O homem, totalmente desiludido em sua busca por justiça social, torna-se um ladrão e falha até nisso. O filho, testemunha do fracasso da tentativa criminosa do pai, pega sua mão mesmo enquanto a multidão os insulta.

O objetivo dessa comparação um tanto absurda entre um conto de fadas infantil, um grande clássico elisabetano e um conhecido filme italiano é sublinhar quão básica parece ser a natureza do fenômeno psicológico a que chamamos de histórias. Histórias eficazes nos prendem, seja em um nível superficial ou de maneira profunda e significativa, um sentimento talvez mais fácil de reconhecer do que de explicar.

Com base nos tópicos estruturantes que acabamos de listar, você pode experimentar um jogo de improviso com um grupo de três ou mais participantes. O jogador número um começa dizendo "Era uma vez..." e concebe o local e a época (o gênero) e o protagonista. O segundo jogador toma essas premissas e inventa o problema e/ou o contexto que define as motivações do protagonista. O terceiro dá continuidade à história e fornece o antagonista ("... mas...") que cria o conflito. O quarto jogador agora precisa imaginar o ponto de ataque, o incidente ou evento que impulsiona a narrativa e cria o suspense, a expectativa e o potencial para o enredo avançar.

Nessa fase, os jogadores que estão pegando o jeito da estrutura dramática já estarão pensando no futuro: a possibilidade de peripécias, algum tipo de reversão de papéis, uma reviravolta na premissa original. Não preciso dizer que esse jogo dificilmente produzirá um trabalho de qualidade criativa real, já que para isso são necessárias intuições mais particulares, pessoais e profundas. Mas, de todo modo, a atividade pode ajudar na compreensão das técnicas e habilidades que um contador de histórias deve demonstrar. Apesar de parte da diversão estar em oferecer aos demais jogadores uma situação difícil, você deve jogar limpo, ou seja, a todo instante deve refletir sobre o potencial da estrutura. E lembre-se de que o produto final não é o que importa – esse é um exercício sobre o processo de invenção rápida e fértil.

Tenho a impressão de que o jogo não funciona tão bem quando você tem muito tempo para pensar. Ele precisa de uma estrutura rígida na qual os jogadores têm de ser ágeis e espontâneos. A invenção, como já foi dito (por William Archer), é capaz de ser uma "memória disfarçada", e a invenção é mais fértil quando vem diretamente do inconsciente. O inconsciente funciona com rapidez, enquanto a escrita é deliberada o bastante para permitir aos censores internos que entrem em ação e inibam a espontaneidade (afinal, contadores de histórias talentosos geralmente têm um desempenho melhor quando estão sob a pressão de um público).

As duas maiores virtudes desse jogo são a tensão e a surpresa. O contador da história manipula o público, que esperançosamente está sempre impaciente. "E o que acontece depois?" é a questão que o público sempre deve estar se perguntando. Se "o que acontece depois" é previsível, a tensão certamente cairá. O impulso narrativo deve manter o público desconcertado o tempo inteiro, seja por meio do suspense, da ansiedade ou do medo com relação ao próximo evento.

Atividade *versus* ação

O cinema é baseado na ilusão de movimento contínuo, uma ilusão que ocorre no cérebro, e não nos olhos. O que os olhos veem de fato é uma rápida sequência de imagens projetadas, cada uma delas completamente estática, enquanto o cérebro as lê como um movimento contínuo. Existem dois tipos de movimentos: atividade e ação.

Ao examinar um roteiro finalizado, o aluno deve ser capaz de apontar o que acontece de fato em cada cena. Essa reflexão leva em conta a completude das ações, de modo que, ao final da cena, a relação entre os personagens se altere de alguma forma, dando origem a uma nova situação. Com frequência, os roteiros dos alunos conseguem diferenciar os conceitos de atividade e ação. A forma mais simples de enxergar essa questão é pela distinção gramatical entre o tempo perfeito e o imperfeito. Temos uma atividade quando podemos dizer que alguém está inserido no processo de realizar algo ("ele está escrevendo um roteiro"). A atividade lida com situações em andamento, que não apresentam começo, meio ou fim. A ação, por outro lado, é inerentemente dramática e compreende uma atividade que foi completada, realizada por inteiro ("ele escreveu um roteiro"), expressando, assim, que aquilo que foi feito pode produzir um efeito tal que altere as circunstâncias presentes e, em consequência, traga um novo resultado que, por sua vez, provocará uma nova ação, quase sempre contrária àquela. (Compare essa proposição com a do teatro, em que a ação costuma ser menos algo físico e, sim, um confronto entre personagens, em que a história avança por conta do intercâmbio de palavras e da instauração de conflitos de personalidades entre os personagens.) Como explicam professores de drama, a ação de um ator é definida por seu propósito em cena: é o que ele ou ela tem a intenção de fazer.

Portanto, uma ação, no sentido narrativo/dramático em que os cineastas empregam o termo, implica a intenção de realizar algo e obter um resultado. Trata-se de um conceito que pode ser observado na forma mais simples e básica das estruturas cinematográficas: os desenhos animados. A animação continua a ser uma das formas mais diretas que existem de contar uma história cinematográfica. Para compreender esse ponto, você precisa de fato analisar quadro a quadro um bom desenho animado, algo que eu já fazia muito antes de me tornar um membro escolado da indústria. Com isso aprendi não apenas os princípios básicos da animação, como também aqueles da construção dramática e da gramática cinematográfica.

Um dos primeiros exercícios passados aos estudantes de animação é que desenhem a figura de um homem caminhando. Aqui, não preciso me desculpar pelo uso de desenhos infantis para ilustrar os princípios da estrutura narrativa/dramática. O valor das caricaturas está em exagerar e simplificar alguns dos princípios fundamentais deste curso – e para os quais muitas vezes não damos o valor devido.

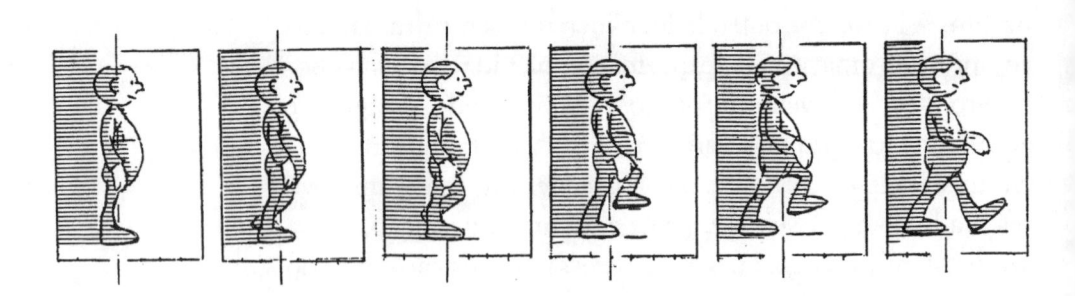

Quando desenhos como esses são dispostos diante de uma câmera, fotografados e então projetados, o resultado é um movimento contínuo e suave, como uma progressão fluida. Mas é possível que pareça um tanto suave demais, já que não há um impulso e nem muita semelhança de fato com o ato de caminhar. O corpo aparenta flutuar, e temos a impressão de que a figura não tem peso. Essas imagens representam uma mera atividade desprovida da energia de uma ação. Contudo, no fim das contas, não se trata aqui de uma caminhada de verdade, mas, antes, de uma sequência de imagens que representam alguns passos, um ciclo que pode ser repetido. O animador tentou espaçar os desenhos em intervalos iguais, de modo que o movimento aparentasse fluidez e suavidade.

Seu professor demonstra o que é, na verdade, o ato de caminhar. Trata-se de algo bem mais complicado do que podemos imaginar a princípio. Ele começa a dar um passo ao se inclinar para a frente e mudar o ponto de equilíbrio, pendendo na direção que pretende ir. Como o centro de gravidade se desloca, a cabeça tomba para a frente e para baixo, diminuindo um pouco a altura. Ao mesmo tempo, ele levanta um dos pés e o impulsiona para a frente de modo a atingir o chão e impedir uma queda. Com esse impacto, o movimento é refreado e o impulso se reverte, agora para cima e para trás. A cabeça volta a se elevar e segue o novo impulso, indo para trás e para cima. O centro de gravidade se desloca um pouco para a traseira. Um movimento desses é de fato complexo e está longe de ser suave. A inclinação do corpo muda, e a cabeça vai para cima e para baixo a cada passo. Mas esse tipo de caminhar tem uma energia palpável. Trata-se de uma ação, e, a cada momento que o pé de seu professor atinge o chão, sua energia age em direção oposta à força da gravidade. O passo é uma força reversa, desencadeada pelo movimento de queda, que projeta para cima e para trás. São os impulsos alternados das duas forças contrastantes que fornecem peso, energia e impulso, e que dão vida ao movimento.

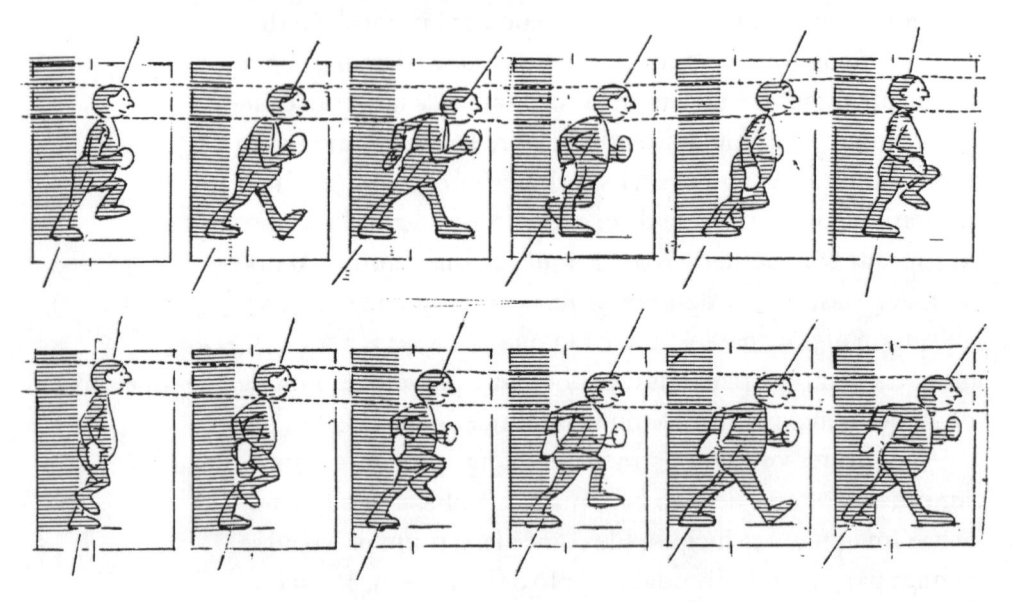

O que temos aqui é uma ilustração do princípio de Isaac Newton de que "para cada ação há uma reação oposta e de igual intensidade". Ele é apresentado em termos de animações que tendem a exagerar essas coisas. Mas sugiro que você o considere em outro contexto: a dinâmica do drama, pois encontramos uma dinâmica similar em uma narrativa dramática eficaz. Uma história empolgante de verdade contém impulso e força ("O que acontece depois?"), cuja progressão é mais do que uma atividade contínua – é ação, um movimento com propósito que é confrontado por certos obstáculos (físicos ou não). De certa forma, é similar à mecânica de um motor de combustão interna. Em uma história eficaz, cada cena terá sua própria construção: elas são uma forma de minidrama. A tensão cresce e se acumula, assim como o gás é comprimido pelo pistão em um cilindro, e depois vem a explosão que impulsiona o pistão na direção contrária. O público deve saber quando uma história está alcançando o clímax, pois devem estar claros os momentos em que certas tensões foram (ou estão prestes a ser) resolvidas ou relaxadas, mesmo que ainda existam incertezas e outras questões da estrutura a serem solucionadas. Perceba que, em geral, tensões secundárias são resolvidas antes das mais importantes, e que a habilidade de entender qual é a tensão mais importante entre os personagens leva à definição do tema central da história.

Vamos voltar ao exemplo das animações. Compare esta versão de um homem atravessando uma porta. Esta é a versão com o movimento suave. A figura se locomove na direção da porta em uma sequência de etapas igualmente espaçadas. É um movimento, não uma ação.

* Movimento em que o lançador "dá corda" [*wind-up*] em si mesmo antes de arremessar a bola, inclinando-se para trás ao erguer a perna dianteira para dar impulso ao arremesso, que ocorre no momento em que a perna levantada retorna ao chão numa posição mais adiantada. (N. do T.)

Animadores mais experientes vão explorar o princípio de dinâmicas um pouco mais, dividindo a atividade em um número de etapas distintas.

A figura começa essencialmente parada. No primeiro quadro, ela se vira para olhar a porta, um gesto que, além da virada de cabeça, inclui um leve recuo. Então ele se prepara para a ação. Esse quadro pode ser um gesto similar ao *wind-up* do beisebol*. O segundo quadro apresenta apenas um borrão, uma mancha de movimento indicando que a figura está desaparecendo pela porta a uma velocidade rápida demais para que possamos vê-la. No terceiro quadro, o capacho voa para o alto por causa de uma rajada de ar. Ao contrário do homenzinho, o movimento do tapete é lento: ele gira graciosamente no ar e se acomoda novamente na terra, amontoado na soleira. Perceba que os dois eventos podem ter a mesma duração. Mas, no segundo caso, apesar de a ação ocorrer em um piscar de olhos, mais tempo é dado à antecipação e ao resultado da ação.

Talvez você se pergunte qual é a relevância disso para a construção dramática. De novo, ofereço esse exemplo como uma caricatura simplista de um princípio que se aplica tanto a animações quanto a problemas complexos e sutis que você encontrará ao escrever histórias. Para explicar, uso esta frase:

> É provável que o que está acontecendo agora seja menos dramaticamente interessante do que aquilo que pode – ou não – acontecer depois.

Em essência, drama é tensão. É a interação de duas forças contrárias: nossa expectativa do que pode acontecer a seguir e a incerteza do resultado. Em termos de dinâmica, isso significa que, como cineasta (um roteirista e diretor), você deve gastar tanto tempo (se não mais) enfatizando e explorando os preparativos e os efeitos posteriores de um evento quanto com o acontecimento em si. O cartunista experiente está muito menos interessado no momento de uma ação do que no que vem antes e depois dela. Ele exagera a antecipação da ação explosiva (o "dar corda"), ao passo que a ação é quase invisível ou ocorre fora do quadro. Mas seus efeitos são explorados à exaustão.

Teóricos da estrutura dramática apontam que o drama é a arte de preparar crises. Uma série de incidentes ou eventos interessantes pode ser tão atrativa quanto uma narrativa completa. Mas um drama de verdade é criado pelo engajamento real e contínuo de um público cujos sentimentos estão envolvidos tanto antes de uma crise quanto nas repercussões do que eles acabaram de testemunhar. Todo roteirista dramático sabe disso, ou aprende rapidamente. Apenas para reiterar um ponto importante: o trabalho de um roteirista já foi chamado de "a tarefa de explorar reações, não ações".

Ironia dramática

23. *Hitchcock*, p. 73.

Certa vez perguntaram a Alfred Hitchcock se ele tinha uma fórmula para criar histórias dramáticas. Hitchcock deu uma resposta que é simplista ao ponto de ser uma caricatura. Ele disse:

> Suponhamos que há uma bomba debaixo dessa mesa. Nada acontece, e então, de repente, "Bum!" Há uma explosão. O público fica *surpreso*, mas, antes dessa surpresa, foi uma cena absolutamente comum, sem nenhuma consequência especial. Agora, uma situação de *suspense*. Há uma bomba debaixo da mesa e o público *sabe* disso [...]. Nessas condições, a mesma situação inócua torna-se fascinante porque o público está participando da cena. A plateia está querendo avisar aos personagens: "Vocês não deviam estar falando sobre esses assuntos triviais. Embaixo da mesa há uma bomba que está prestes a explodir!"[23]

Esse exemplo de Hitchcock, como quase todos os dramas bem estruturados, usa o que chamamos de ironia dramática. O dicionário estadunidense *Heritage* define ironia como "o uso de palavras para transmitir o oposto de seu significado literal". Ironia dramática é definida como o "efeito dramático atingido ao fazer o público perceber uma incongruência entre a situação e o diálogo que a acompanha, enquanto os personagens da peça não notam a discrepância". Em poucas palavras: quando nós, o público, estamos a par de circunstâncias importantes desconhecidas por um ou mais personagens em cena, há um elemento de ironia dramática.

O exemplo clássico disso é uma cena da peça *School for Scandal* [A escola do escândalo], de Sheridan. O sr. Peter Teazle se casou com uma mulher muito atraente e animada que é bem mais jovem do que ele e, apesar de se amarem muito, eles estão sempre brigando. Mas nenhum dos dois está ciente dos reais sentimentos do outro. O sr. Peter tem um meio-irmão, Joseph Surface, que é um personagem desleal e malicioso. Fingindo simpatia e amizade com o sr. Peter, Joseph quer na verdade seduzir a sra. Teazle, que, de tão irritada com o marido, se mostra receptiva aos avanços do outro. A cena ocorre quando a sra. Teazle tem um encontro com Joseph, às escondidas, no quarto dele. Joseph está fazendo as primeiras investidas para tentar seduzir a sra. Teazle quando um criado aparece para anunciar que o sr. Teazle chegou e está subindo as escadas. Joseph só tem tempo de esconder a esposa de Peter atrás de um biombo no canto da sala antes de Peter entrar.

A cena, que merece ser estudada com calma, é complexa e envolve diversos outros personagens e situações em que Joseph, para impedir que achem a mulher atrás do biombo, finge que ele estava entretendo outra mulher, obviamente com fins imorais. As incongruências são elaboradas. Nós, o público, permanecemos em um estado de tensão cômica enquanto aguardamos o momento inevitável em que o biombo cai e a verdade é revelada. É claro que uma das ironias é que, por meio do diálogo entre Peter e Joseph, a sra. Teazle descobre os sentimentos reais de seu marido por ela, sentimentos que drasticamente alteram o modo como ela vê os dois homens.

Tenho a impressão de que o dispositivo de ironia dramática é tão comum para a fórmula de uma construção dramática que, na verdade, é raro encontrar uma história realmente bem construída que não o utiliza. Pense nas histórias em que nós, o público, estamos conscientes de circunstâncias desconhecidas por um ou mais personagens, e que, desse modo, nos deixam em um estado de "antecipação misturada com incerteza" enquanto esperamos a reviravolta (peripécia) em que a situação de suspense é resolvida. Você se lembra de algum trabalho dramático que não usa essa estrutura, mesmo que indiretamente? Parece-me que a fraqueza dos roteiros que alunos me entregam é justamente a falta de uma ironia dramática bem estruturada (principalmente em termos visuais).

De certa forma, os elementos mais básicos da gramática cinematográfica têm potencial para a ironia dramática. O padrão normal de uma edição começa com um plano geral, aquele em que todos os elementos dramáticos estão visíveis. É um ponto de vista objetivo e onisciente que apresenta ao público a situação como um todo. Ele permite nos localizar geograficamente dentro de um plano, para ver exatamente onde os personagens se encontram dentro do ambiente e em relação aos demais, além de permitir que observemos essas interações à distância. O plano geral costuma ser seguido por ângulos mais fechados: por exemplo um plano fechado de personagens individuais. Um plano fechado, dependendo de alguns fatores, nos convida a nos concentrarmos nos pensamentos e sentimentos de um personagem em particular. Um ângulo oposto, que segue o plano fechado, geralmente mostra o ponto de vista do personagem que estávamos observando. Essa escolha de distintas amplitudes de enquadramento, assim como a forma em que são organizados, ajuda o público a alternar o ponto de vista do personagem X em relação ao personagem Y para o de Y em relação a X, e, então, em um plano geral, para o ponto de vista do público em relação a ambos os personagens e suas interações.

Pense na cena da peça de Sheridan. Uma versão cinematográfica quase com certeza começaria com um plano geral mostrando o quarto inteiro, Joseph e seus convidados, enquanto possivelmente a sra. Teazle estaria visível para nós, mas não para os outros personagens. Então, viriam planos mais fechados, incluindo cortes para as reações da sra. Teazle, que escuta atrás do biombo. Até mesmo em uma cena em que a ironia dramática não é apresentada de maneira óbvia, é possível reconhecer seus princípios. As escolhas de enquadramento e de edição podem ser pensadas para revelar os pensamentos e sentimentos privados de um personagem que são ignorados pelos demais.

Ao analisar os grandes clássicos escritos para o palco e para a tela, você notará que quase todos têm uma "bomba debaixo da mesa". A primeira cena de *Édipo Rei* mostra o jovem rei jurando investigar o assassinato do antigo rei de Tebas, marido de Jocasta, com quem Édipo agora está casado. O público para quem essa grande peça foi encenada pela primeira vez estava bem ciente da ironia presente ali, já que o assassino que Édipo promete encontrar e punir é ele mesmo. Apenas no confronto final da história ele será obrigado a enfrentar essa horrível verdade, embora a bomba tenha tiquetaqueado durante a peça inteira. Eventualmente, Tirésias diz com todas as letras: Édipo matou o próprio pai e praticou incesto com a mãe. Da mesma forma, a primeira cena de *Hamlet* acende o pavio da bomba: o fantasma foi visto no porão do castelo. Algumas cenas depois, o fantasma diz a Hamlet que o rei atual, Cláudio, matou o pai de Hamlet. O dilema de Hamlet é que ele não tem provas reais do crime e teme que o fantasma seja fruto de seu próprio estado paranoico de ansiedade e indecisão. A armadilha da peça dentro da peça soluciona esse problema, mas um novo obstáculo surge quando Hamlet acidentalmente mata Polônio.

Uma das comédias que dirigi, *Quinteto da morte* [*The Ladykillers*], é composta inteiramente de ironias. Estamos certos de que a figura que segue a sra. Wilberforce até a estação de polícia está planejando algo ruim, mas a senhora não tem qualquer suspeita a respeito do professor Marcus. Ela também não faz ideia de que os cinco homens que aparentam estar ensaiando um quinteto de cordas no andar de cima de sua casa são, na verdade, criminosos planejando um roubo vil. E, uma vez que enfim descobre o plano, ela ignora que os cincos homens resolvem se livrar dela e estão agora tentando decidir entre eles quem vai matá-la.

É claro que o exemplo de Hitchcock é perfeito para ilustrar a ironia dramática. Com uma bomba debaixo da mesa, a tensão pode ou não estar presente na mente dos personagens em cena. Mas ela certamente está presente em nossas mentes, e é isso o que importa. Conscientes do perigo que os aguarda, ficamos apreensivos para saber se os personagens também chegarão a ter ciência do que ocorre. Se desenharmos o exemplo de Hitchcock de forma caricatural, teremos uma ilustração de diversos elementos clássicos presentes em estruturas dramáticas.

EXPOSIÇÃO   IRONIA DRAMÁTICA

SUSPENSE

REVELAÇÃO

REAÇÃO/AÇÃO

PERIPÉCIA

IRONIA DRAMÁTICA 125

Revisitando William Archer

24. *Play-Making, A Manual of Craftsmanship* (publicado originalmente por Small, Maynard and Co., 1912; todas as citações nas anotações de Mackendrick se referem à reimpressão da Dover, de 1960). Archer (1856--1924) foi um respeitado jornalista e crítico de teatro cuja tradução de *Os pilares da sociedade*, de Ibsen, foi o primeiro texto do dramaturgo norueguês a ser encenado na Inglaterra. A esse respeito, ver *William Archer*, de C. Archer (Yale University Press, 1931), e *William Archer*, de Peter Whitebrook (Methuen, 1993).

25. A parceria entre Archer e Shaw teve início em 1884, com *O caminho para o coração de uma mulher*, título que depois mudou para *Rhinegold*. Ver *Bernard Shaw, Volume One: The Search for Love*, de Michael Holroyd (Chatto and Windus, 1988), pp. 274-7. Ver também o prefácio de Shaw para a publicação de Archer, *Three Plays* (Constable and Company, 1927).

William Archer foi um dramaturgo e crítico que em 1912 publicou o livro *Play-Making* [Construção de peças][24]. Archer era amigo do também dramaturgo George Bernard Shaw, que ele conhecera na sala de leitura do British Museum. Certa vez, ao explicar para Shaw que ele acreditava ter talento para a criação de enredos, Archer admitiu que não se sentia tão seguro ao escrever diálogos. Shaw, já com uma reputação indiscutível, confiava totalmente em sua habilidade de escrever diálogos vivazes, e sugeriu que estabelecessem uma parceria. Foi assim que William Archer forneceu a base para a estrutura dramática das primeiras peças de Shaw[25]. Shaw acabou escrevendo muitas peças, enquanto Archer produziu por conta própria apenas uma série de melodramas merecidamente esquecida; porém, ambos continuaram amigos próximos a vida inteira. Mas, em minha opinião, no que se refere ao tema da estrutura dramática, o livro de Archer é o melhor que conheço.

Dito isso, entendo o porquê de algumas pessoas considerarem *Play-Making* duro demais. Os exemplos que Archer usa para ilustrar suas ideias são de dramaturgos do fim do século XIX. Embora também cite Wilde, Shaw e Ibsen, Archer geralmente lida com escritores que aparentam ser muito datados hoje em dia. Além disso, alunos argumentam que o livro é tão velho que as teorias de Archer devem estar desatualizadas. O estilo dramático mudou muito desde 1912, não apenas em conteúdo, mas em formato. Portanto, uma questão importante é se os comentários de Archer se aplicam a formas mais modernas de escrita para o teatro (as peças de Beckett e Ionesco, por exemplo) e para o cinema, já que, obviamente, essa mídia ainda estava nos primórdios quando Archer escreveu o livro.

Acho que é fácil entender a razão pela qual hoje em dia um estudante de cinema acha difícil aplicar os conceitos de Archer a equivalentes cinematográficos, já que *Play-Making* está repleto de exemplos vindos de dramaturgos que mal são lidos ou cujas peças não são mais encenadas, como Pinero, Galsworthy e Somerset Maugham. (É importante mencionar que John Howard Lawson, escrevendo nos anos 1940, aprendeu muito com Archer e expandiu as ideias deste ao aplicá-las no cinema[26].) Ligado a isso está o fato de que há, entre os estudantes contemporâneos, uma espécie de reação contra a noção de "regras" quando se trata de escrita dramática, tanto no cinema quanto no teatro[27].

Mas, embora o estilo de qualquer meio de expressão esteja sempre evoluindo, novas formas estão invariavelmente enraizadas às formas antigas, mesmo quando existe uma óbvia rejeição de fórmulas antigas que se tornaram demasiado rígidas, estereotipadas e obsoletas para produzirem um resultado estimulante. Uma compreensão real do "progresso" da natureza evolutiva das formas culturais precisaria partir de uma exploração do presente e do possível futuro à medida que se relacionam com as formas passadas, a partir das quais elas se desenvolveram e continuam a evoluir. Assim, muitos dos comentários de Archer me parecem ser óbvios e facilmente aplicados à escrita contemporânea, e não deveria ser difícil para um inteligente estudante de cinema achar um exemplo moderno que poderia ilustrar quase todos os argumentos apresentados por Archer. Só é necessário um pouco de esforço. (Afinal, o desafio de qualquer livro didático é motivar os

26. *Theory and Technique of Playwriting and Screenwriting* de John Howard Lawson (G. P. Putman's Sons, 1949).

27. É interessante observar que até em 1912 o próprio Archer sentia que precisava explicar suas razões para escrever *Play-Making*. "Tendo admitido que não existem regras para a composição dramática, e que a busca por tais regras pode resultar em pedantismo ou charlatanismo, por que eu mesmo iria atrás desta busca tola e sem frutos? É precisamente por estar ciente de seus perigos que espero poder evitá-los. Regras não existem; mas não faz sentido que os milhares de interessados na arte do dramaturgo não possam ganhar ao serem direcionados, de maneira clara e prática, para alguns de seus problemas e possibilidades" (p. 5).

28. Archer, *Play-Making*, p. 3.

29. *Ibid.* p. 7.

alunos para que eles explorem um tipo de estudo que se prove relevante ao campo de trabalho e à experiência que eles buscam.) Através destas minhas anotações, tentei complementar os exemplos de Archer com outros do cinema contemporâneo.

Sobre a questão das "regras" de construção dramática, Archer avisa:

> Não existem regras para escrever uma peça. Contudo, é possível instruir o iniciante sobre o que *não* fazer. Mas a maioria dessas negativas são óbvias; e as que não são podem facilmente ser questionadas [...]. Não existem regras absolutas além das que são baseadas no mais básico senso comum. O próprio Aristóteles não dogmatizou, mas analisou, classificou e generalizou a partir da prática dos dramaturgos gregos. Ele disse "é melhor", em vez de "você tem de".[28]

O mais longe que Archer se deixa ir é dizer que:

> Uma coisa é certa e deve ser sublinhada desde o começo: se há algo da arte do dramaturgo que pode ser ensinada, trata-se apenas de uma parte comparativamente mecânica e formal – a arte da estrutura. Pode-se aprender como contar uma história com boa forma dramática: como desenvolvê-la e organizá-la de maneira a melhor captar e reter o interesse de um público teatral. Mas nenhum ensinamento ou estudo pode conferir a alguém a capacidade de escolher ou inventar uma boa história, muito menos fazer aquilo que por si só confere dignidade à narrativa dramática – observar e retratar o caráter humano.[29]

Para ser honesto, não tenho certeza se isso já não é um exagero. Prefiro dizer que é possível examinar como certos dramaturgos construíram o material de maneira que em certas ocasiões capturou o interesse do público. Se eles também conseguiram capturar e manter o *seu* interesse, você deve dar uma olhada em como eles fizeram isso. Embora o drama não possa ser simplesmente ensinado, ele definitivamente pode ser aprendido, como qualquer outra habilidade: por meio da análise de outros trabalhos que você admira.

30. *Ibid.*, p. 11.

Escolhendo temas

O tema de uma história é geralmente estabelecido apenas no clímax final, durante a cena obrigatória em que os confrontos dramatizam o ponto da narrativa. Essa é a parte da história pela qual o público estava esperando e que o autor é obrigado a entregar. É também o ponto em que personagens, enredo e tema estão mais integrados. Esse confronto será provavelmente o ponto alto da mecânica da ação, quando os personagens principais são postos em situações desenhadas para revelar suas qualidades mais significantes, seus problemas ou forças morais, suas peculiaridades simpáticas ou antipáticas, e seus sentimentos reais sobre os outros. Tais confrontos também servem para demonstrar as preocupações fundamentais do autor, os temas que dão significado e unidade à história. Sem personagens, um tema não passa de uma afirmação abstrata e generalizada de um conflito ou tensão – ele descreve, em vez de dramatizar. Portanto, o que os alunos precisam aprender é como comunicar o tema da história por meio da criação de personagens que interagem dentro do espaço gerado, e não simplesmente injetar o tema em um único personagem (o protagonista). Archer escreve: "'Tema' pode significar duas coisas: ou o assunto de uma peça, ou sua história. A primeira opção é talvez a mais correta e conveniente[30]."

Archer sugere que uma decisão consciente e deliberada sobre o tema é raramente produtiva como um ponto de partida. Se você parte da vontade de ilustrar uma questão moral ou política para construir uma narrativa, tem grandes chances de

31. *Ibid.*, p. 11.

acabar com situações e personagens bidimensionais, além de um enredo previsível e visivelmente planejado. Você acabará criando marionetes que não têm vitalidade real e será forçado a manipulá-las, em vez de permitir que esses personagens se construam a partir da força criada pela interação com outros personagens. Archer escreve que:

> Deveria um tema, em sua forma abstrata, ser o primeiro embrião de uma peça? Ou um dramaturgo dizer "Vou escrever uma peça sobre temperança ou sufrágio feminino, ou sobre capital e trabalho", e só então buscar uma história para ilustrar seu tema escolhido? Isso é possível, mas não é um método promissor. Uma história feita à ordem de um conceito moral está sempre apta a anunciar sua origem, em detrimento de sua qualidade ilusória.[31]

Acredito que Archer está certo em sugerir que um tema é uma abstração da história, sua mensagem moral, social ou política apresentada de maneira generalizada.

Para muitos roteiristas, uma função básica da escrita dramática é apresentar ao mundo aquelas ideias, atitudes e emoções que expressam suas preocupações, mesmo se estiverem camufladas, fantasiadas de maneira distinta e com nomes diferentes para proteger os inocentes. Quando você começa a inventar uma história, em geral surge uma forte vontade de criar tanto um enredo quanto personagens que representem um tema de seu interesse. A melhor forma de fazer isso é personificar elementos desse tema ao dividir seu espírito em partes distintas e criar personagens para cada uma dessas partes. Estudantes são muitas vezes aconselhados a escrever sobre elementos de suas próprias vidas (a invenção é capaz de ser uma memória disfarçada). Isso significa que o protagonista de uma história é inevitavelmente um elemento da personalidade do autor, um resultado da divisão da psique do roteirista para que ele possa – em sua mente e na página – desempenhar mais de um papel.

Na verdade, é bom entender que todos os personagens de uma história, por serem criações de um inventor, são uma versão disfarçada do autor. Não é apenas o herói que é uma projeção de sua mente, mas todo o complexo de figuras ativas inter-relacionadas[32]. O autor tem o papel de um Deus, bem como uma posição que lhe rende diversos pontos de vista, o que lhe permite olhar para personagens distintos em diferentes momentos, até que finalmente ele e seu público vejam tudo de todos os ângulos. A invenção dramática tende a ser um jogo de psicodrama cujo desafio pode ser severo: ele exige que o roteirista saia de sua identidade mais confortável e se veja como os outros, exigindo maturidade psicológica que pode não vir facilmente para os jovens e inexperientes.

O tema de tudo que você escreve (mesmo que seja, em muitos casos, algo que você escreve apenas para ganhar dinheiro) está interligado a seu próprio ponto de vista, o modo como você enxerga a vida, o sexo e a religião, e seus posicionamentos sociais, éticos e políticos. O tema é uma parte tão integral do temperamento de um roteirista que ele automaticamente influenciará a maneira como todo o restante da obra é abordado. O trabalho de um roteirista consciente e competente será inevitavelmente construído sobre certas ideias e crenças significativas. Se o roteirista tem uma opinião forte sobre algo, ele escutará essa voz até em seus sonhos. Uma boa história não é aquela que o autor inventa, mas a que ganha vida própria e o leva a certas conclusões até então imprevistas.

Por conta disso, sugiro a meus alunos que não se preocupem com a busca por um tema. De certo modo, é o tema que nos escolhe e (como dizem muitos críticos) ele é raramente reconhecido de forma consciente pelo autor que o expressa. Se o

32. "O homem não age para representar caráter, mas aspectos de caráter surgem como resultado de suas ações" (*Poetics* de Aristóteles traduzido por N. G. L. Hammond, Museum Tusculanum Press, 2000, p. 18).

33. Ver o "Prefácio" de Graham Greene para a versão impressa de *The Third Man* (Vintage, 2001; publicado originalmente em 1950), p. 9.

autor sabe de antemão o que ele quer dizer, talvez não faça um bom trabalho. Isso se conecta à ideia de que a "mensagem" de uma história (seja ela política, social ou de outro cunho) não precisa ser explícita. Às vezes, ocorre de ela ser (por exemplo, em *Sindicato de ladrões* [*On the Waterfront*], quando Terry está falando com o irmão no táxi), mas com frequência o tema é algo deixado para o público, para que ele o sinta emocional e intuitivamente. Um bom roteirista concederá ao público a escolha de seus próprios temas e "mensagens" presentes na história que ele contar.

Graham Greene é um escritor que sempre traz a tudo que escreve o tema que o assombra: o embate entre a crença e a descrença, a culpa e a traição. Alexandre Korda e Carol Reed, respectivamente, o produtor e o diretor de *O terceiro homem* [*The Third Man*], levaram a Greene nada mais do que a proposta de um filme que se passasse em Viena logo após o fim da Segunda Guerra Mundial, uma cidade ocupada pelos quatro poderes aliados, dividida entre zonas e atormentada pela extorsão do mercado negro. Mas o tema de *O terceiro homem* não foi necessariamente imposto nesse ponto de partida do contexto histórico e geográfico. Para isso, precisamos observar um fragmento de uma situação que Greene já havia anotado em um caderno: a ideia de deparar em uma movimentada rua de Londres com um amigo cujo funeral tinha ocorrido meses antes, uma cena que não está no filme, mas que, combinada com o cenário de Viena, fornece o mecanismo básico do enredo[33].

Deixe-me dar outro exemplo, desta vez de experiência própria. Antes de trabalhar em *O homem do terno branco* [*The Man in the White Suit*], passei um bom tempo tentando achar uma história para um tema que me perturbava bastante: a responsabilidade política e social dos cientistas que desenvolveram a fissão nuclear sem considerar os fins para os quais suas pesquisas poderiam ser aplicadas. Talvez porque todo o meu esforço estava direcionado a um lugar específico e porque, compreensivelmente, meus produtores achavam que o tópico era muito perturbador para ser aceito por um público com entretenimento, não cheguei a lugar nenhum. Mas então li uma peça de um primo meu que ainda não havia sido produzida. Ela tinha um tema diferente: tratava-se da consciência que gradualmente despontava na filha de um fabricante de tecidos sob a tutela de um jovem sarcástico e cético que está apaixonado por ela.

Havia o personagem secundário de outro jovem inventor que tinha criado um líquido para tratar tecidos que aumentava enormemente sua durabilidade. Ao transferir meu tema da "responsabilidade de cientistas" a essa situação, que não passava de uma subtrama da peça original, criei uma história em que o herói original foi subordinado (e depois totalmente eliminado) em favor de um novo protagonista e muitos novos personagens. Peguei emprestado dessa peça pouco mais do que a situação de um tecido que fazia grande sucesso com o público consumidor, mas que ao mesmo tempo era uma ameaça a certos setores da indústria têxtil. Centrando-me nessa situação, descobri que, por analogia, poderia explorar o tema que teria sido bastante controverso e tendencioso se eu tivesse tentado tratá-lo diretamente[34].

De acordo com os antropólogos, mitos são uma maneira mágica de elaborar os conflitos sentidos por uma sociedade. Claude Lévi-Strauss argumentou que o propósito social das primeiras formas de religião, rituais míticos e cerimoniais mágicos era fornecer às comunidades um meio de "resolver contradições" dentro de sua sociedade. E em um artigo recente sobre o declínio do Faroeste, o sociólogo Will Wright escreveu que "todas as histórias são um modo em que uma sociedade se explica para si mesma"[35]. Para psicanalistas e

34. No American Film Institute, em 1977, depois de questionado sobre ter conseguido os direitos de um livro que já pertencia a um estúdio, Mackendrick explicou que, como seria quase impossível obter o original, o melhor a fazer era "tentar descobrir o tema essencial e esquecer todo o resto. Tentar colocar o tema em outro contexto e outras situações e personagens. Muitos dos melhores diretores na verdade contam a mesma história repetidamente, e encontram novas circunstâncias nas quais podem inserir seu tema ou fábula original, e a história é redescoberta em novos contextos. Então tente descobrir o que excita você, o que lhe dá calafrios. Você se lembra da descrição de A. E. Housman para a definição de poesia? É aquilo que se você recitar de manhã de frente ao espelho fará os pelos de sua barba levantarem enquanto você se barbeia."

35. "The sun sinks slowly on the western", *New Society*, 6 de maio de 1976, um artigo que Mackendrick reproduziu por inteiro para seus alunos. Mackendrick também se impressionou com o livro *Six Guns and Society: A Structural Study of the*

Western (University of California Press, 1977), e escreveu um longo resumo do livro que incluía a análise de Wright das três formulas básicas do Faroeste: a Fórmula "Clássica" (pp. 48-9), a Fórmula de "Vingança" (p. 69) e a Fórmula "Profissional" (p. 113).

psicoterapeutas, por sua vez, um mito "pessoal" pode ter uma função similar. Como alguns sonhos, ele pode ser um esforço do subconsciente criativo de mandar uma mensagem (tema) ao autor em forma de uma parábola. Que provas existem para isso? A melhor que posso oferecer é outro exemplo muito pessoal relacionado a um filme que dirigi anos atrás, em que eu estava envolvido desde o princípio.

Quinteto da morte [*The Ladykillers*], escrito por William Rose, foi de fato um sonho. Bill acordou certa noite com a ideia inteira em mente. Ele havia sonhado com uma gangue de criminosos que comete um roubo bem-sucedido enquanto morava em uma casinha pertencente a uma velhinha doce e inocente. Tardiamente, ela descobre o crime. Sendo uma alma altamente moral e simplória, ela insiste que todos devem ir à polícia se entregarem. Aos poucos, os cinco homens percebem que terão de matá-la. Mas, apesar de serem vilões, eles não são capazes de assassinar um ser tão gracioso e indefeso. Portanto, brigando para decidir quem deve matá-la, eles acabam matando um ao outro, deixando a senhora sozinha com todo o dinheiro. A história divertiu todos nós que trabalhávamos com Bill no estúdio onde estávamos sob contrato. Mas foi apenas algumas semanas depois que comecei a perceber que ela poderia servir de base para o roteiro de um filme. Fui até Bill e combinamos de trabalhar no projeto.

Trabalhar no roteiro envolveu muita discussão entre nós dois, mas curiosamente nunca houve qualquer desvio da estrutura básica da ideia que veio da imaginação inconsciente de Bill Rose. A fábula continuou, mas um grande esforço foi necessário para inventar e desenvolver as figuras deliberadamente grotescas dos criminosos, um quinteto composto de pessoas astuciosas e dedicadas à vilania, mas não perversas o suficiente para dar o passo inevitável necessário para evitar sua própria ruína. Bill disse uma vez que a moral da história era: "No pior dos homens existe um pouco de bem que pode destruí-los."

Como diretor trabalhei diariamente com Bill e os produtores, mas o roteiro foi essencialmente um trabalho único de Bill Rose. Como bons roteiristas geralmente fazem, ele usou seus colaboradores apenas como uma espécie de espelho. Nós éramos seu público durante as longas sessões de improviso durante as quais todos os detalhes da história foram desenvolvidos. Mas uma das descobertas mais satisfatórias foi uma que fiz apenas depois de o filme ter sido finalizado e projetado. Bill e eu éramos ambos expatriados na Inglaterra. Apesar de ambos terem nascido na América, fui mandado à Escócia para estudar por conta da origem da minha família, e Bill havia voluntariado para as Forças Canadenses durante a Segunda Guerra Mundial e decidiu ficar na Inglaterra depois de se casar com uma menina inglesa. Com esse histórico, nós dois víamos os ingleses de uma maneira diferente que os próprios.

A fábula de *Quinteto da morte* é uma piada irônica sobre a condição da Inglaterra pós-guerra. Nesse período, o país estava passando por uma revolução silenciosa, tipicamente britânica, mas historicamente fundamental. Embora poucas pessoas estivessem prontas para encarar o fato, os grandes dias do império britânico eram coisa do passado. A sociedade britânica foi rompida por um conflito similar aos que surgiram em muitos países: uma classe alta desiludida e enfraquecida, uma classe trabalhadora brutalizada, uma juventude delinquente que envolvia os roqueiros e os Mods, uma enxurrada de pessoas estrangeiras e potencialmente criminosas, e o colapso de uma liderança "intelectual". Tudo isso ameaçava a estabilidade do caráter nacional.

Mesmo que Bill Rose e eu nunca tenhamos conversado sobre isso, observe os personagens do filme. O Major (interpretado por Cecil Parker), um golpista, é a caricatura da de-

36. Archer, *Play-Making*, p. 11.

cadente classe militar dominante. One Round (Danny Green) é o representante estúpido da massa britânica. Harry (Peter Sellers) é o especulador, a inútil geração mais jovem. Louis (Herbert Lom) é o perigoso estrangeiro que ainda não encontrou seu lugar. Eles compõem uma caricatura da corrupção britânica. A figura da pequena sra. Wilberforce (Wilberforce era o nome de um idealista do século XIX que lutou pelo fim da escravidão) é simplesmente uma representação diminuta da Britânia. Sua casa fica em uma rua sem saída. Bagunçada, estruturalmente insalubre e cheia de memorabílias dos dias em que a marinha britânica era importante e capitães galantes afundavam com seus navios. Minúscula em comparação à paisagem sinistra de trilhos e seus barulhentos trens, ela representa a Inglaterra do período eduardiano, um anacronismo no mundo contemporâneo. A esperança sentimental que Bill Rose e eu tínhamos pelo país que víamos com olhos céticos era que ele iria contra a lógica e sobreviveria a seus inimigos. Um tema, uma espécie de mensagem, pela qual eu estava bem apegado. Mas um que demorou bastante para eu reconhecer conscientemente e aceitar.

É importante dizer que o tema é muitas vezes clarificado em poucos substantivos abstratos postos em oposição.

> O tema de *Romeu e Julieta* é o amor jovem em oposição a um ódio ancestral; o tema de *Otelo* é o ciúme; o tema de *Tartufo* é a hipocrisia.[36]

Vamos transpor essa noção a alguns filmes que conhecemos. O tema de *Sindicato de ladrões* é a luta de um homem por uma ética pessoal, sua dificuldade de batalhar por seus direitos e contra a corrupção de criminosos dos sindicatos e a apatia moral de outros estivadores. O tema de *Desafio à corrupção* [*The Hustler*] é ser um ganhador ou um perdedor.

O tema de *Cidadão Kane* [*Citzen Kane*] é o que vale o mundo a um homem se ele perde a inocência da infância (Rosebud e a segurança de um amor paterno). O tema de *Ladrões de bicicleta* [*Ladri di biciclette*] é a busca por justiça social e os valores que um pai pode ensinar a seu filho. O tema de *O terceiro homem* é a desilusão da adoração de um herói, a lealdade sentimental infantil contra uma responsabilidade social.

Eu adicionaria algo a mais para o aviso de Archer de não começar com um "conceito moral". Apesar de ser o aspecto de uma história que os alunos menos precisam pensar a respeito ao começar um projeto, não podemos esquecer que a falta de um tema poderoso é o que distingue um entretenimento comercial esquecível de algo mais interessante. Ainda é possível aproveitar uma história cujo tema é trivial, não explorado ou não identificado nas ações. Mas ele não ganhará seu espaço nas memórias de um espectador. Esse tipo de narrativa não representa nada com que o autor realmente se importa. E se ele não se importa, é provável que o público também não vai se importar.

37. Ferdinand Brunetière (1849-1906), crítico e professor francês.

Dramático e não dramático

William Archer é muito menos dogmático a respeito da definição de drama do que outros críticos e teóricos mais antigos, mas ele certamente debate as propostas de outras "autoridades" do assunto. Uma delas é Ferdinand Brunetière[37].

> "O teatro em geral", disse o crítico, "não se passa de um lugar para o desenvolvimento do desejo humano, atacando os obstáculos opostos a isso criados pelo destino, fortuna ou circunstâncias." E mais uma vez: "Drama é a representação do desejo do homem em conflito com os misteriosos poderes das forças naturais que nos zombam e nos limitam; é um de nós postos vivos sobre um palco, lá para lutar contra a fatalidade, contra as leis sociais, contra outro mero mortal, contra

38. Archer, *Play-Making*, p. 19.

39. *Ibid.*, pp. 24-5.

ele mesmo se necessário, contra as ambições, os interesses, os preconceitos, a loucura e a malevolência daqueles que o cercam."[38]

A definição de Brunetière parece funcionar para a maioria das histórias, mas, vista de maneira simples, ela é um conselho para achar o conflito de uma história, para o tipo de dificuldade que ocorre entre o herói e as circunstâncias que ele eventualmente precisa confrontar. Archer, por outro lado, tenta achar um caminho mais prático para dramaturgos, e sugere que:

> A essência do drama é a *crise*. Uma peça é o desenvolvimento rápido ou lerdo de uma crise de circunstâncias ou destinos, e uma cena dramática é a crise dentro dessa crise, que claramente promove o evento final. O drama pode ser chamado da arte de crises, assim como a ficção é a arte de um gradual desenvolvimento. [...] Mas nem toda crise é dramática. Uma doença séria, um processo legal, uma falência, até mesmo um ordinário casamento prosaico podem ser crises na vida de um homem, mesmo sem ser necessariamente, ou provavelmente, material para um drama. Portanto como podemos distinguir uma crise dramática de uma não dramática? Geralmente, eu acho, pelo fato de que ela se desenvolve ou pode ser desenvolvida naturalmente, por meio de uma série de crises menores, envolvendo mais ou menos excitação emocional e, se possível, a manifestação vívida de caráter.[39]

Ao falar do "desejo humano" em conflito, Brunetière está obviamente pensando em termos de Aristóteles. A maioria dos dramas antigos lidam com personagens heroicos, alguém que inicia a luta. Fica implícito que o protagonista é ativo (afinal, a palavra "drama" é derivada do termo grego para "fazer").

Mas nós vivemos em um momento menos "heroico". Em muitos dramas contemporâneos, seja no cinema ou no teatro, a figura central não tem (ou não aparenta ter) uma vontade positiva. Isso não contradiz os princípios que Archer discute, mas inverte a relação do protagonista com a situação que o cerca. Como o protagonista se torna menos ativo e mais passivo, menos certo de seus propósitos positivos, então são "as ambições, os interesses, os preconceitos, a loucura e a malevolência daqueles que o cercam" que assumem um caráter mais ativo. Um acordo comum é alcançado quando o protagonista aparece passivo, inativo, incerto e indeciso nos três primeiros quartos da peça. Então, no confronto final, ele é forçado a um compromisso definitivo, uma ação positiva.

Podemos ver nós mesmos como exemplos. Em *Sindicato de ladrões*, o ex-lutador que Brando interpreta está dividido entre, de um lado, o compromisso com seu irmão e os criminosos corruptos do sindicato e, de outro, a pressão do padre e da menina. O assassinato de seu irmão é o que o força a tomar uma ação positiva, testemunhando contra os bandidos e depois confrontando os estivadores e Johnny Friendly. Em *Desafio à corrupção*, Paul Newman está dividido entre a visão de vida de George C. Scott e aquela que ele compartilha com a menina, até que o suicídio dela o força a adentrar o confronto final com o jogador e consigo mesmo. Em *O terceiro homem*, Holly Martins tenta manter sua lealdade a Harry Lime até que as provas fornecidas pelo major militar britânico e a situação da garota o obrigam a trair e, finalmente, atirar em seu amigo mais antigo.

A história na qual a figura central totalmente passiva, indecisa e sem propósito *não* tem uma mudança no final é muito mais complexa. Sempre há o perigo de que uma história com uma conclusão que não resolve nada, e que não tenha uma peripécia que leve à crise final, seja insatisfatória. Um público que não seja "sofisticado" geralmente ressente esse tipo de resolução, enquanto a vanguarda a vê como uma inovação, já que é capaz de evitar o óbvio. Minha posição pessoal é que, quando uma inversão dos princípios clássicos funciona para mim (como funciona, por exemplo, em um filme como *A aventura* [*L'avventura*], de Antonioni, ou na peça de Beckett *Esperando Godot*), é apenas porque os mesmos princípios que Aristóteles e Archer, entre outros, debatem são redescobertos em padrões novos e inesperados.

Onde está a tensão no trabalho de Beckett? Se é a expectativa da chegada do misterioso Godot, então ela nunca é resolvida, já que Godot nunca chega. Mas alguém na plateia que seja intuitivo logo sente que Godot não irá aparecer (na verdade, é só consultar a lista de elenco e personagens). Essa tensão é algo bem distinto. Quem é esse Godot, e o que ele representa? Como é de esperar, essa "crise" é resolvida perto do fim quando os personagens chegam finalmente à conclusão de que Godot não virá. Nesse momento, o público recebe uma estranha, mas satisfatória, resposta para a tensão principal da peça: a identidade de Godot. E, embora *A aventura* tenha uma estrutura extremamente elíptica, ele certamente tem um enredo, mesmo que seja apenas sugerido. A história não é realmente sobre a garota que desapareceu da ilha. Em vez disso, a tensão gira em torno da incerteza da heroína sobre o caráter do homem que pode ou não ter sido a causa do estranho desaparecimento. Quando, nas cenas finais, a personagem de Monica Vitti finalmente precisa encarar a triste verdade sobre o tipo de homem pelo qual ela se apaixonou, a história da amante anterior dele chega a uma conclusão – mesmo que de forma indireta e ambígua.

Como William Archer sugere, só é possível ter peças (e filmes, claro) altamente dramáticas quando o conflito não é imediatamente perceptível. Archer usa *Édipo Rei* e *Otelo*, de Shakespeare, como exemplos.

> Até *Édipo Rei* de Sófocles não se encaixa nessa definição, mesmo que ele aparente à primeira vista ser um exemplo típico de luta contra o Destino. Édipo, de fato, não luta. Suas lutas, na medida em que a palavra pode ser aplicada a seus esforços equivocados para escapar das labutas do destino, são todas coisas do passado; no curso real da tragédia ele simplesmente se contorce sob uma revelação após outra de erros passados e crimes involuntários [...].
> Não existe uma luta, ou conflito, entre [Otelo] e Iago. É somente Iago quem exerce qualquer vontade; nem Otelo nem Desdêmona fazem o menor esforço. A partir do momento em que Iago coloca suas maquinações para funcionar, elas são como pessoas deslizando por uma encosta de gelo para um abismo inevitável.[40]

40. Archer, *Play-Making*, p. 20.

41. *Ibid.*, p. 125.

42. *Ibid.*, p. 148.

Em uma tentativa de definir o que é drama, Archer chega a uma visão tão sensata que é possível se perguntar por que seus antecessores não pensaram nisso:

> Grande parte do segredo da arquitetura dramática se encontra na palavra "tensão". Gerar, manter, suspeitar, intensificar e resolver um estado de tensão – esse é o objetivo principal do ofício do dramaturgo.[41]

A cena obrigatória

Archer tem um capítulo em seu livro sobre um termo que foi inventado por Francisque Sarcey: a *scène à faire*, ou cena obrigatória:

> Uma cena obrigatória é uma que o público (mais ou menos com clareza e consciência) prevê e deseja, e cuja falta pode ressentir com razão.[42]

Como definição, isso não tem muito valor. Mas, ao estudar Archer, parece nos ajudar a chegar à chave para o significado do drama. Em uma única frase (uma que Archer cita de Sarcey): "antecipação misturada com incerteza." Isso implica que o conflito dramático inerente a uma obra pode ou não estar em cima do palco ou na tela, contanto que crie uma tensão em nós, um evento entre nossos ouvidos, um alongamento da mente do público em direção a uma expectativa irresoluta. Cenas obrigatórias são difíceis de analisar, já que sua definição é tão geral que nem sequer parece uma definição.

Como roteirista, no entanto, tem-se uma sensação muito forte do reconhecimento de tal cena. Há uma espécie de carga de energia dramática que é liberada em tal momento da história, uma sensação de ter finalmente chegado ao ponto de tudo. (Eu devo confessar meu próprio método brutalmente impaciente de estudar roteiros. Primeiro, folheio as dez primeiras páginas. Dessas, espero entender o gênero, o ambiente da história, uma introdução dos personagens principais, uma dica para qual será o tema e um gancho – a palavra usada para significar o fusível inicial do enredo. Depois vou direto às dez últimas páginas. Aqui espero encontrar a cena obrigatória, a resolução do conflito que foi insinuado nas dez primeiras páginas. Se esses dois momentos me intrigaram, então sei que o roteiro inteiro merece o meu tempo de leitura.)

Voltando a nossos exemplos modernos. Em *Sindicato de ladrões*, veja a cena no bar que se segue à morte do irmão de Terry, quando o padre o convence de que a única maneira eficaz de se vingar dos bandidos do sindicato corrupto é testemunhando na Comissão de Crimes. Outra possível cena obrigatória é quando Terry faz exatamente isso e decide confrontar Johnny Friendly na frente dos estivadores que ainda consideram Terry um informante da polícia. Em *Desafio à corrupção*, o jogo final entre Fast Eddie e Minnesota Fats

(Jackie Gleason) é na verdade um confronto entre Fast Eddie e Bert Gordon (George C. Scott) por Sarag, e não um jogo de sinuca, e é um bom exemplo de uma *scène à faire*. Por fim, em *Ladrões de bicicleta*, observe o momento em que o pai manda o filho embora e tenta, sem sucesso, se tornar um ladrão. Esse é o ato final de um homem desesperado, algo de que nós, o público, suspeitamos durante o filme todo que ele poderia tentar.

Plausibilidade e a suspensão da descrença

O fato de o cinema ser considerado, de certa forma, o mais real dos meios de comunicação mas ao mesmo tempo ser extremamente eficaz ao lidar com o irreal, o fantástico e o onírico pode parecer um paradoxo. O problema para o cineasta é que ele precisa estabelecer um tom em seu trabalho que cative seu público de maneira tal que as pessoas não apenas sejam capazes de acreditar no inacreditável, mas que anseiem por isso. Esse é um elemento crucial para a prática da construção dramática em filmes. A tarefa, de certa forma, é técnica, já que envolve o trabalho de exposição e a manipulação engenhosa das expectativas do público. Como é possível convencer um público a deixar de lado seu senso crítico normal e colaborar com o contador de histórias a aceitar como lógico o que é claramente inacreditável, sem sentido e/ou absurdo? A frase "suspensão voluntária da descrença" vem à mente. Considere: como a técnica de alcançar a "suspensão voluntária da descrença" é diferente de "criar uma percepção de crença"?

Aristóteles definiu "plausível" como aquilo que é possível na visão do senso comum. Dada essa definição, a plausibilidade se conforma rápida e silenciosamente às convenções estilísticas de gêneros cinematográficos, aquelas "leis" às quais o público (ou pelo menos aqueles cheios de espectadores frequentes) foi condicionado e com as quais se sente confortável. Nesse sentido, qualquer coisa tem o potencial de ser aceito se o tom do filme for bem estabelecido. Na comédia, por exemplo, é aceitável que um personagem tenha um único vício oficial e todas as suas desventuras sejam consequência desse vício. Além disso, é raro não entendermos o gênero de um filme e seu tom e atmosfera emocional logo nos primeiros minutos. Pense no começo habitual de um conto de fadas: "Era uma vez..." Essas palavras são um sinal de que se espera que o ouvinte aceite por completo os eventos, incidentes e personagens de um tipo específico de ficção.

É possível sentir, naturalmente, uma desorientação desconfortável quando o diretor de um filme não segue as regras. Afinal, quebrar as regras não seria divertido se o público não fosse capaz de entender e aceitar essas regras em primeiro lugar. É claro que às vezes um diretor faz um esforço para especificamente desorientar seu público. Isso é algo que Alfred Hitchcock faz de vez em quando. Por exemplo, é uma "regra" do drama não encorajar um público a se conectar com um protagonista apenas para matá-lo na metade do filme. Mas isso é exatamente o que Hitchcock faz com a personagem de Janet Leigh, assassinada no chuveiro em *Psicose* [*Psycho*]. Esse choque deliberado na estrutura convencional da história dá mais força a uma cena de violência já chocante, ainda que ao mesmo tempo sintamos que o evento dramático incomum e totalmente despreparado existe para um propósito específico. Essa é certamente uma pista para o potencial problema de produzir em seu público uma supressão voluntária do senso comum e do ceticismo racional.

Para alcançar uma "suspensão voluntária da descrença", o contador de histórias precisa convencer o público a se permitir acreditar em coisas que são implausíveis. Existem muitos modos de fazer isso, a maioria dos quais parecem depender de dispositivos de estrutura dramática que manipulam o público para uma posição em que ele terá maior satisfação em aceitar o que é incrível em vez do que é natural ou lógico. Desse modo, o público é corrompido. Como?

Em primeiro lugar, adie a introdução de qualquer coisa que possa ser considerada incrível, irracional, absurda, totalmente improvável e artificial. Comece estabelecendo a plausibilidade das circunstâncias nas quais o elemento irracional fará sua aparição.

Em segundo lugar, estimule a curiosidade do público. Dê dicas que sejam fragmentos de exposições que estão por vir. De qualquer modo, o público geralmente está à frente de você – ele vai adivinhar o que está por vir, mesmo se sentir que será algo incrível, irracional ou absurdo. Públicos modernos já viram quantidades enormes de entretenimentos com estruturas convencionais e, portanto, a maioria tem uma sofisticação aguçada para captar as dicas. Aqui é onde o prazer da "suspensão voluntária da descrença" vive, já que o público é capaz de se parabenizar ao adivinhar quais são as regras do jogo e de se preparar para o que quer que seja que será divulgado como incrível, irracional ou absurdo. Dessa forma, o público torna-se um conspirador coadjuvante.

Em terceiro lugar, introduza personagens na história que são claramente descrentes, pois isso desenvolve uma tensão entre crença e descrença. Se seu público tem razões para achar sua premissa inacreditável, crie um personagem em cena que expresse claramente esse ceticismo. Assim a descrença é personificada na ação. Um personagem importante em uma história sobre fantasmas é a figura que representa o cínico, o que declara "Não existem fantasmas". Independentemente de quanto o público concordar com ele, isso produz um desejo malicioso de ver o incrédulo desconcertado (atacado por um fantasma), especialmente se o diretor teve o cuidado de dar-lhe uma personalidade pomposa, limitada e antipática.

Em quarto lugar, para elaborar ou estender esse processo, desenvolver um efeito dominó é muitas vezes eficaz para a exposição. Escolha, na construção, um ponto de ataque no qual já existam alguns personagens secretamente cientes "daquilo que é inacreditável", mas que escondem essa informação. Estabeleça um conflito com um protagonista que gradualmente chega ao ponto de confrontar o inacreditável por meio desses personagens informados. Isso colocará ele ou ela em conflito com um círculo maior de personagens secundários que são tão céticos quanto o protagonista era no início da história.

E, em quinto lugar, introduza decepções. É eficaz criar uma situação em que, tendo construído provas contra o cético, ele se prove correto (pelo menos por enquanto). Isso deve produzir no público um aumento no desejo perverso de acreditar no inacreditável.

O mundo em perigo [*Them!*], um filme estadunidense de ficção científica de 1954, não tem vergonha de ser uma absoluta besteira. Ele é simplório ao ponto de ser absurdo, e ninguém seria capaz de vê-lo como um trabalho sério do cinema. Mas ele também é, ao mesmo tempo, um clássico. Se houvesse uma tentativa de tratar o assunto com qualquer sutileza, o resultado teria sido um desastre certeiro. Mas eu diria que *O mundo em perigo* merece ser estudado, já que ele demonstra como nossa "descrença" pode facilmente ser "suspensa" de uma forma "voluntária". Uma das maneiras mais fáceis de entender as engrenagens de um mecanismo narrativo sólido e simples é cuidadosamente desmontando e remontando algo sem sentido como *O mundo em perigo*.

Os personagens do filme parecem vir diretamente de um desenho animado. Nós não deveríamos levá-los a sério nem por um instante. Como figuras de uma peça moral medieval, eles não são pessoas, e, sim, personificações de ideias de pessoas quase caricaturais. Não poderiam ter criado algo mais real e menos brega? Sim, mas isso provavelmente teria sido um erro, pois não há tempo perdido ao lidar com figuras que até a pessoa menos inteligente de um público reconheceria rapidamente. O enredo pode fluir com a rapidez expressa e nós nem sequer temos tempo de questionar a plausibilidade da história.

Por acaso as primeiras vítimas do estranho fenômeno são uma família cujo pai é um agente do FBI que está de férias. Isso convenientemente traz as autoridades ao caso sem perder tempo algum. O cientista renomado chega com sua linda filha (providenciando assim um interesse amoroso), que também é cientista, o que permite a ela que seja facilmente integrada à exposição. Perceba que essas circunstâncias superconvenientes são estabelecidas logo no começo, antes mesmo de o público ter tempo de questioná-las. Uma vez aceitas, o resto fica muito mais fácil de digerir. (Dois mil anos atrás, Aristóteles explicou: quando algo é improvável e inacreditável, deixe isso acontecer fora de cena.) Durante o filme, o cientista renomado dá palestras às autoridades e entrega a eles (e a nós) explicações e sermões morais. Isso é tudo muito simples, mas ao mesmo tempo funciona como exposição, já que as palestras são diretamente relevantes à ação imediata. As informações são entregues pois algo precisa ser *feito*. Primeiro, a crise é demonstrada. Em seguida, a exposição é fornecida.

Por meio de uma provocação deliberada e realmente eficaz, o público é manipulado a estar sempre dois ou três passos à frente do protagonista burro de *O mundo em perigo*, que funciona quase como um personagem de contraste para a exposição. Situações francamente inacreditáveis nos são prometidas e, passo a passo, entregues. O elemento básico dessa fantasia, aquilo para o que precisamos suspender nossa descrença (formigas gigantes criadas por testes de uma bomba atômica), é o único elemento impossivelmente fantástico da história. Todos os outros elementos de implausibilidade são meramente improváveis. Uma regra do gênero parece ser que nós apenas recebemos uma grande coisa inacreditável. Com isso em mente, todo o resto se torna surpreendentemente lógico (mesmo que totalmente improvável). Dois elementos de suspense podem carregar menos suspense do que apenas um, e diversos exemplos de coisas incríveis, mágicas, fantásticas, ou meramente sem sentido não satisfazem tanto quanto uma única impossibilidade da qual todo o resto flui. Dada essa única coisa inacreditável, todo o resto da história deve ser lógico, até lógico demais. Isso é o que produz a tensão: já que todas as circunstâncias associadas são racionais, o público não é capaz de rejeitar os elementos sem sentido sem também rejeitar todo o resto.

Essa "regra" pode ser um reflexo do ponto muitas vezes observado por doutores que estudam comportamentos psicóticos. Eles dizem que as pessoas mais perturbadas são aquelas que agem de maneira totalmente lógica, porém, tal lógica é baseada em premissas insanas. O louco se comporta de uma maneira que seria totalmente aceitável e realista se ele realmente fosse Napoleão. Dessa forma, fazer uma grande pesquisa sobre todos os aspectos associados a uma situação é uma boa prática ao criar uma história inacreditável. *O mundo em perigo* realmente dedica bastante tempo a explicações reais e corretas sobre como uma colônia de formigas funciona. Tudo é lógico e real, com exceção da premissa originária. Uma comparação pode ser feita com as pinturas de René Magritte e Salvador Dalí (e até mesmo as ilustrações de Tenniel para *Alice no País das Maravilhas*). Enquanto a técnica desses artistas é naturalista, até meticulosa na maneira que representa o realismo, os temas estão muito longe da realidade.

Densidade e subtramas em
A embriaguez do sucesso

Recentemente, um editor de histórias de um grande estúdio comentou que uma fraqueza comum dos roteiros que recebe é a falta de subtramas. Fazia tempo que eu não ouvia o termo "subtrama". No teatro clássico, é comum haver figuras subordinadas que desenvolvem histórias que de certa forma fogem do tema principal, mas que são costuradas ao assunto central. Muitas peças de Shakespeare são construídas dessa forma. Existem também, é claro, histórias que lidam com um grupo de personagens. Nós estudamos *No tempo das diligências* [*Stagecoach*], mas existem muitos outros exemplos. Filmes épicos de desastre como *Aeroporto* [*Airport*] e todas as minisséries televisionadas contam com a existência de diversos enredos paralelos.

O exemplo extremo são de fato as séries de televisão do tipo que se tornou uma fórmula, em que um grande número de personagens tem relações constantes e imutáveis, e novos enredos são desenvolvidos separadamente a cada semana. Cada episódio contém elementos novos de enredo, uma nova premissa e uma nova resolução, enquanto o personagem principal e os temas básicos (se realmente existe algo que possa ser chamado de tema central em séries televisionais) não mudam. E, já que elas não são realmente resolvidas, as situações continuam, contanto que os roteiristas e o público continuem interessados nelas. Apesar de serem comuns na televisão, filmes focados em um grupo de personagens parecem ter sumido do cinema hoje em dia. Eles costumavam ser mais comuns, e, se tenho algum preconceito sobre eles, é porque o estúdio inglês em que comecei minha carreira era viciado nesse tipo de história com diversos protagonistas (as comédias do Estúdio Ealing *Um país de anedota* [*Passport to Pimlico*] e *Alegrias a granel* [*Whisky Galore!*] por exemplo).

Nunca entendi por que roteiristas e diretores daquela época gostavam tanto dessa fórmula. Acho que acreditavam que elas possibilitavam não só uma variedade maior de per-

Mackendrick dirige Tony Curtis em *A embriaguez do sucesso* (1957).

sonagens como também um ritmo ativo que seria alcançado por meio do intercalar de subtramas. Depois de apenas um filme desse tipo, passei a não gostar dessa estrutura porque senti que ela enfraquecia a narrativa, em vez de fortalecê-la. *Todos* os personagens essencialmente se tornavam papéis secundários que não podiam ser desenvolvidos com a profundidade devida, e a multiplicidade de tensões menores era capaz de reduzir a tensão do tema principal. Essa é a razão pela qual não sei se o comentário do editor de histórias sobre subtramas é realmente válido. Ou no mínimo acho um perigo que os alunos não entenderem o que ele quer dizer. Na verdade, acho que ele estava reclamando de algo um pouco diferente: certa limitação de assuntos e temas, uma falta de densidade na estrutura dramática (sem falar no fato de que, ao planejar um projeto curto como aqueles que alunos trabalham por falta de verba, não há espaço para subtramas).

Alunos muitas vezes confundem tamanho com substância. Um trabalho longo é visto como mais sério, mais similar a um longa de verdade. Já escutei reclamações de estudantes dizendo que um filme de apenas dez ou quinze minutos não pode lidar adequadamente com personagens, temas e enredos de substância. Pessoalmente, não acredito nisso e posso mencionar uma boa razão do porquê é melhor testar as habilidades de um estudante produzir uma cena de três ou cinco minutos do que um longa-metragem. Um longa de aproximadamente duas horas é composto de algo como 25 cenas, cada uma com uns cinco minutos. Cenas importantes podem ser mais longas, mas geralmente não passam de dez minutos. A estrutura da obra inteira, se você está estudando um filme dramático clássico, provavelmente terá os elementos tradicionais de enredo, caracterização e tema combinados na exposição, crises e um crescente gradual para alcançar a cena obrigatória perto do fim.

Mas o que é intrigante é que a estrutura de uma história é capaz de ser refletida em todas as cenas, cada uma servindo como um tipo de microcosmo na estrutura do todo. Acredito que essa é a razão pela qual, através do estudo de uma cena curta dentro do todo, é possível avaliar a capacidade de um diretor e roteirista em demonstrar as habilidades necessárias para produzir um longa-metragem. Basicamente, se você não tem a capacidade de controlar a estrutura dramática de uma cena de cinco ou dez minutos, é muito improvável que consiga estruturar um filme inteiro com eficácia. Além disso, se um projeto deve demonstrar a possíveis empregadores da indústria que o roteirista/diretor tem as habilidades necessárias para uma tarefa mais ambiciosa, então dez a quinze minutos é certamente tempo suficiente. Potenciais empregadores normalmente são muito ocupados. Muitos deles começam um filme, mas param de assistir quando viram o suficiente, perdendo o material obrigatório da história que geralmente se encontra perto do fim.

No contexto da densidade da escrita de um roteiro, deixe-me falar aqui sobre *A embriaguez do sucesso* [*Sweet Smell of Success*], um filme que dirigi em 1957 para a Hecht-Hill-Lancaster Company[43]. Escrito por Clifford Odets[44] partindo de uma primeira versão de Ernest Lehman[45], ele conta com Burt Lancaster e Tony Curtis. Esse é um filme pelo qual tenho sentimentos conflitantes hoje em dia, e escrevo sobre ele aqui para ilustrar alguns problemas na estruturação de um roteiro, e não porque o vejo como um trabalho importante. Ele não é. Entre outras coisas, o filme foi um grande fracasso de bilheteria, apesar de as razões por trás disso serem um pouco complicadas. Foi muito caro, principalmente por ter sido produzido em circunstâncias caóticas: Odet subestimou tanto o tempo de que precisaria para revisar o roteiro de Lehman que

43. Ver "A Movie Marked Danger", artigo de Sam Kashner (Vanity Fair, abril de 2000), que detalha a produção de *A embriaguez do sucesso*.

44. Clifford Odets (1906-1963), dramaturgo estadunidense. Durante seu tempo no New York's, Group Theatre, nos anos 1930, ele escreveu as peças *Waiting for Lefty*, *Awake and Sing!* e *Golden Boy*, consideradas hoje em dia clássicos da dramaturgia estadunidense pré-guerra. Odets, um roteirista prolífico de Hollywood nos anos 1940, escreveu diversos roteiros que não foram produzidos e trabalhou em muitos roteiros sem receber créditos, incluindo a primeira versão de *A felicidade não se compra* [*It's a Wonderful Life*] (1946), de Frank Capra [*It's a Wonderful Life*]. Ele também dirigiu dois filmes baseados em seus próprios roteiros: *Apenas um coração solitário* [*None But the Lonely Heart*] (1944) e *Drama na página um* [*The Story on Page One*] (1959).

45. Ernest Lehman (1915-2005) roteirizou *O rei e eu* [*The King and I*], *Intriga internacional* [*North by Northwest*], *Amor, sublime amor* [*West Side Story*], *A noviça rebelde* [*The*

Sound of Music], *Quem tem medo de Virginia Woolf?* [*Who's Afraid of Virginia Woolf*] e *Alô, Dolly!* [*Hello Dolly!*]. O roteiro original de Lehman era baseado em sua noveleta de 54 páginas chamada *Sweet Smell of Success*, publicada em uma coleção de contos em 1957 (republicada em 2000 por The Overlook Press).

46. Walter Winchell (1897-1972), lendário colunista e radialista estadunidense. Ver *Winchell: Gossip, Power and the Culture of Celebrity* de Neal Gabler (Vintage, 1994).

tive de começar a filmar enquanto ele ainda trabalhava nas cenas que viriam, e em algumas ocasiões as filmagens tiveram de ser interrompidas.

Além disso, muitos críticos da imprensa popular (com bastante razão) não gostaram da imagem pouco lisonjeira que o filme apresenta sobre a profissão deles, ou pelo menos da parte que é vista no longa: os colunistas de fofocas de Nova York e seus associados, os assessores de imprensa. Na época em que *A embriaguez do sucesso* foi feito, muitas pessoas assumiram que o personagem de Burt Lancasted (J. J. Hunsecker) era baseado no famoso colunista de fofocas da Broadway Walter Winchell[46]. Por razões óbvias, uma vez que a história não apresenta o colunista e sua profissão da melhor maneira, os produtores negaram isso. Mas devo dizer que Ernest Lehman (que também escreveu a história original na qual o roteiro se baseou) havia trabalhado nos escritórios de um assessor de imprensa da Broadway que era próximo de Winchell. Esse também havia sido o tema de uma série de artigos que lembram um pouco os incidentes da história.

Havia outros problemas com que lidar. O departamento de produção havia usado a versão de Lehman para programar e orçar o filme; então, dizer que o filme demorou mais do que deveria não está exatamente certo, já que nunca existiu um cronograma ou orçamento correto. Tenho vergonha de admitir que, do ponto de vista do diretor, o caos pode ter algumas vantagens. Isso o força a pensar rapidamente e improvisar, agarrando oportunidades inesperadas. Também há o sentimento de euforia pelo fato de que toda a elaborada superestrutura de executivos – cujo trabalho é olhar por cima dos ombros do diretor – está em suas mãos, já que ninguém mais sabe o que está acontecendo. Por outro lado, é um modo desastroso de fazer filmes, e, já que *A embriaguez do sucesso* não foi um sucesso de bilheteria, ele não necessariamente ajudou a carreira de muitas pessoas que trabalharam nele.

Para completar, até aquele momento, Tony Curtis só havia interpretado papéis relativamente simpáticos, e o público que foi vê-lo, assumindo que ele era o herói da história, ficou primeiro desanimado e depois irritado quando lentamente percebeu que esse jovem simpático era um monstro cínico e corrupto, mais desprezível até do que a figura sinistra de Hunsecker. Outros críticos viram o assunto do filme como um ataque ao "Modo de vida americano" e o "caráter do sucesso". Olhando para trás, não posso dizer que estou surpreso com sua má recepção. O que é um pouco mais inesperado é que, desde seu lançamento, o filme vem aparecendo em cinemas alternativos e festivais, e virou, como dizem, *"cult"*, provavelmente em grande parte pelos diálogos de uma qualidade poética urbana que Odets escreveu.

Embora de muitas formas *A embriaguez do sucesso* realmente pareça ridiculamente exagerado e teatral, nós obviamente sabíamos disso na época. Também estava claro que os personagens e atuações exageradas, quase grotescas, eram intrínsecos ao gênero. E, embora eu não sugira que o filme seja estudado por sua estética, ele tem um aspecto que merece uma análise: o processo de escrita, o modo como um roteirista (Odets) reescreveu o trabalho de outro (Lehman). Escolhi analisar o filme de perto pois eu estava presente no momento em que ele estava sendo escrito por esses dois roteiristas experientes, e participar desse processo me ensinou muito, particularmente sobre o que estava discutindo aqui: a estrutura de histórias, não apenas pertinentes a roteiros inteiros, mas a cenas específicas. Independentemente de quão brega o filme é (é um melodrama sem vergonha de ser o que é), ele tem uma vitalidade real porque Odets constantemente fornece vislumbres de conflitos e tensões auxiliares.

47. A obra de Runyon serviu de base para o musical *Eles e elas* [*Guys and Dolls*].

Clifford Odets foi um dramaturgo de certa importância na história do drama estadunidense e foi um de meus heróis muito antes de me tornar um diretor. Porém, como roteirista, ele era extremamente teatral. Preciso admitir que achava seus diálogos muito comportados, e nada realistas. Ao mesmo tempo, eu reconhecia que não só o enredo inteiro de *A embriaguez do sucesso* era meio exagerado, mas também lidava com um ambiente e personagens que aparentam gostar de uma maneira de falar grotescamente exuberante. (As histórias de Damon Runyon que se passam no mesmo tipo de ambiente têm um estilo similarmente absurdo[47].) Acho que Clifford sentia que eu estava preocupado com a questão de estilo e me explicou: "Meu diálogo pode parecer exagerado, com palavras a mais, e imaginados. Mas não se preocupe com eles. Você verá que eles funcionam se você não se importar muito com o que eles dizem. Encene as situações, não as palavras. E faça isso rapidamente." Quando se tratava de falas altamente estilizadas, quase absurdas que os atores tinham de falar, achei esse um conselho maravilhoso. De fato, isso reforçou minha compreensão do diálogo no cinema: a palavra falada é muitas vezes mais eficaz quando os atores se concentram não nas palavras e seu significado literal, mas nas ações subjacentes a elas, as reais intenções e motivações dos personagens. Uma fala que parece implausível na página pode ser bem convincente e eficaz quando dita de maneira casual ou sem importância pelo ator.

Ernie Lehman e eu havíamos nos tornados amigos durante um período em que nós dois estávamos empregados na Hecht-Hill-Lancaster. Eu estava preparando um projeto que foi cancelado por conta de problemas com o elenco, e Ernie foi comissionado para não só escrever *A embriaguez do sucesso*, mas também dirigi-lo. Mas ele começou a repensar a opção de escolher esse como seu primeiro projeto como diretor, e decidiu que seria mais seguro seguir apenas como roteirista/

produtor[48]. Ele me perguntou se eu gostaria de dirigir o projeto. Eu gostava do material por diversos motivos. Um era que sempre desejei fazer um melodrama, um *film noir*, como já foi chamado, e acreditava que esta era a minha chance de perder a minha reputação de diretor de comédias britânicas fofas. Outro era que, embora tivesse sido na Inglaterra, eu tinha certa experiência com o mundo do jornalismo de tabloide e me sentia simultaneamente repugnado e atraído por alguns de seus aspectos mais sujos. Um terceiro motivo era que eu gostava da ideia de tentar capturar em tela a atmosfera de Manhattan. (Isso foi feito muitas vezes depois, é claro, mas *A embriaguez do sucesso* marcou uma das primeiras tentativas de gravar cenas noturnas na cidade.) Eu também apreciava os temas da história e sentia que podia trabalhar bem com Ernie Lehman, apesar de ter explicado a ele e aos produtores que certas coisas da primeira versão do roteiro me preocupavam bastante, principalmente o fato de que ele não era muito cinematográfico. Quase todas as cenas eram compostas de diálogos entre duas pessoas sentadas em mesas de restaurantes, bares ou clubes. O roteiro era puro diálogo, com quase nenhuma consideração ao ambiente físico e à atmosfera visual.

Minha primeira reação foi que, embora tal abordagem fosse necessária para grande parte da história, poderíamos pelo menos tentar levá-la para as ruas. Eu sentia que uma das características importantes de Nova York, particularmente da área entre as ruas 42 e 57 (o distrito dos teatros e dos clubes), era a energia neurótica das calçadas lotadas. Argumentei que isso era essencial aos personagens, pessoas movidas pelos aspectos mais feios da ambição e da ganância. Sem essa realidade, eles seriam ainda menos críveis do que já eram. Tive muita sorte em descobrir que os produtores reagiram bem a essa ideia, e, mesmo antes de continuar a trabalhar no roteiro, os produtores me deixaram levar o cinegrafista (o grande

48. A versão de Lehman da história é diferente. "Eu fui viajar para buscar locações, e quando voltei, Harold Hecht me chamou em seu escritório e me disse que a United Artists tinha ficado com medo da ideia de um diretor estreante dirigir esse filme porque eles não tiveram tanta sorte com Burt Lancaster dirigindo *Homem até o fim* [*The Kentuckian*], sua primeira e pelo que eu saiba *única* tentativa de dirigir. Eu fiquei muito chateado – mas tive muita sorte, já que tenho certeza de que não conseguiria fazer um bom trabalho, não da mesma forma que Sandy Mackendrick eventualmente fez. Não sei o que me fez pensar naquele momento da minha vida que eu seria capaz de dirigir" (John Brady, *The Craft of the Screenwriter*, Simon and Schuster, 1981, p. 206).

James Wong Howe) e o diretor de arte (Edward Carrere) para explorar as locações nas ruas de Nova York. Foi nessa visita à cidade que nós desenvolvemos a fórmula de fazer muitas das cenas em externas, começando com diálogos curtos nas ruas claustrofóbicas de Manhattan do lado de fora de bares, apartamentos, escritórios e esquinas antes de seguir os personagens para dentro dos ambientes. Isso era uma questão complexa, já que significava que precisávamos igualar o material gravado nas ruas de Nova York a ambientes construídos nos Goldwyn Studios em Hollywood. Não tenho certeza se isso ajudou o filme a ser menos teatral, mas sinto que contribuiu com a agressividade interior que ajudou a fazer as cenas funcionarem. Mesmo que o roteiro seja cheio de diálogos, o modo como ele foi gravado escondeu esse fato.

Em retrospecto, percebo que estava caindo em uma armadilha comum na profissão: quando um diretor fica inquieto com alguns aspectos do roteiro, mas não sabe como resolvê-los, ele costuma se concentrar em desafios mais técnicos e assim escapar das coisas realmente importantes. Talvez a verdade fosse que eu estava desconfortável com os personagens e com as situações em que não acreditava de verdade e torcia para esconder essas imperfeições fundamentais atrás de efeitos visuais atrativos. Uma ilusão comum é que você pode tornar um texto pensado em termos teatrais mais cinematográfico ao "abri-lo". Isso geralmente significa manter o mesmo diálogo, mas jogar a cena contra fundos mais pictóricos. Embora talvez ajude a providenciar mais atmosfera, isso não necessariamente faz a cena ficar mais interessante.

Nesse momento aconteceu um grande desastre: Ernie Lehman ficou doente. Faltando basicamente um mês para o início da filmagem, uma data que não podia ser alterada por conta do contrato com os atores principais, nós nos deparamos com o obstáculo de encontrar um novo roteirista para resolver um número de problemas que havíamos encontrado no roteiro. Por muita sorte, a Hecht-Hill-Lancaster havia acabado de contratar Clifford Odets para trabalhar em outro projeto, e nós conseguimos convencê-lo a trabalhar simultaneamente no que parecia uma tarefa simples: polir os diálogos e ajustar algumas coisas na estrutura das cenas. Nós não podíamos estar mais errados. É obviamente sabido que poucos roteiristas são capazes de resistir à tentação de alterar o trabalho de outro roteirista, mas não imaginávamos o tanto de trabalho que Clifford descobriu que tinha de fazer. Pouco do roteiro de Ernie ficou no final, apesar de que os temas básicos permanecem no filme que conhecemos hoje em dia, e, com exceção da cena final, o enredo é essencialmente o mesmo que foi concebido originalmente. Em suma, o que Clifford fez foi desmembrar a estrutura de cada sequência para reconstruir situações e relações em cenas que eram mais complexas e que continham muito mais tensão e energia dramática. Apesar de esse processo ter sido desastroso em termos de produção, a verdade é que para mim, pessoalmente, essa foi uma experiência que me ensinou demais. Não posso reivindicar o filme completo, mas o que posso dizer é que, sem esse trabalho feito por Odets, ele não teria a vitalidade que você vê na tela.

Não é fácil explicar o processo de Clifford. Ele aconteceu maioritariamente em salas de roteiro, reuniões diárias entre três pessoas: Odets, o produtor Jim Hill e eu. A maioria das discussões foi agressiva e cheia de energia, e nelas nós apreciamos destruir cada cena ao ponto de eu ficar com medo de que não sobrasse nada. Mas o que logo percebi foi que eu estava tendo o privilégio de assistir ao processo de uma inteligência dramática solucionar os detalhes de interações entre personagens. Havia um padrão interessante no trabalho de Clifford nas diferentes versões das cenas. Na sala de roteiro, ele improvisava de modo similar aos atores, às vezes usando um gravador de voz, mas na maioria das vezes apenas falando e fazendo anotações. Então, ele trabalhava sozinho para fazer uma escaleta de uma cena que lia para nós (ou melhor, encenava). Sua atuação, para mim, era horrível. Além disso, a cena geralmente ficava horrivelmente sobrescrita e muito longa. Então ele começava a fazer cortes sem dó. Clifford era muito mais drástico editando seu próprio trabalho do que qualquer outro roteirista com quem trabalhei. Durante esse processo, ele alcançava o esqueleto da cena e os movimentos essenciais da ação dramática. O que sobrava eram as frases-chave que desencadeavam uma mudança na história, uma espécie de peripécia.

A cena estava escrita à mão por Clifford. Nada havia sido datilografado. Então eu implorava para ele datilografá-la para que nós pudéssemos examiná-la. Mas ele sempre achava um modo de me frustrar e tentava deixar o material o mais flexível possível, já que acabava encontrando novos problemas. Isso em geral acontecia porque, ao improvisar as situações encenando-as por meio do ponto de vista de um dos personagens, ele encontrava novos problemas relacionados a personagens interligados. Mantendo apenas o essencial da cena, ele então mudava o ponto de vista e improvisava as reações complementares de alguma outra figura. Mais uma vez, a cena crescia e, mais uma vez, ele fazia cortes, mantendo – etapa após etapa – o essencial da versão anterior e criando um trabalho com muito mais densidade e base.

Naturalmente isso levava muito tempo. A razão real do porquê muitos roteiros são longos demais é espirituosamente explicada no pedido de desculpas de um correspondente que disse ao final de uma carta extremamente discursiva: "Me desculpe pela longa carta. Não tive tempo de escrever uma curta." A economia dramática, que inclui a habilidade do roteirista de cortar o que em determinado momento ele pode ter considerado seu melhor trabalho, é uma das destrezas mais importantes que um roteirista pode ter, aprendida por meio de muita experiência, combinada com uma atitude impiedosa e uma total falta de sentimentalidade. É preciso esforço, muito esforço. Significa reescrever e reescrever e reescrever – um constante processo de destilação. Basicamente, acho que muitos filmes de estudantes são longos demais simplesmente porque não houve um esforço suficiente para deixá-lo curto.

O processo de Odets era seu método extraordinário de construir o mecanismo dramático de uma cena. Muitas vezes exigia que ele produzisse uma série de rascunhos de diálogo que eram progressivamente desmantelados e depois canibalizados em versões subsequentes. Nas primeiras versões, o diálogo vinha majoritariamente de um único personagem, que recebia a permissão de dar longas e desajeitadas exposições – basicamente uma explicação de suas atitudes. Muitas vezes, esses podiam ser comparados a pensamentos internos. O próximo passo seria o exame de Clifford das reações de monólogos desse tipo. Muito do que ele havia escrito teria portanto de ser revisado, já que "ele não seria capaz de dizer isso porque ela não deixaria barato – ela o interromperia dizendo que...". Ao trabalhar nessas primeiras versões, Odets estava ciente de que ele estava incluindo material demais, que precisaria ser enxugado e diminuído. Mas esse era o ponto.

Algumas coisas surgiam desse processo. Uma frase de diálogo importante ou que expressasse uma ideia significante teria de ser eliminada das falas de um personagem. Mas às vezes era possível mantê-la ou transferi-la para outro personagem (mesmo que não necessariamente na mesma cena). Soando improvável como uma declaração direta, funcionaria bem como um complemento vindo da boca de outra pessoa. Personagens complexos e sofisticados tendem a ser contrários, incapazes ou relutantes em explicar seus sentimentos e propósitos, particularmente em situações de conflito. O roteirista muitas vezes acha conveniente explicar os sentimentos dele, reescrevendo-os na forma das atribuições de sentimentos e pensamentos sobre ele. Coisas que ele não admitiria, ou que não vê em si mesmo, podem vir à tona por conta dela. ("A senhora protesta demais, eu acho" é uma frase boa de lembrar.)

Odets, descrevendo seus métodos de criar um roteiro bem coeso e denso, ofereceu este conselho: tenha certeza de que cada personagem que chegar a uma cena de confronto traga munição (como ele costumava dizer, um personagem precisa "saber o que quer e ter dinheiro no bolso"). O clímax de muitas peças e roteiros competentes contém uma cena em que dois personagens, geralmente o protagonista da história e seu antagonista, se confrontam. Em termos de Hollywood, isso é normalmente chamado de tiroteio, mesmo quando as armas são puramente verbais. Personagens inteligentes (cenas entre personagens pouco inteligentes têm um grande potencial de serem chatas) geralmente chegam com uma série de movimentos que foram ensaiados mentalmente com antecedência. Eles planejaram não apenas o que querem dizer, mas também como isso provavelmente será recebido.

Uma discussão é, neste caso, como um jogo de xadrez ou de cartas. É provável que o instigador (A) tenha um esquema bem claro de movimentos de abertura. Ele terá várias jogadas em mente e estará preparado para os contra-ataques que elas podem provocar. De maneira similar, o oponente (B) já previu as intenções do jogador A e preparou suas táticas de defesa e contra-ataque. Então, uma cena de confronto entre A e B geralmente começará com uma troca de diálogos que exploram as posições preparadas, sondando pontos fortes e fracos, ao mesmo tempo que estabelece bases psicológicas. A tensão de uma cena desse tipo surge do conflito e da colisão de desejos. A primeira tarefa do roteirista é, portanto, ser o mais claro possível ao tratar dos desejos de cada personagem do confronto. O que exatamente A quer? Que obstáculos ele espera que B ponha em seu caminho? Como A espera superar esses obstáculos? Com que tipo de persuasão? Que promessa? Que ameaça?

Dessa maneira, uma vez que a luta psicológica entre personagens tiver resultado em, talvez, um personagem ganhando do outro (mesmo que temporariamente), acontecem as importantes surpresas expositivas quando certas informações, talvez desconhecidas por um personagem, tornam-se, nas mãos de outro, um ás, um trunfo. Tal dinâmica pode produzir uma mudança do equilíbrio dramático, a peripécia. Em uma cena intrincadamente tramada pode haver mais do que uma jogada dessas. Portanto, é dever do roteirista planejar esses pontos em que a ignorância de alguma informação-chave deixa um dos personagens vulnerável, uma jogada que pode mudar tudo. Um personagem que prende nosso interesse muitas vezes descobrirá algo inesperado durante essas cenas, alguma contradição dentro de sua própria personalidade, um impulso emocional imprevisto. (Tais movimentos de enredo são apenas um dos elementos em uma cena de confronto eficaz. Uma cena que dependa apenas de uma discussão de pontos do enredo provavelmente será fraca. Esse tipo de escrita está muito presente na televisão, em histórias em que personagens agem de maneira agressiva, mas não tem uma profundidade emocional, uma variedade de sentimentos, o potencial para mudar de humor ou a capacidade de crescimento de caráter.)

O efeito das ideias de Odets sobre densidade deu aos personagens de *A embriaguez do sucesso* profundidade e convicção, melhorando muitas das cenas. O processo me parecia como a produção de um tecido que, dada a tensão dos fios entrelaçados, é muito mais forte. Clifford frequentemente usava personagens secundários dessa forma, estabelecendo-

-os como base para a triangulação, a interação de três vias de personagens. Eu havia percebido, como disse, que o roteiro original parecia ter um grande número de cenas compostas de "duologos" simples – a interação de duas pessoas. O instinto de Clifford sempre criava um padrão de três, quatro ou cinco personagens. Um de seus prazeres pessoais era ouvir música de câmara, especialmente pequenos conjuntos de instrumentos de cordas e quintetos. Clifford admirava composições em que as vozes de cinco instrumentos se entrelaçavam tematicamente, mas ainda possibilitando que cada instrumento e sua contribuição única fossem reconhecidos. Ele queria que cenas do roteiro funcionassem de forma similar, como um quinteto de vozes. No roteiro de *A embriaguez do sucesso* há diversos momentos em que acho que Odets foi particularmente bem-sucedido em fazer isso.

No primeiro encontro entre Odets, o produtor Jim Hill e eu, apresentei algumas das ideias que já havia trabalhado com Ernest Lehman. Eu queria começar o filme com uma sequência que achava que estabeleceria o tom geral da produção: a atividade frenética que rodeia o momento em que a primeira edição de um grande jornal chega às ruas da cidade (no fim isso foi usado como imagens por trás dos títulos de abertura). Expliquei como poderia usar pôsteres do lado de um caminhão de entregas e o nome da coluna do jornal para desencadear uma sequência de cenas que iria culminar na introdução do colunista. Sugeri que isso seria um começo melhor do que a ambígua cena de suicídio que introduzia um narrador e um *flashback*. (Eu particularmente tenho desgosto por essas duas coisas, ambas são muitas vezes um sinal do fracasso em criar cenas nas quais a exposição é apresentada em termos de ação dramática presente.) Eu nem sequer precisei argumentar o meu ponto, já que Odets sentia algo muito similar. Encorajado, eu também fiz a sugestão de que deveríamos estabelecer a profissão de Sidney (o personagem de Tony Curtis) visualmente, se pudéssemos ter uma cena não em sua casa, mas em seu escritório onde a produção de arte e as atividades poderiam mostrar como um agente vive. Talvez, eu disse, Sidney poderia ter um quarto anexado a seu escritório, algo que indicaria sua dedicação à coluna do jornal e a forma como ele dependia de seu trabalho.

Odets mais uma vez apanhou essa ideia. Seguindo a mesma linha, ele disse que estava pensando nos papéis da mãe e do irmão de Sidney. Na primeira versão de Lehman, esses dois personagens apareciam em algumas cenas, mas depois desapareciam. Eles eram úteis, é claro, para a história do protagonista, mas não tinham nenhuma outra relação com o resto da ação. Odets pensava que possivelmente poderia haver maneiras mais interessantes de passar as mesmas informações com personagens mais estabelecidos no roteiro. Por exemplo, em vez do personagem da mãe, ele sugeriu que o personagem do agente de teatro poderia ser um parente de Sidney, o irmão de sua mãe (tal pessoa teria o direito de criticar Sidney de maneira similar à da mãe e à do irmão)[49]. A ideia do quarto/escritório também ajudou Odets a sugerir que Sidney tivesse uma secretária, Sally, que também dormiria com ele de vez em quando, uma relação triste e de certa forma sórdida, que não só enriqueceria a exploração de caráter, mas que faria as cenas dedicadas a tal exploração mais relevantes ao enredo. (A cena inicial no rascunho de Odets com Sidney e Sally no escritório, onde ele faz um discurso autojustificativo, não é apenas uma declaração inicial do tema da história, antecipando assim situações do clímax, mas também dá profundidade ao personagem de Sidney, uma vez que mostra sua atitude com a secretária que ele trata com pouquíssimo respeito. Assim, personagem, tema e enredo funcionam de uma só vez na cena[50].)

49. Este é o personagem de Frank D'Angelo no roteiro de Odets.

50. Ver o roteiro publicado de *A embriaguez do sucesso*, de Odets e Lehman (Faber and Faber, 1998, pp. 5-11).

51. Ver o texto de James Mangold no roteiro publicado, que usa os ensinamentos de Mackendrick para analisar a cena.

Clifford prometeu trabalhar nessas ideias. Então começou a se concentrar na cena que achava que precisava de mais trabalho: a introdução, no Twenty-One Club, da figura central para o assunto do filme, J. J. Hunsecker[51]. A versão original do Lehman continha três personagens sentados à mesa do colunista, mas pouco uso era feito deles. E ram meros extras da cena, enquanto na versão de Odets, cada um dos cinco personagens em cena está em ação o tempo todo. Para o propósito da exposição, Odets teve de expandir consideravelmente os papéis deles, transformando-os em personagens de contraste e efetivamente introduzindo uma subtrama compacta a eles. Assim como Odets, eu sentia que a cena não era tão poderosa como poderia ser, mas, sem ter uma sugestão positiva, não reclamei. Odets passou a nos dar uma demonstração de como um dramaturgo experiente, um homem com longa experiência de tais dificuldades, explora ideias para resolvê-las.

"Eu não entendo!", ele declarou com determinação. "Este homem Hunsecker é um colunista do jornal. Sei o que isso significa. O que não entendo é que todo mundo parece ter medo dele. Por quê?" Jim Hill protestou: "Ora, Clifford, ele não é só um mero colunista. Todos sabem como ele se comporta." "Não, não sabem", disse Clifford. "Algumas pessoas devem saber. Talvez eu e você saibamos, mas a maioria das pessoas não têm ideia. Este é um homem que trata um de seus associados como lixo. Mas Sidney só senta lá e aceita. Para quê? Por que ele simplesmente não levanta e vai embora?" Jim protestou mais uma vez: "Ele não pode ir embora. Essa é a vida dele." "Como?", perguntou Clifford. "Como? Porque o Acesso de Imprensa precisa colocar o nome de seus clientes no jornal. É para isso que ele é pago. E além disso..." Jim, um tanto exasperado, passou a detalhar a relação entre Sidney e Hunsecker. Enquanto isso, Odets fez algumas anotações em um caderninho, e então mudou seu ataque. "Mas por que todo mundo tem tanto medo dessa criatura? Ele insulta todo mundo, mas ninguém responde para ele. Simplesmente não acredito nesse homem." Mais uma vez, Hill insistiu: "Você não entende? Esse Hunsecker é um homem que pode dizer até ao presidente o que fazer!" Mais uma vez fazendo algumas anotações, Clifford disse com calma: "Ah, claro. Mas onde isso está dito? E mesmo que todos digam isso, eu não acredito. Você precisa me *mostrar*."

Durante tudo isso, fiquei quieto, já que entendia Odets com perfeição. Mas o que começou a me preocupar era que, se ele estivesse correto (e eu sentia que ele estava), então seria necessário incluir muito mais exposição, muito mais do tipo de falas que eu já percebia que estavam acabando com o impulso da história. Eu sentia que mais exposição enfraqueceria as cenas em vez de fortalecê-las. O que Clifford estava anotando enquanto falava eram as respostas de Jim Hill que foram posteriormente incluídas no roteiro. Clifford estava usando Jim como um contraste, ou estava sendo um contraste fazendo Jim improvisar as respostas para as perguntas que não estavam propriamente respondidas na primeira versão do roteiro. No meu caso, eu estava certo em meu receio de que a cena no Twenty-One Club teria que ser mais longa e mais elaborada. Mas as habilidades de Clifford tornaram a cena brilhantemente tensa ao transformá-la de um mero diálogo entre os dois para uma discussão entre cinco personagens.

Embora eu pessoalmente ficasse desconfortável com os diálogos de Odets, não tinha nada além de admiração por sua habilidade na construção de cenas. Sua habilidade nesse tipo de construção dramática era extraordinária, e é algo que todos podemos aprender. Quando examinei a versão de Clifford para a cena, percebi que sua força estava na estrutura do conjunto que ele havia construído. Não é exagero dizer que em dado momento cada um dos cinco personagens presentes está envolvido de alguma forma com cada um dos outros quatro. Há, em certo sentido, 25 interações separadas. É claro que isso teve um efeito no modo em que a filmagem foi programada, e eu tive de pensar sobre isso com muito cuidado antes dos ensaios, já que projetar a encenação seria parte do meu trabalho. Para manter esse sentimento de conjunto diante das câmeras, com um sentimento contínuo de interações, me pareceu importante projetar as imagens para que às vezes cinco, às vezes três, e às vezes duas figuras estivessem no quadro. Ao mesmo tempo, os movimentos dos atores frequentemente chamavam a atenção para os padrões inconstantes dos eixos de seus confrontos e interações.

Antes de analisarmos algumas cenas do filme, aqui estão os personagens envolvidos:

Sidney Falco

Um assessor de imprensa com uma lista pequena de clientes, donos de boates, líderes de bandas, artistas de qualquer tipo que lhe pagam até cem dólares por semana para ter seus nomes mencionados nas colunas de fofocas dos jornais de Nova York. Ferozmente ambicioso, a tarefa de Sidney é bajular todos os colunistas da Broadway. Ele lhes fornece piadas ou fofocas escandalosas, mas também está pronto para fazer qualquer outro tipo de favor, desde fornecer-lhes garotas, até malandragens mais desonestas e maliciosas.

J. J. Hunsecker

O mais bem-sucedido dos colunistas de jornais da Broadway. Além de sua coluna diária em um grande jornal, ele tem um show na televisão. Um personagem totalmente desagradável, cuja percepção de sua própria importância beira a paranoia, Hunsecker usa e abusa de seu poder contra Sidney. A relação entre eles é feia pois, enquanto Hunsecker sente um prazer sádico com a dependência de Sidney em relação a ele, Sidney precisa desesperadamente do colunista e esconde seu desprezo e ódio pelo homem cujo "doce sucesso" ele cobiça.

Susan Hunsecker

A irmã mais nova de J. J. Ela vive com o irmão desde a morte dos pais e depende dele psicológica e financeiramente. As atitudes de Hunsecker em relação a ela são tão possessivas que demonstram uma obsessão incestuosa. Enquanto insiste em seu afeto por ela, Hunsecker a levou à beira de um ataque de nervos. Ele vê o interesse dela por qualquer rapaz como uma ameaça à dependência que ela tem dele e até agora conseguiu desencorajar as atenções de qualquer um que tenha demonstrado interesse por ela. Nesse quesito, Sidney tem sido útil, já que é essencial para Hunsecker que sua irmã não descubra que ele é a razão por trás de sua dificuldade em achar um namorado. No entanto, Susan não é tão ingênua quanto J. J.

Steve Dallas

Um guitarrista de *jazz* que lidera um quinteto que toca em clubes da Broadway. Ele está apaixonado por Susan. Também sabe que a insegurança patética e a baixa autoestima da moça são resultado direto do controle do irmão sobre ela. Steve esconde sua própria repugnância pela coluna de jornal de Hunsecker na esperança de persuadir Susan a deixar o irmão e se casar com ele. Ele também está ciente das atividades de Sidney em nome do colunista, embora tenha mais dificuldade em esconder seu desprezo pelo assessor de imprensa.

Rita

Uma vendedora de cigarros. Ela tem um filho, provavelmente ilegítimo, que está em uma escola militar. Sem ser

52. Do roteiro de Lehman chamado *The Sweet Smell of Success* (pp. 18-25). O roteiro não publicado, marcado como "Primeiro Rascunho", tem a data 30 de março de 1956.

exatamente uma prostituta, ela sabe que, para manter seu trabalho na boate, não deveria recusar totalmente as abordagens sexuais de clientes influentes, como os colunistas de jornais. Sidney a ajudou no passado e ela é grata o suficiente para ir para a cama com ele de vez em quando.

Otis Elwell

Outro colunista de fofocas. Apesar de desdenhar Sidney e não se impressionar com o grande J. J., Elwell está pronto para aceitar os serviços de Sidney como cafetão em troca da publicação de um texto anônimo e calunioso sobre Steve Dallas.

Tenente Harry Kello

Um policial de Nova York com a reputação de ser brutal. Ele é amigo de Hunsecker e regularmente fornece ao colunista informações sobre violência e crimes na cidade. Alvo de uma investigação sobre a morte de um menino que morreu após ser espancado por ele, o tenente foi resgatado da demissão por Hunsecker, que usou sua influência em favor de Kello.

Aqui está a cena do Twenty-One Club vinda da versão completa de Lehman, com os personagens e descrições originais.[52]

INT. ENTRADA – CLUBE FIFTY-SEVEN – NOITE

Um clube-restaurante. Vemos RITA, *uma moça que trabalha na chapelaria, provocadora com seu vestido preto, dar um passo adiante e dizer:*

RITA
Sidney...?

Vemos Sidney passando por ela em direção ao salão sem escutá-la, preocupado com suas próprias questões. Um capitão, GEORGE, *bloqueia seu caminho.*

GEORGE
(friamente)
Pois não, sr. Wallace?

SIDNEY
O que você quer dizer com "Pois não, sr. Wallace?". Eu estou indo à mesa dele. Preciso vê-lo.

GEORGE
Me desculpe. Vou ver se ele quer... ser incomodado.

SIDNEY
(com um sorriso irônico)
George! Você está brincando? Sou *eu* – Sidney.

GEORGE
(que não está brincando)
Por favor, espere aqui.

Uma vez que George começa a se retirar:

SIDNEY
(irritado)
Tá, eu espero aqui, por favor.

Ele pega um cigarro e o acende. Rita vem em sua direção.

RITA
Sidney...

SIDNEY
(sem se virar)
Oi, querida.

RITA
Você recebeu alguma das minhas mensagens? Eu telefonei várias vezes.

SIDNEY
(impaciente)
Querida, ando muito ocupado.

RITA
(em voz baixa)
Estou com um problema, Sidney.

SIDNEY
(olhando para ela)
De novo?

RITA
Não isso. É... é sobre o Otis Elwell.

SIDNEY
Aquele idiota.
(ele se vira)
Continue. Estou ouvindo.

Mas sem prestar atenção, já que, enquanto Rita fala, ele estende seu pescoço, olhando o salão, procurando por George.

                        RITA

Bem, semana passada ele me disse que estava planejando escrever uma coluna sobre garotas da chapelaria, e se eu me incomodaria em ser entrevistada, e claro que adorei a ideia e disse que faria isso a qualquer momento. Então, ele disse: "que tal às onze da manhã no apartamento dele..."

                        SIDNEY
                     (entediado)
Continue.

                        RITA
Então, subi lá às onze da manhã e acontece que a sra. Elwell está ausente em Fire Island durante o dia e, bem, eram onze da manhã. Eu nunca imaginaria... quer dizer, ele escreve colunas tão inocentes, e é um senhor tão distinto, e não é muito jovem...

             (Sidney olha para ela)

Eu não esperava... mesmo... eram onze da manhã... fiquei tão chocada que falei coisas terríveis para ele, e ele ficou furioso e me expulsou do apartamento e disse que faria com que meu chefe me demitisse, e estou tão preocupada que mal posso pensar. Você acha que ele pode realmente fazer isso, Sidney? Você acha que ele vai inventar alguma história para que eu seja demitida? Ele está no salão com a mulher dele...

Antes que Sidney possa responder, George reaparece.

                        GEORGE
O sr. Hunsecker disse que tudo bem você se juntar a ele. Por favor, me acompanhe.

SIDNEY
(friamente)
Bom, muito obrigado, George.

Ele começa a ir embora.

RITA
Mas, Sidney...

SIDNEY
(para, vira)
Querida, você se *preocupa* demais.

Ele anda em direção ao salão principal, vira à direita e entra numa sala de jantar privada.

INT. SALA DE JANTAR PRIVADA

A câmera se move lentamente com Sidney até uma mesa redonda onde HARVEY HUNSECKER *está sentado com dois homens ligeiramente assustados, vestidos elegantemente, e uma jovem e bonita garota. Hunsecker está no meio de um monólogo quando Sidney chega, e os outros estão ouvindo, muito atentamente. Enquanto Sidney se senta, Hunsecker não para de falar, e os outros não ousam parar de ouvir.*

HUNSECKER
(severamente)
... Mas o que ele não disse foi que o que vocês leram em sua coluna era uma negação da coisa toda! Claro, ele a recebeu uma semana antes de mim! Mas ele estava *totalmente errado*. Como *sempre* está!

>   *(cansado)*
Ah, por que eu deixo esses lixeiros me incomodarem? Eles não passam de pulgas pulando ao redor de um tigre. Eu desperdiço minha força, minha energia, me preocupando com pulgas, não sobra nada para lutar com os dragões. Hunsecker deve ficar saudável. Hunsecker luta contra o mundo. E ele faz isso sozinho. Pergunte ao Sidney aqui. Ele sabe. Não sabe, Sidney? A maioria dos assessores de imprensa são fantoches. Aperte-os e eles dizem mamãe. Mas não o Sidney, aperte-o e ele fala Hunsecker. Sidney, fale Hunsecker para a mocinha.

>   *(para um dos homens)*
Qual é mesmo o nome dela?

>   HOMEM
Linda Hall.

>   HUNSECKER
>   *(para a garota)*
Filmes? Teatro? TV?

>   HOMEM
>   *(antes de ela responder)*
Bem, na verdade, Harvey...

>   HUNSECKER
>   *(para Sidney)*
Escreva o nome dela, Sidney. Linda Hall.

>   GAROTA
>   *(rapidamente)*
Para quê?

SIDNEY se senta sem se mover nem abrir a boca.

>HUNSECKER
Anote o nome, moça.
(para a menina)
Você joga gin, querida? O Sidney joga. Sidney, conte pra jovem senhorita quem ganhou 78 dólares de quem na outra noite, nesta mesma mesa. Mas ele não pode pagar. Olhe esse terno de duzentos dólares e a camisa de trinta. Ele deve conhecer as pessoas certas. Se escreve com "H". Certo, Sidney?

(virando-se para os outros)
Uma história. De verdade. Aconteceu semana passada. Quatro assessores de imprensa estavam esperando para me ver, com seus chapéus em mãos, e querendo trabalho. De repente eles veem uma barata atravessar o chão até o meu escritório. Um deles levanta com pressa e grita: "Ei! Entra na fila!"

A garota e os dois homens riem envergonhados. Sidney pega um copo de água. Rapidamente, Hunsecker coloca um cigarro entre os lábios e estala os dedos. Sidney deixa a água intocada e acende o cigarro para ele.

>HUNSECKER
(soprando a fumaça)
Ele não faz isso com elegância?

Quando Sidney volta a pegar seu copo de água, Hunsecker derruba seu cigarro dentro.

>HUNSECKER
Eu fumo demais.

(para a garota)
Não acho que o Sidney goste de você, senhorita Linda Hall. Ele não anotou o seu nome, como eu pedi.

Os demais se entreolham, cientes da crescente tensão.

HOMEM
(levantando-se)
Harvey, acho que a gente precisa ir...

A garota e o outro homem levantam-se rapidamente.

HUNSECKER
Se você se deparar com aquele ladrão de fotos imundo durante seu passeio noturno, sinta-se totalmente à vontade para dizer a ele exatamente como me sinto.

HOMEM
Pode ter certeza de que faremos isso, Harvey.

SEGUNDO HOMEM
Boa noite, sr. Hunsecker.

GAROTA
Boa noite, sr. Hunsecker.

HUNSECKER
(apontando para ela)
De *você* eu gosto.

Ela se apressa com seus acompanhantes.
Quanto a *você*...

(ele olha para Sidney)
... com você a coisa é outra. Se *lastimando*! Como uma *criança*!

SIDNEY
(cansado)
Certo, agora você já se divertiu, Harvey. Eu não ligo. Estou acostumado. Mas ninguém mais está escutando, então não vamos jogar jogos, por favor...

HUNSECKER
Para de choramingar, Sidney.

SIDNEY
... Só quero saber o que aconteceu na coluna hoje.

HUNSECKER
(olhando para o outro lado)
Suponha que *você* me diga.

SIDNEY
Meus clientes, Harvey. Você não falou nada!

HUNSECKER
(examinando suas unhas)
A coluna estava longa demais. Cortei algumas coisas.

SIDNEY
(falando mais alto)
Eu já fui pago, Harvey! Hoje à tarde! Robard! Lilly Werner! Sam Weldon! Liguei para o Finn Welbeck e disse que ele deveria esperar um parágrafo inteiro sobre a foto! O que vou dizer a eles agora? Como vou explicar?

HUNSECKER

(virando-se)

Diga que você tem uma fraqueza em fazer promessas que não pode cumprir! Talvez eles te perdoem, Sidney! Mas eu não! Não mais! A partir de agora, você não entra na coluna até manter as promessas que fez para mim! A não ser que algo seja feito sobre a Susan e aquele garoto asqueroso!

SIDNEY

(rapidamente)

Eu te disse, é só um romance de verão. Ele vai murchar como as folhas no outono.

HUNSECKER

(obcecado)

Ela tem cheiro de amor! Mal posso chegar perto dela agora! O fedor daquele miserável gruda como perfume barato!

SIDNEY

(desconfortável)

Você está se agitando por nada.

HUNSECKER

Nada?! Tá certo! Um miserável com a irmã do Hunsecker, e você aqui falando de amores de verão e folhas do outono e implorando por favores para os seus péssimos clientes!

SIDNEY

Não estou implorando. Estou pedindo. Eu tenho um direito.

HUNSECKER

O poder tem o direito! A coluna tem o direito! Eu tenho o direito, não você! Tenho o direito de te dizer que quero o fim disso! *Acabou!*

SIDNEY
Estou fazendo tudo o que posso.

HUNSECKER
Não é o suficiente!

SIDNEY
O que você quer que eu *faça* com ele?

HUNSECKER
Harry Kello me deve um favor! Eu fiz um para ele.

SIDNEY
(assustado)
Não, Harvey! Não o Kello!

HUNSECKER
Então use sua imaginação! Você tem uma bela imaginação quando se trata de pensar em modos de usar minha coluna para te favorecer!
(ele cobre a cara com as mãos de repente)
Não quero mais falar sobre isso. Eu já disse tudo que precisava. Por isso fico enjoado. Por isso fico cansado...

SIDNEY
Olha, Harvey...

HUNSECKER
(descobre a cara e grita)
Chega! Nem uma palavra!
(cobre a cara de novo, murmura)
Vá embora, Sidney. Por favor... eu imploro... vá embora...

Como podemos ver na versão original de Lehman, inicialmente o recepcionista do restaurante não dá acesso a Sidney. Mas Odets pensou que uma rejeição deveria vir direto de Hunsecker. Lehman também introduziu Rita, a vendedora de cigarros, para ocupar o tempo em que o recepcionista vai falar com Hunsecker. A subtrama de Rita é uma semente para a ideia que Sidney terá mais tarde (convencê-la a dormir com o Otis Elwell). A versão de Odets insere isso mais cedo na história.

Lehman introduz três personagens secundários na mesa de Hunsecker: dois homens e uma garota bonita. Eles são úteis como espectadores para o monólogo de Hunsecker, nada mais. A seguir veremos como Odets usou as sugestões de Lehman, mas fez um uso melhor desses personagens de contraste, desenvolvendo-os como personagens com suas próprias subtramas. Na versão de Lehman, uma vez que Sidney se senta, parece que ele veio perguntar o que J. J. está fazendo com ele e por quê. Como um movimento da história, isso é bem fraco, já que parece que ele não se preparou. Sidney certamente é astuto suficiente para saber os motivos de Hunsecker, e não enfrentaria Hunsecker (certamente não em público), a não ser que ele trouxesse sua própria munição, o que é feito na versão de Odets a seguir. Primeiro vem a má notícia de que Dallas pediu Susan em casamento. Depois, Sidney já pensou em um método para resolver o problema, um que ele pretende usar. Ele só precisa de uma promessa de Hunsecker de que ele será recompensado.

Estude esta parte da versão de Odets. O que ele fez foi apresentar uma exposição ativa. A subtrama inteira do senador, da garota e do agente é uma demonstração prática do poder real do colunista Hunsecker, que realmente é visto como alguém perigoso. Você verá que uma página de diálogo pode formar por conta própria um minidrama (o desmascaramen-

53. Do roteiro não publicado (pp. 36-51), que difere um pouco do filme.

to que Hunsecker faz do agente como cafetão dessa atriz para o senador). Contém enredo, exposição e até um clímax dentro da estrutura maior da relação manipuladora e chantagem mútua entre os dois principais (Hunsecker e o assessor de imprensa Sidney Falco). Saiba que esta é a única cena do roteiro em que o senador, a garota e o agente aparecem.

Perceba também que, na versão de Lehman (assim como na de Odets), o ciúme insano de Hunsecker pelo caso de amor entre Susan e Steve é um ponto da trama, sua autopiedade e autoindulgência enfraquecem seu personagem como antagonista. Tanto na versão de Lehman quanto na de Odets, Hunsecker é caracterizado como paranoico, absurdamente vaidoso e egoísta, apesar que, em alguns dos discursos na versão de Lehman ("Eu desperdiço minha força, minha energia, me preocupando com pulgas, não sobra nada para lutar com os dragões"), ele aparenta ser infantil e completamente inconsciente de como os outros reagem a ele. As principais críticas de Odets sobre a versão original dessa cena é que ninguém seria capaz de levar a sério um homem que reclama de tal forma, provando-se fraco. Na versão de Odets, Hunsecker é tão egocêntrico quanto, mas é mais astuto, se lamenta menos, e tem um senso de humor sádico. Perceba como na versão de Lehman Sidney menciona personagens que não conhecemos e nunca veremos ("Robard! Lilly Werner! Sam Weldon!"). Em princípio, essa é uma escrita fraca. Nomes de personagens são apenas importantes para o público depois de ele ter visto os personagens a quem os nomes se referem. Pela mesma razão, a reação assustada de Sidney ao ouvir o nome de Harry Kello tem pouco efeito dramático na versão de Lehman.

Aqui está a cena do Twenty-One Club vinda da versão de Odets (sem detalhes sobre os ângulos de câmera). Diferentemente da versão de Lehman, aqui Sidney não tem problemas ao entrar no restaurante[53].

INT. TWENTY-ONE CLUB – NOITE

Sidney, entrando no clube, se espreme entre as pessoas no lotado vestíbulo, em direção à câmera perto do fim da escadaria. Lá ele encontra um capitão de polícia que se vira para ele.

CAPITÃO
Como *você* está hoje, sr. Falco?

SIDNEY
(acenando para dentro do restaurante)
"Ele" está lá dentro?

CAPITÃO
Mas é claro...

SIDNEY
Sozinho ou acompanhado?

CAPITÃO
Um senador, um agente e algo... de... cabelo... vermelho... e longo.

Ele pausa. (ÂNGULO OPOSTO) Ponto de vista de Sidney. Através da porta para o restaurante, podemos ver um grupo em uma mesa. (Hunsecker está de costas para nós.) A câmera vai para trás para incluir Sidney no primeiro plano. Ele decide não entrar no restaurante e dá meia-volta, saindo do plano.

INT. SAGUÃO

Sidney vira a esquina do vestíbulo e atravessa o saguão

até as cabines telefônicas. Ele anda rapidamente até a operadora e demanda:

SIDNEY
Querida, me conecte com o sr. Hunsecker.

A garota pega a lista telefônica, mas se lembra de algo:

OPERADORA
Ele está logo ali, sr. Falco.

SIDNEY
(de dentro da cabine)
Então é uma ligação local.

Enquanto a garota, dando de ombros, faz a ligação, a câmera se aproxima de Sidney na cabine. Ele ouve a conexão feita e fala imediatamente.
J. J., é o Sidney. Você pode vir aqui fora um minuto?
A voz de Hunsecker, vinda do telefone, é afiada e metálica; mas as palavras são muito claras.

HUNSECKER – VOZ
Se eu posso sair? Não.

SIDNEY
(tenso)
Preciso falar com você a sós, J. J. É por isso.

HUNSECKER – VOZ
Você tinha que fazer algo para mim – e não fez.

SIDNEY
Posso entrar por um minuto?

HUNSECKER – VOZ
Não. Você já está morto, garoto – se enterre!

Ouve-se um clique quando Hunsecker desliga. Sidney, com mais calma, também desliga. Pensativo, ele sai da cabine.

INT. TWENTY-ONE CLUB. SAGUÃO

Sidney sai da cabine e atravessa o saguão até o corredor. Ele se vira em direção ao salão.

INT. CORREDOR

Sidney atravessa a porta em direção ao salão, a câmera o segue. Aqui ele pausa, olhando em direção a HUNSECKER, que está sentado em uma mesa que claramente é sua habitual. Nós o vemos quase de costas, que são largas e poderosas. Ele está ouvindo um homem que parou em sua mesa para sussurrar em seu ouvido. Enquanto o colunista escuta, suas mãos brincam com um caderno sempre presente e um lápis que estão na mesa com envelopes, papéis e um telefone. Com Hunsecker estão o senador, o agente e uma garota atraente, apesar de parecer boba.

HUNSECKER
Eu vejo isso de manhã, Lew – obrigado.

O homem sai. Hunsecker escreve em seu caderno. Enquanto isso, o senador sussurra algo para a garota, que ri baixinho. Sidney anda até a mesa, nervoso, mas determinado.

> *Sidney, sem perturbá-lo, fica atrás do ombro do colunista e acende um cigarro. Hunsecker mal vira a cabeça, e o vê. Nós*

Cenas de *A embriaguez do sucesso* (1957).

ouvimos que Hunsecker é um monstro, mas ele certamente não está no auge, já que parece ser gentil, silencioso e triste. Ele se vira para o senador, ignorando totalmente o jovem atrás dele.

HUNSECKER
(em tom baixo)
Harvey, várias vezes torci para ser surdo e usar um aparelho auditivo, assim poderia desligá-lo e não ouvir murmúrios gananciosos de homens pequenos...

Sidney não reage ao insulto. Ele chega mais perto, firme.

SIDNEY
J. J., preciso que você me escute por dois minutos...

J. J. se vira – mas não para Sidney. Ele levanta a mão em um gesto discreto para o capitão, que entra no plano ao lado de Sidney.

HUNSECKER
Mac! Não quero este homem na minha mesa...

SIDNEY
(rapidamente, mas em silêncio)
Tenho uma mensagem da sua irmã.

O capitão já está lá. Mas agora os olhos de Hunsecker estão voltados para Sidney. Por um breve momento, nada acontece. Então Hunsecker, parecendo relaxar e ignorando o capitão, vira de volta ao senador fingindo que nada aconteceu.

HUNSECKER
Me perdoe, Harvey. Nós fomos interrompidos.

No primeiro plano, Sidney vira ao capitão com um sorriso falso, indicando que Hunsecker mudou de ideia e o deixou ficar. O capitão, sem estar totalmente seguro, sai. Sidney encontra uma cadeira e se senta próximo da mesa o suficiente para mostrar que está presente. Enquanto isso:

SENADOR
(que está surpreso e um pouco envergonhado)
É... a história da Corte, e estava te contando – o Juiz Black.

HUNSECKER
(acenando)
Sim, o juiz, é isso. Mas acho que incluí isso na minha coluna.

SIDNEY
(casualmente)
Julho passado, o assunto principal...

A interrupção de Sidney é educada. Hunsecker a ignora por completo. Os outros membros do grupo ficam um pouco surpresos com a interação. A garota, em particular, está fascinada; ela claramente admira a aparência de Sidney. O senador, notando isso, olha para Sidney, aceitando o argumento.

SENADOR
(rindo)
E acho que foi exatamente lá que li sobre isso. Veja, J. J., de onde vem minha reputação de ser o homem mais bem informado de Washington.

HUNSECKER
Não brinque com um brincalhão.

A garota olha na direção de Sidney. O senador percebe isso mais uma vez e dirige-se a Sidney agradavelmente.

SENADOR
Não ouvi o seu nome, jovem.

SIDNEY
Sidney Falco, senhor. E, é claro, todos o conhecem e o admiram, senador Walker.

SENADOR
(com humor)
A cada quatro anos fico menos convencido disso. Esta jovem é a senhorita Linda James.
(aponta para a garota)
Manny Davis é o agente dela.
(aponta para o agente)

Sidney acena agradavelmente para a garota e o agente.

SIDNEY
Eu conheço Manny Davis.

HUNSECKER
(silenciosamente)
Todos conhecem Manny Davis...
(enquanto o telefone toca)
... menos a sra. Manny Davis.

Hunsecker atende o telefone:
Sim? Vai, Billy, fala...

O senador, o agente e a garota observam Hunsecker. A reação do agente ao comentário de Hunsecker é um sorriso débil. Hunsecker repete em voz alta a história que escuta pelo telefone.

Uh-huh. Carros esportivos na Califórnia estão ficando cada vez menores... Outro dia você estava atravessando o Hollywood Boulevard e foi atingido por um... Você teve que ir ao hospital removê-lo...
(friamente)
Você não está seguindo a coluna. Isso estava lá semana passada.

SIDNEY
Você acredita na pena capital, senador?

SENADOR
(se divertindo)
Por quê?

Sidney olha de lado para Hunsecker.

SIDNEY
(apontando para o telefone)
Um homem acabou de ser condenado à morte...

A expressão de Hunsecker fica séria; ciente da impertinência de Sidney, ele não se digna a reagir diretamente; ele se vira para o agente.

HUNSECKER
Manny, quais são exatamente os talentos ocultos deste lindo ser que você administra?

O agente olha sem jeito para a garota a seu lado.

AGENTE
Bem, ela canta um pouco...Você sabe, canta...

GAROTA
(automaticamente)
A fé de Manny em mim é simplesmente inspiradora, sr. Hunsecker. Na verdade, ainda estou estudando, mas...

Hunsecker analisa a garota intensamente.

HUNSECKER
Estudando o quê?

GAROTA
Canto, é claro... Clássico e...

O olhar de Hunsecker vai e volta entre a garota e o senador.

HUNSECKER
Por que "é claro"? Poderia ser, por exemplo, política...

A garota olha com nervosismo para o senador ao lado dela. O senador permanece tranquilo; solenemente, ele acende um charuto. A garota ri.

GAROTA
Mim? Quer dizer, eu? Você está brincando, sr. Hunsecker? Com a minha mentalidade de Jersey City?

Mais uma vez seu olhar conecta a garota e o senador.

HUNSECKER
A mentalidade pode ser de Jersey City, mas as roupas são Trainor-Norell.

A garota e o senador estão ambos nervosos. O senador examina a ponta de seu charuto e, com ponderação, vira-se em direção a Sidney.

SENADOR
Você é um ator, sr. Falco?

GAROTA
(ajudando a mudar de assunto)
Era isso o que *eu* estava pensando. Você *é*, sr. Falco?

Pela primeira vez, Hunsecker parcialmente se vira na direção de Sidney, se divertindo.

HUNSECKER
Como você descobriu, senhorita James?

Todos olham para Sidney.

GAROTA
Porque ele é tão bonito.

Sidney odeia amargamente o adjetivo, mas consegue esconder o fato; ele sorri graciosamente aceitando o elogio. Hunsecker (que sabe o que Sidney sente) está satisfeito; ele se vira totalmente para Sidney.

HUNSECKER

Vou dizer apenas uma vez que o sr. Falco é um homem de muitas faces, nenhuma tão bonita e todas enganam. Estão vendo esse sorriso? É a cara charmosa do moleque de rua. É parte do seu ato de "coitado" – ele se entrega à sua misericórdia. Eu ignoro o nervosismo suplicante que se perde no meio da fanfarra. Olhos marejados também são bem presentes – frequentemente juntos com o ato de franqueza juvenil: ele está falando direto do coração, entendeu? Ele tem uma meia dúzia de faces diferentes para as mulheres, mas a de que mais gosto é a do o sujeito rápido e confiável – não tem nada que ele não faria por você num piscar de olhos. Ou assim ele diz! Esta noite o sr. Falco, que não foi convidado por mim a se sentar nesta mesa, vai apresentar seu último e mais lamentável papel: pálido e boquiaberto. Basicamente, senhor e Lilly de Jersey, o menino sentado conosco é um faminto assessor de imprensa e cheio de truques presentes na sua profissão asquerosa!

Hunsecker havia começado seu discurso com calma, mas aos poucos seu desprezo e sentimentos frios embaraçaram e intimidaram todos à mesa. Em conclusão, Hunsecker, com os olhos em Sidney, pega um cigarro e aguarda...

HUNSECKER
(silenciosamente)
Acende, Sidney...

SIDNEY
(com calma)
Agora não, J. J....

Um homem empertigado vem até a mesa, obviamente ansioso para chamar a atenção de Hunsecker. Este, no ato de acender seu próprio cigarro, mal olha para o homem enquanto o dispensa:

HUNSECKER
Eu sei – semana que vem você vai estar dançando no bairro latino.
(bruscamente)
Vai nessa, Lester!

O homem empertigado vai embora. Para disfarçar o constrangimento, o senador investe em Sidney.

SENADOR
Posso fazer uma pergunta ingênua, sr. Falco? Como exatamente um assessor de imprensa trabalha...?

Sidney não responde.

HUNSECKER
Por que você não responde ao homem, Sidalee? Ele está tentando te salvar.

SIDNEY
(para o senador)
Você viu um bom exemplo de como. Um assessor de imprensa engole a sujeira de um colunista e deve chamá-la de maná.

GAROTA
O que é maná?

HUNSECKER
Poeira do céu.

O senador continua a falar com Sidney.

SENADOR
Mas você não ajuda os colunistas fornecendo material?

Sidney se inclina para a frente, mostrando ao senador alguns dos papéis que cobrem a mesa diante de Hunsecker; são notas manuscritas e folhas mimeografadas, restos de itens variados de agentes profissionais e amadores que abastecem o colunista. Sidney folheia alguns deles.

SIDNEY
Claro, os colunistas não iriam para a frente sem nós. Mas o nosso bom e velho amigo J. J. se esquece de mencionar isso. A gente fornece o material...

Sidney segura uma folha mimeografada, como um exemplo.

HUNSECKER
O quê, umas piadas baratas e sem graça?

SIDNEY
(desta vez para Hunsecker)
Você as publica, não?

HUNSECKER
Sim, com o nome dos seus clientes. Esta é a única razão pela qual aqueles perdedores te pagam – para ver o nome deles na minha coluna ao redor do mundo! E agora, pelo que parece, você está *me* fazendo um favor!

SIDNEY
Eu não disse isso, J. J.

HUNSECKER

O dia em que eu não puder contar com as anotações de assessores de imprensa, vou ser obrigado a parar de trabalhar e me mudar para o Alasca.

O agente faz o erro de tentar concordar com Hunsecker.

AGENTE
(concordando)
Prepare o iglu, aí vou eu.

Hunsecker descarrega sobre o desafortunado agente um pouco do aborrecimento provocado pela impertinência de Sidney.

HUNSECKER
(para o agente)
Preste atenção, Manny, você só está aqui por conta do senador, então cala a boca!

O senador não está contente com o modo como os outros estão sendo tratados, e sua cara deixa isso claro.

SENADOR
(com calma)
Veja, J. J., isso é um pouco demais. Parece que hoje qualquer um é seu alvo.

HUNSECKER
(não tão severo, mas...)
Este homem não é para você, Harvey, e você não deveria ser visto com ele em público. Porque esta é a outra parte da vida de um assessor de imprensa – ele procura escândalos de homens importantes e joga em qualquer coluna que o aceite.

O senador acha o jeito de Hunsecker perturbador, mas se dirige a ele diretamente.

SENADOR
Você está se referindo a algo que não compreendo...

HUNSECKER
(quase ameaçando)
Nós somos amigos, Harvey – nos conhecemos desde que você era apenas um deputado, não é mesmo?

SENADOR
Por que que tudo que você diz soa como uma ameaça?

Hunsecker se recosta, falando mais baixo, se divertindo.

HUNSECKER
Talvez seja um maneirismo – porque não ameaço amigos, Harvey. Mas por que dar munição a seus inimigos? Você é um homem de família. Algum dia, se Deus quiser, você pode querer ser presidente. Mas aqui está você, Harvey, em público, onde qualquer um sabe que este aqui...

Hunsecker se inclina apontando diretamente para o agente
... está trazendo *esta* aqui...

Hunsecker aponta para a garota.
... para você...

Agora Hunsecker está desafiando diretamente o senador. Ele sorri de forma reconfortante.

... Por acaso somos crianças?...

Hunsecker se levanta. Sidney faz o mesmo. O agente, muito nervoso, se levanta e a garota o imita. O senador, cujo rosto está sóbrio, também se levanta da mesa.

      HUNSECKER
    (para o senador, amorosamente)
  A próxima vez que você estiver por aqui pode vir ao meu programa de TV.

Sidney abre caminho, e Hunsecker rodeia a mesa até o senador. Este encara Hunsecker solenemente.

      SENADOR
   (silenciosamente e com cuidado)
  Obrigado, J. J., pelo que considero um bom conselho.

Hunsecker responde de forma solene como o senador.

      HUNSECKER
     (sem expressão)
  Vá em paz, e não peque mais.

  Existem muitas coisas que podem ser comparadas entre as duas versões. Por exemplo, o diálogo entre Sidney e o recepcionista ajuda a estabelecer os dois personagens e provavelmente Hunsecker também, enquanto a fala "algo... de cabelo... vermelho... e longo" nos diz algo sobre a personagem da garota. O modo como Sidney é grosseiro com a operadora é parte de seu personagem, já que ele pode ser mal-educado com seus inferiores à proporção que é bajulador daqueles de que precisa. (É também um sinal da ansiedade que sente para encontrar J. J.) A decisão de Sidney de não falar com Hunsecker na frente de outros sugere o que aparece mais tarde, que Sidney tem munição para o confronto que está por vir. Para o público, ouvir Hunsecker através do telefone antes de vê-lo é um vislumbre que atrasa a entrada do maior antagonista da história.

Quando a construção de um confronto foi tão elaborada, é necessário entregar imediatamente algum conflito forte. Portanto, a cena começa com uma discussão direta entre os dois homens assim que Sidney começa a falar com Hunsecker. Sidney está arriscando ser expulso do clube quando decide usar seu ás (a informação sobre Susan). Mas perceba que, uma vez que essa carta é usada (uma vez que um fusível foi aceso e um confronto, prometido), Odets pode levar bastante tempo antes de chegar ao ponto (Sidney contar a Hunsecker que Susan está noiva), algo que acontece diversas páginas depois.

Pense também na piada que Hunsecker conta sobre carros esportivos na Califórnia. No roteiro de Lehman, Hunsecker conta uma piada que é rude e sem graça. O momento não está lá pela comédia, mas pela caracterização: piadas vulgares realmente fazem parte do dia a dia dos colunistas de tabloides. Mas Odets leva isso um pouco além, pois enquanto a piada levemente suja está em sua versão pelo mesmo motivo, a falta de graça é ressaltada pelo fato de que apenas o agente bajulador ri.

Logo em seguida, temos um bom exemplo de triangulação. Sidney diz sua fala "Um homem acabou de ser condenado à morte" para o senador a fim de alfinetar Hunsecker em retaliação pela fala de que logo antes Sidney também havia sido "condenado". Perceba como, durante toda a cena, um efeito de ricochete é alcançado: uma fala é dita para uma pessoa, mas para o benefício de um terceiro. Essa triangulação é o que dá densidade à interação.

Hunsecker finalmente começa sua jogada (seu ataque ao senador) com a fala "quais são exatamente os talentos ocultos deste lindo ser que você administra?". A falta de reação do senador nos mostra que ele sabe exatamente aonde Hunsecker quer chegar. Isso é uma escrita maravilhosa, já que oferece ao diretor a chance de mostrar por meio da edição e de ângulos de câmera que a importância da cena se dá no que está implícito, e não nas falas em si (especificamente no modo como os personagens evitam contato visual). Inevitavelmente, a estratégia de defesa do Senador é mudar de assunto, e ele consegue, já que Hunsecker é incapaz de resistir à chance de humilhar Sidney por ter sido chamado de ator. (Todos os assessores de imprensa são capazes de odiar os atores para quem trabalham.) Aqui temos outro bom exemplo da técnica do ricochete, já que a fala de Hunsecker sobre o "faminto assessor de imprensa", apesar de ser direcionada às três pessoas à sua frente, ganha força pelas reações de Sidney.

Quando o senador pergunta a Sidney sobre seu trabalho, é por questões de exposição. As falas explicando a relação do assessor de imprensa e do colunista são elaborações de coisas que Jim Hill, como produtor, disse a Odets em nossa sala de roteiro. Porém, Odets não apenas usa o senador como contraste, mas entrega as respostas por meio de uma briga amarga entre Sidney e Hunsecker. Em uma questão separada, a raiva de Hunsecker por Sidney é então voltada a um ataque perverso ao agente. Essas mudanças bruscas de emoção são o que fazem de Hunsecker uma pessoa perigosa. Porém, quando o clímax da cena chega com força, ele está sereno e sincero. Aqui, Odets finalmente cumpre a promessa do longo e lento desenvolver do homem que "pode dizer até ao presidente o que fazer". Como Odets explicou para mim, Hunsecker volta a ser bem-humorado e charmoso com a fala "Por acaso somos crianças?", já que ele acabou de "sentir o gosto de sangue".

Cena após cena, Odets ajuda a aprofundar a densidade do roteiro como um todo; por exemplo, na rápida interação entre Sidney e Jimmy Weldon, um de seus clientes, logo antes de ele entrar no Twenty-One Club. Aqui, um drama inteiro é criado em apenas duas páginas (também com os ângulos de câmera omitidos)[54].

54. Do roteiro publicado, pp. 35-6.

EXT. TWENTY-ONE CLUB – NOITE (CREPÚSCULO)

Sidney atravessa a multidão, mas assim que ele tenta entrar no clube, a mão de Weldon o segura e o puxa até o pátio estreito. Sidney se incomoda instantaneamente com esse abuso, mas se compõe, abrindo um sorriso para Weldon.

SIDNEY
Jimmy! Que coincidência. Eu vou somente...

WELDON
(interrompendo)
É. Uma coincidência você encontrar o cara que tem evitado a semana inteira!
(para a garota)
Joan, este é meu assessor de imprensa.

Weldon, zombando de Sidney, se diverte com a garota. Sidney, é claro, não.

SIDNEY
(rapidamente)
Tentei te contatar duas vezes ...

WELDON
(interrompendo)
O que você faz para ganhar cem dólares por semana? Cai da cama?

SIDNEY
Jimmy, estou entrando justamente para falar com o Hunsecker. Eu prometo...

WELDON
(brincando)
Joan, chame a polícia! Vamos prender esse garoto por furto!

Sidney estremece, com seu orgulho afetado.

SIDNEY
Escute, quando sua banda estava tocando no Rosaland...

WELDON
(interrompendo)
Isso foi há dois meses. Tire suas mãos do meu bolso, ladrão!

A garota tenta acalmar Weldon, que passou de uma brincadeira a um tom de desprezo.

A GAROTA
Calma, Jimmy, querido...

WELDON
(indignado)
Por quê? É um trabalho sujo, mas eu pago com dinheiro limpo, não é mesmo?
Abruptamente, Sidney explode, dando tanto quanto recebeu.

SIDNEY

Não mais! O que é isso – você está tentando se achar na frente dela? Querem que te escutem lá na Coreia?

WELDON

(sorrindo para a garota)
Ele é intuitivo – sabe que vai ser demitido!

SIDNEY

Se você é engraçado, James, eu sou um pretzel! Desaparece!

Weldon, virado para a garota, já está indo embora pela calçada.

WELDON

Foi bom te conhecer, Sidney. Não foi barato – mas foi bom. Aproveite o seguro-desemprego.

Embora Weldon seja mencionado na versão de Lehman, Odets faz um uso muito melhor do personagem. Quando Sidney volta ao escritório na segunda cena do filme, Sally está falando com um "sr. Weldon" ao telefone. Weldon demitir Sidney na porta do clube logo antes de este confrontar Hunsecker eleva a tensão dramática, já que Sidney se sente ainda mais desesperado. Perceba também o uso da garota com Weldon como contraste. O ataque a Sidney feito por Weldon é mais humilhante por ser em frente a uma testemunha; e ao fazer Weldon dizer a ela falas que são intencionadas a seu assessor de imprensa, Odets a usa de maneira eficaz.

Um dos elementos que Odets retém da versão de Lehman é a história do comediante Herbie Temple e o truque que Sidney dá nele. Ao descobrir que a coluna de fofocas da edição do dia seguinte contém uma menção ao comediante, Sidney liga para Herbie e se oferece para persuadir seu amigo colunista a incluir algo sobre ele, até mesmo fingindo fazer um telefonema para o jornal, mas na verdade ligando para seu escritório. O incidente em si é uma subtrama inteira (que depois se prova válido em um encontro com o comediante), e mais uma vez ajuda na densidade da narrativa como um todo. Apesar de a cena (e outras do filme final) poder ser eliminada sem danificar seriamente as ações principais da história como um todo, seu valor é óbvio. Embora o encontro com Herbie não faça nada além de demonstrar os métodos enganosos de Sidney, a cena mostra um truque bem-sucedido e proporciona algum alívio para a imagem do jovem que está tão à mercê de seu coconspirador, J. J. Hunsecker.

Cortando diálogos

Quando comecei a trabalhar em um estúdio em Londres, eu não era muito bom em escrever diálogos. Por conta disso, precisei desenvolver métodos para comunicar minhas ideias visualmente, algo que me destacou justamente quando a indústria do cinema britânico estava expandindo, e rapidamente (e de forma absurda) me deu a reputação de ser bom em cortar diálogos.

Meu primeiro trabalho na indústria do cinema foi uma posição baixa no departamento de roteiro de um estúdio britânico. Naquela época, roteiristas estabelecidos eram contratados por estúdios como freelancers para projetos específicos negociados individualmente. Geralmente era uma escolha do estúdio estender o contrato por seis semanas para cada versão do roteiro. O estúdio poderia pedir duas ou três versões, com a última sendo uma colaboração próxima entre o roteirista e o diretor. Mas sempre se entendeu que o estúdio tinha a liberdade para designar um novo roteirista a qualquer momento do processo. Roteiristas contratados, que tinham uma importância menor, recebiam salários regulares e precisavam trabalhar em qualquer trabalho entregue a eles. Nesse sentido, o roteirista contratado era um picareta. Ele não recebia créditos e muitas vezes precisava reescrever cenas, fazendo ajustes sugeridos pelos produtores ou pelo diretor. Para mim, essa era uma experiência maravilhosa, e uma das coisas que não gosto da indústria hoje em dia é que esse tipo de campo de treinamento para roteiristas principiantes não existe mais.

55. O filme a que Mackendrick se refere aqui é *Dance Hall*, dirigido por Charles Crichton em 1950.

Tenho uma história para contar sobre uma das experiências. Eu a conto um pouco envergonhado, já que provavelmente ela não me favorece, mas ao menos ilustra um ponto. Pouco depois de me contratar, o estúdio começou a desenvolver uma história que seria uma espécie de musical. O enredo não tinha nada de especial e lidava com os problemas no casamento de um casal bem jovem[55]. Para trabalhar nessas cenas, o produtor havia contratado um dramaturgo britânico conhecido. Uma cena envolvia uma situação em que, enquanto faz compras, a jovem esposa se depara com um homem com quem teve um caso antes de conhecer seu marido. Lembrando-a de que ela esqueceu algo em seu apartamento (um par de patins, se lembro bem), ele a leva até lá e, com um charme experiente, tenta seduzi-la. Ao ser rejeitado, ele aceita a situação sem problemas.

Não era uma cena muito original, e isso se dava possivelmente pelo fato de que o roteirista havia se esforçado bastante para deixá-la o mais sensível, moderna e original possível. O resultado era muito bem escrito. Mas eram 25 páginas, e tanto o produtor quanto o diretor estavam muito desanimados. Eles a viam como uma peça de um ato que funcionava por conta própria e que atrapalhava o desenvolver de um filme cuja real intenção era apenas um amontoado de cenas musicais. O dramaturgo, sendo o profissional que era, reconhecia esse problema. Mas quando pediram a ele que a cortasse, ele logo descobriu que era incapaz de tirar mais do que três ou quatro páginas, e até esses cortes eram dolorosos para ele. Então, felizmente aceitou ao menos deixar que outro roteirista tentasse completar a tarefa.

A segunda escritora designada era muito mais experiente em escrever para o cinema. Uma das supostas regras do estúdio naquele momento era que nenhuma cena deveria ser mais longa do que oito páginas (quatro ou cinco seria o ideal). Essa nova escritora ficou muito impressionada com a cena original (diferentemente de muitos roteiristas, que sempre apontam problemas no trabalho dos outros) e trabalhou duro nos cortes, ao ponto de alterar drasticamente a estrutura da cena original. Mas quando ela voltou com uma cena que ainda tinha uma dúzia de páginas, admitiu que não sabia como reduzi-la mais sem danificar a cena completamente. O produtor e o diretor sentiram que estavam com sérios problemas. Desesperados, eles lembraram que o estúdio pagava o salário de um jovem que havia sido contratado para o departamento de roteiro não por ser incrível em escrever diálogos, mas porque ele compensava isso usando certas habilidades que aprendeu quando era ilustrador e cartunista. E me entregaram o problema.

"Quão curta vocês a querem?", perguntei. "Corte tudo o que puder", eles disseram. Fiquei impressionado com o diálogo de ambas as versões, e estava ciente de que eram muito melhores do que qualquer coisa que eu poderia fazer. Bem nervoso, passei um dia inteiro analisando não o diálogo, mas a estrutura da cena. Pensei nos personagens e tentei definir seus sentimentos e impulsos. Marquei os pontos importantes da cena, seus movimentos identificáveis, as mudanças de intenções e de humor. Também estudei o contexto em que a cena se encaixava na história como um todo. E então, sem muita segurança, decidi sair e esquecer o problema. Na verdade, isso é algo que faço com frequência. Quando um dilema de escrita aparenta ser insolúvel, não é má ideia deliberadamente tirá-lo da cabeça e ir fazer outra coisa. Encontre amigos para conversar sobre outras coisas. Jogue uma partida de tênis. Vá a um show. Dê uma longa caminhada. Fique bêbado. Qualquer coisa que, ao impedir você de pensar, mande o problema para o sub, ou pelo menos semi, consciente. Logo, antes de dormir, brevemente recapitule o dilema não resolvido em sua mente.

O que ocorreu comigo é o que acontece com muitos de nós que usamos esse método. Acordei de madrugada com uma ideia que parecia ser ridícula. Levantei-me e escrevi a primeira versão. Depois do café da manhã, eu a poli um pouco e a levei ao estúdio. Com certo receio, entreguei-a às datilógrafas do departamento de roteiro. Essas jovens conhecem bem as políticas do estúdio e não fiquei muito tranquilo ao ouvi-las rir logo depois que fechei a porta da sala. Uma hora depois fui convocado a uma reunião com o chefe do departamento de roteiro. Ao me aproximar de sua sala, ouvi ainda mais risadas. Sabendo muito bem que o meu contrato estava acabando, entrei e vi que o produtor, o diretor e o chefe do departamento estavam lá, e todos se divertindo. Recompondo-se, o diretor me disse que eu havia resolvido o problema e que ele filmaria a cena exatamente como eu a havia escrito.

Eu deveria descrever minha solução aparentemente brilhante e o cintilante diálogo. A cena começa no apartamento vazio do suposto sedutor. Ele entra carregando as compras da jovem esposa, livra-se logo delas e anda até um toca-discos. Quando a jovem atravessa a porta, analisando o quarto que claramente lhe traz lembranças, a música começa a tocar, ressaltando ainda mais as recordações. O homem vai até ela, sem dizer nada, e oferece pegar seu casaco. Quase sem hesitação, ela deixa que ele pegue o casaco, que coloca em uma cadeira ao lado da mesa em que começa a preparar um coquetel, mais uma vez sem sequer precisar perguntar o que ela deseja. Ao aceitá-lo, claramente ela percebe que ele se lembra dos gostos dela. Ela sorri e continua escutando a música do toca-discos. Mas, quando ele se junta a ela, carregando o próprio coquetel, ele se inclina para beijar seu pescoço. Ela se vira bruscamente, chacoalhando lentamente a cabeça.

JOVEM ESPOSA
(negativamente)
Mm-mm.

SUPOSTO SEDUTOR
(faz uma careta, se questionando)
Mm-mm?

Ela olha para ele. Ele devolve o olhar, com expressão séria.

JOVEM ESPOSA
(silenciosamente, com afeto)
Mmm-mm.

O sedutor aceita a rejeição educadamente. Ele se afasta, abre um armário e depois de um momento volta com os patins da jovem. Ele é respeitoso.

JOVEM ESPOSA
(dando à palavra muitos significados)
Obrigada.

 Dois resultados vieram dessa versão da cena que condenaram ao lixo os esforços de roteiristas muito mais talentosos do que eu. O primeiro foi que, encenada por dois atores com grandes habilidades e personalidades naturalmente atraentes, a cena funcionou muito melhor do que provavelmente merecia, e como as outras versões nunca foram vistas, ninguém pode dizer se elas teriam sido melhores. A segunda foi que meu contrato foi renovado e fui pessoalmente reconhecido pelo executivo-chefe do estúdio como um jovem que talvez um dia fosse melhor diretor do que roteirista. (Anos depois, li que

Raymond Chandler acreditava que a melhor cena de diálogo que escreveu para um filme de Hollywood continha apenas uma palavra: "Uh-huh", dita três vezes com entonações diferentes. É a mesma anedota.)

Talvez seja relevante lembrar os estudantes de que cenas sem palavras como essas são, de certa forma, tão difíceis para um roteirista escrever do que uma cena com diálogos rápidos e claros, já que elas dependem de uma análise cuidadosa do comportamento mudo de personagens, do uso de adereços e da encenação da ação. É claro que tais cenas devem levar em consideração as situações que as antecederam, assim como toda a estrutura dramática por trás do filme como um todo, uma compreensão que deve sempre vir antes de qualquer diálogo. A verdade é que, ao cortar as 25 páginas de diálogo para três barulhos não verbais e uma única palavra, permaneci absolutamente fiel à história original do dramaturgo.

O exercício de Salomão

No livro *O espaço vazio* [*The Empty Space*], o diretor Peter Brook escreve sobre uma cena de *Romeu e Julieta*, de Shakespeare. Brook convida o leitor a considerar que, se a cena tivesse sido escrita como um roteiro, o dramaturgo talvez tivesse substituído grande parte do diálogo por imagens cinematográficas, cortando drasticamente o diálogo. Nas palavras de Brook:

56. *The Empty Space*, pp. 135-6.

> Foi pedido [aos atores] que selecionassem apenas aquelas palavras que pudessem encenar em uma situação realista, as palavras que eles poderiam usar inconscientemente em um filme... [Eles] encenaram isso como uma cena genuína de uma peça moderna cheia de pausas – dizendo as palavras selecionadas em voz alta, mas repetindo para si mesmos as que faltavam para alcançar os comprimentos desiguais dos silêncios. O fragmento da cena que surgiu seria uma boa cena para o cinema, já que os momentos de diálogo conectados por um ritmo de silêncio com durações diferentes seriam sustentados por planos fechados e outras imagens silenciosas e relacionadas às ações.[56]

Na minha visão, esse exercício está diretamente relacionado a algo que todo diretor de cinema deve fazer ao se deparar com qualquer texto. Para tornar uma ação visual, o diretor e seu time de colaboradores trabalham de trás para a frente a partir das palavras, refazendo o trabalho que o roteirista fez antes mesmo de essas frases de diálogo serem escritas.

Embora roteiristas sejam capazes de declarar "No princípio era o verbo", a verdade é que o primeiro passo em toda escrita visual é dramático. A capacidade de imaginar do roteirista é literalmente um processo de criar imagens em sua mente. É a visualização de pessoas, lugares e atividades, da qual surge o impulso para o diálogo.

Aqui está uma tentativa antiga de como usei as ideias ensinadas no curso de Construção Dramática para preparar uma versão da história bíblica de Salomão. Vocês se lembrará do conto, presente em I Reis, capítulo 3, versículos 16-28. Duas prostitutas vão ver Salomão, rei de Israel. A primeira mulher explica como pariu uma criança, e que três dias depois a outra também deu à luz. Uma noite, a primeira mulher explica que a outra mulher sufocou a criança e substituiu seu corpo pelo filho ainda vivo da primeira mulher. A segunda prostituta nega isso, dizendo que o bebê morto pertence à primeira mulher. Para resolver a disputa, Salomão pede uma espada com a qual cortará o bebê vivo em dois, dando uma metade para cada mulher. Enquanto a primeira acha que isso é uma boa ideia, a segunda fica horrorizada, e Salomão imediatamente entrega a criança a ela, sabendo claramente que ela deve ser a mãe.

À primeira vista, a mãe falsa é de longe a personagem mais interessante. Como ela teria sufocado a criança? Estaria bêbada? A solidão da vida de prostitutas também me ocorre com a frase "Estranho nenhum estava conosco na casa, mas apenas nós duas." (versículo 18). Mas a frase que não sai da minha cabeça é "Porém a outra dizia: 'Nem teu nem meu seja, antes dividi-o' (versículo 26). De fato, minha primeira reação é que seria impossível uma atriz encontrar um modo de proclamar essa fala de maneira convincente. Mas a tarefa do roteirista e do diretor é obviamente achar um modo de fazer os personagens serem críveis, e aprende-se com essa experiência que é esse esforço que fornece vislumbres inesperados sobre o caráter. Quando você descobre como acreditar, a frase que à primeira vista aparenta ser impossível de interpretar pode se transformar no diálogo mais importante.

Então como é possível que ela diga tal coisa? Uma maneira de abordar essa história bíblica é enquadrá-la como o relato prático de um incidente real (um que eventualmente se tornou um tipo de mito). O que decido fazer é explorar as motivações possíveis dos personagens que fazem parte do subtexto da história. Por meio de um processo que chamo de um sonhar acordado disciplinado, deixo minha mente vagar por várias possibilidades, mas não foco em nenhuma delas, já que o que quero é o maior número possível de possibilidades. Embora eu esteja procurando manter os personagens como figuras mutáveis e nebulosas, experimento diversos tipos de feições, temperamentos e comportamentos para preencher esses personagens que, por ora, não têm vida. Deixo minha imaginação explorar a vida das duas prostitutas. Qual é a relação entre elas? Diz-se que as prostitutas ressentem tão profundamente sua degradação pelos homens que dependem de amizade, companheirismo e, às vezes, intimidade sexual com outras mulheres. Será que isso ajudaria a explicar a atitude venenosa da garota que preferiria ver a criança desmembrada a vê-la nos braços da mãe verdadeira?

Sinto (de forma emocional, não analítica) a malícia feroz dessa mulher que quer ver uma criança desmembrada. Por quê? Só pode ser porque ela quer causar a agonia e o prejuízo mais horrendo na outra prostituta com quem divide um prostíbulo. Mas qual é a razão desse ciúme? A outra mulher é mais jovem, mais bem-sucedida como prostituta? Possivelmente, mas rejeito essa razão, já que ela é dramaticamente indesejável (é muito óbvia). Suspeito que talvez seja melhor trabalhar a questão da culpa de ter matado o próprio bebê, talvez por conta de uma embriaguez. Se é a mãe falsa que sufocou o próprio bebê, estaria ela projetando o ódio de si mesma na mãe inocente?

Voltando à frase "Nem teu nem meu seja, antes dividi-o", certamente qualquer mulher com esse discurso reconhece que ele a condena completamente. Isso prova sua culpa, e por isso mesmo minha primeira reação é de que essa é uma frase que não funciona. Mas agora vejo uma possível solução: encenar a fala como uma admissão selvagem de culpa, como uma reação feroz e desafiadora ao fato de que não apenas Salomão mas todos os presentes a viram pelo que ela é. Ao perceber o impacto dramático dessa opção, senti o gosto do tom que ajudaria a construir essa cena dramaticamente. Comecei a pensar sobre a personagem da mãe inocente, a mãe verdadeira. Como ela se sente a respeito de sua antiga companheira? Elas certamente se conhecem muito bem e, mesmo nessa terrível amargura, a mãe verdadeira deve compreender muito bem a falsa mãe.

Nesse ponto começo a perceber que, para haver uma peripécia eficaz, a cena tem de ser construída de modo que, pelo menos na superfície, a falsa mãe pareça mais lamentável. A atuação da mulher culpada, sua demonstração de angústia e injúria, precisa ser excepcional. Para produzir o choque e a peripécia necessária, devemos carregar a situação de tal maneira que nos faça esperar que a mulher culpada seja a mãe verdadeira e torcer para isso acontecer. Qual será o choque com a revelação da cena? Que ela está preparada para ver a criança desmembrada, já que isso significaria uma vingança contra a mãe verdadeira. Essa saída funciona, e a imagem que vem à minha mente é a expressão do rosto da mulher culpada quando vê nos olhos de Salomão, e então nos olhos de todos os presentes, como o rei a desmascarou. O choque (que deve ser o mais forte que conseguirmos provocar) precisa causar uma mudança em nossos sentimentos sobre as duas mulheres.

Aqui, mais uma vez vejo a falsa mãe como a mais cativante. Quanto mais aparentemente vulnerável no início, mais trágica a cena será após o desmascaramento.

Minha próxima preocupação era Salomão. Já o vi como um estereótipo, o patriarca que é todo-poderoso e sabe de tudo, com uma longa barba branca. Minha experiência diz que, se ele é o protagonista, essa caracterização é um erro. Mas seria ele realmente o protagonista? Se as mulheres têm um interesse dramático maior, por que não contar a história a partir do ponto de vista de uma delas? Rejeito essa ideia, já que Salomão é claramente o catalisador principal do clímax: é a armadilha criada por ele que providencia a crise principal.

Imediatamente vejo por que comecei pelo personagem da falsa mãe: eu estava fazendo justamente o que Salomão precisa fazer – desvendar o mistério dessas personagens femininas. Então, começo o processo de pensar não em um personagem como um personagem em si, mas como interações entre personagens. Eu me pergunto: o que A pensa que B pensa sobre A? Isso soa complicado (e é), mas essa é a essência necessária para darmos densidade a um personagem e, portanto, a uma cena. A forma mais simples de fazer Salomão mais interessante é perguntar: "Por que ele precisa ser tão poderoso e seguro? O que está em jogo para ele?" A reação preliminar: não muito. Ele é o rei, ele é seguro, tudo que ele precisa fazer é ser esperto. Isso é meio sem graça. Eu gostaria que algo estivesse em jogo de seu ponto de vista. Voltando ao texto, algo me ocorre. Encontro esse elemento onde geralmente está, no fim: "E todo o Israel ouviu o juízo que julgara o rei, e temeu ao rei, porque viram que havia nele a sabedoria de Deus, para fazer justiça" (versículo 28).

Isso me leva a seguir com outra "regra": ao buscar novos modos de entender um texto, pode ser útil fazer uma pesquisa de base. Não se limite ao material dentro da cena – faça um estudo do contexto mais amplo. Deixei a Bíblia de lado e peguei uma enciclopédia para procurar mais sobre o rei Salomão. Aparentemente havia uma considerável controvérsia sobre sua ascensão ao trono de Davi, e que Salomão na verdade não era considerado o filho com maior probabilidade de suceder seu pai. Essa ideia dá uma perspectiva totalmente diferente às frases finais da história de Salomão e me faz ver o rei de uma maneira diferente.

Na história da Bíblia, o incidente do julgamento das duas prostitutas não é situado em nenhum momento específico do longo reinado de Salomão. Como já mencionei, eu o via como um rei onisciente e todo-poderoso. De repente me ocorre que a cena seria muito mais interessante se ela se passasse durante sua juventude, ainda se acostumando ao trono e a suas responsabilidades, e rodeado de anciãos que até aquele momento não estavam convencidos de que ele merecia sua autoridade real. Percebo novamente a validade de ver o que acontece no final em busca de pistas sobre qual pode ser o possível tema da história e o que pode acontecer no início. Tenho a ideia para mais uma peripécia após o desmascaramento da falsa mãe: uma reviravolta na atitude desses homens mais velhos, pois eles sentem não apenas que o jovem é astuto, mas que sua perspicácia vem de Deus. Na verdade, essa é a peripécia mais importante da cena (uma vez que Salomão é o protagonista). É um tipo de fato na construção dramática em que o protagonista é quem sabemos ter mais coisa em jogo e para quem o momento obrigatório é o confronto com a principal tensão dramática que sustenta a cena.

Vejo Salomão sendo convocado para resolver o problema que, até aquele momento, já havia sido analisado por três juízes diferentes. Por que três? Porque um trio parece representar o sumário de uma comunidade maior, e também por poder apresentar um grupo em que dois têm ressalvas sobre o jovem Salomão, e outro que acredita nele. Assim é possível ter uma mudança de equilíbrio à medida que Salomão conquista a admiração da maioria. Por hora isso é apenas um exercício sem estrutura da imaginação; ainda não comecei o trabalho de verdade. E devo também ressaltar que estou pensando no fim, ignorando o começo. Com isso em mente, começo a selecionar os personagens dessa breve cena. São eles:

- Salomão, jovem, inexperiente em relação às próprias responsabilidades, ainda não totalmente seguro e ciente do ceticismo de seus críticos e rivais.
- Um adepto de Salomão, talvez algum tipo de camareiro ou funcionário, provavelmente um dos juízes.
- Dois outros contrastes: os céticos que não conseguiram julgar o caso.
- A falsa mãe. A mais bonita e jovem das duas prostitutas, e uma mentirosa. Suas lágrimas reais são o resultado de sua culpa e do nojo que sente por si. Ela se culpa não apenas por ter sufocado acidentalmente o bebê, mas também por saber que nunca teria sido uma boa mãe. Ela é inteligente e percebe imediatamente quando e como Salomão a desmascara.
- A mãe verdadeira. Uma mulher com sentimentos reais por sua criança, provavelmente com uma compreensão real da dor da outra mulher e das razões por trás de suas ações. Não necessariamente uma mulher totalmente doce. Ela sente raiva dos juízes, e até de Salomão por sugerir cortar a criança no meio (afinal, o truque de Salomão é muito sádico).
- Alguns personagens secundários, necessários apenas para reagir à ação: um oficial de justiça ou sargento da corte, uma enfermeira a quem a criança foi entregue durante a investigação e um guarda.

57. Mackendrick também produziu uma apostila que continha *storyboards* do roteiro que havia escrito, detalhando todas as configurações de câmera para uma proposta de gravação com três câmeras nos estúdios do CalArts. Alguns detalhes dessas anotações estão incluídos aqui.

Caso eu tivesse decidido que uma das mães seria a personagem principal, os personagens de contraste que representam os dois lados do caso provavelmente não seriam necessários. Mas agora que eles existem, e que terão um envolvimento no ponto real da cena (o sucesso de Salomão em convencer aqueles que duvidavam dele), percebo que a cena precisa focá-los. Sua relação com Salomão precisa ser estabelecida antes do problema das afirmações conflitantes das duas mães, ou no mínimo durante o processo.

E tem mais: se tentarmos usar um estilo realista, o resultado será ou vergonhoso, ou uma farsa. Estudantes cobertos por lençóis tentando proclamar uma linguagem bíblica certamente será ridículo. Não temos tempo nem dinheiro, e talvez nem sequer talento, para tentar algo assim. Portanto, sugiro uma abordagem mais segura e, de certa forma, mais experimental: um efeito abstrato, no sentido que deliberadamente mescla cenários diferentes e até contraditórios ou incompatíveis. De um lado, temos a origem bíblica da história, do outro, uma atualização dos sentimentos desses personagens e como seriam vividos por jovens do sul da Califórnia em 1976[57].

CENA UM

Uma espécie de tribunal, um cenário que pode ser visto como contemporâneo ou um símbolo da realidade judaica do passado. Grande e sombrio, vazio, com exceção de uma figura, um jovem andando pela penumbra. Parece deprimido, inseguro. Ele se aproxima de uma plataforma elevada e de um longo banco na frente de cadeiras que aparentam ser judiciais. Em frente à central, que é a mais imponente, está um candelabro de aparência religiosa. Também alguns grandes livros, de aparência sagrada ou legal. Olhando para a grande cadeira atrás do banco, o jovem (SALOMÃO) encontra um cigarro no bolso de seu jeans, o acende na vela sagrada e, en-

tão, cabisbaixo, se abaixa para sentar no canto da plataforma e se deita, de olhos fechados e fumando. A câmera, com uma grande-angular, está em um dolly baixo. A iluminação é suave, como se a luz viesse principalmente das velas. Há uma atmosfera religiosa e uma música tensa e majestosa. Uma narração que sussurra com certo eco. Corte do plano geral para um plano fechado de SALOMÃO.

Abaixo: *Set* de *Salomão*.

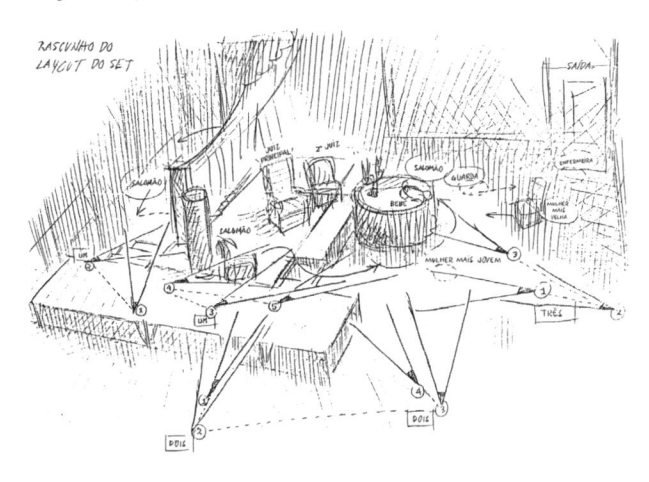

VOZ
(baixa, "interior")

E aproximaram-se os dias da morte de Davi; e deu ele ordem a Salomão, seu filho, dizendo: "Vou pelo caminho de toda a Terra: sê forte, pois, e sê homem..."

SALOMÃO *abre seus olhos por um instante. Ele olha em direção à grande cadeira, com as velas à frente. Sua chama tremula em uma corrente de ar.* SALOMÃO *fecha seus olhos de novo.*

VOZ
(continuando)

E em Gibeão apareceu o Senhor a Salomão de noite em sonho, e disse-lhe Deus: "Pede o que quiserem que te dê."

E disse Salomão...

(Plano fechado no rosto de Salomão, seus lábios mal se movem, como se estivesse quase dormindo)

"De grande benevolência usaste tu com teu servo Davi, meu pai, como também ele andou contigo em verdade. Tu fizeste teu servo reinar em lugar de Davi, meu pai; e sou ainda menino pequeno; nem sei sair, nem entrar."

Mais uma vez as velas tremulam antes de um dissolve para a

CENA DOIS

Uma área atrás do tribunal com corredores, escadas. A música diminui e para. Salomão atravessa uma porta, passando por vários personagens que estão vagando no recinto do Tribunal, peticionários, conselheiros e afins (plano fechado em SALOMÃO*). Eles abrem alas para o jovem, mas não demonstram respeito em sua chegada. Ele deixa claro que está atrasado. No topo de alguns degraus está uma porta que dá na plataforma onde os juízes já aparentam estar em sessão. Prestes a entrar,* SALOMÃO *hesita, sem ter certeza como se mostrar. Do outro lado da porta, está um* OFICIAL *que percebe* SALOMÃO*, hesita, e então anda até o banco para pôr ordem no tribunal. Mas* SALOMÃO *rápida e discretamente o desencoraja dessa interrupção do processo que começou sem ele. Nesse ínterim, ouvimos alguns dos interrogatórios preliminares. (Importante ter um plano da sala que estabeleça o máximo possível da geografia do cenário e dos personagens presentes.)*

CHEFE DE JUSTIÇA
E a criança? Onde ela está agora?

OFICIAL DE JUSTIÇA
Está aqui, senhor. Com a enfermeira.

CHEFE DE JUSTIÇA
Certo. Mas não há testemunhas, ninguém que possa apresentar evidências. Apenas as duas mulheres.

O CHEFE DE JUSTIÇA *ocupa a cadeira central atrás do banco do juiz, em uma clara posição de autoridade. O* SEGUNDO JUIZ *senta atrás dele. Das outras cadeiras, a mais perto da porta está vazia. Abaixo dos degraus do juiz, está uma pequena mesa com um grande livro. Aqui, aqueles que dão testemunho ficam de pé enquanto se dirigem aos juízes. Atrás do* OFICIAL DE JUSTIÇA, *uma espécie de policial ou oficial, estão duas mulheres, as queixosas. Entre elas está um* GUARDA *armado com uma pequena espada. No fundo está a* ENFERMEIRA *mencionada, carregando uma trouxa – a criança. O* SEGUNDO JUIZ *percebeu a chegada de* SALOMÃO *e indica sua presença ao se levantar da cadeira. Isso leva o* CHEFE DE JUSTIÇA *também a reconhecer* SALOMÃO *(plano de reação) e, depois de uma hesitação quase imperceptível, ele também se levanta, saindo de sua posição de superioridade. Mas* SALOMÃO *já está a caminho de se sentar na cadeira vazia perto do banco. (Plano que mostra o* CHEFE DE JUSTIÇA, *o* SEGUNDO JUIZ *e* SALOMÃO *sentados juntos.)*

CHEFE DE JUSTIÇA
(hesitando)
Nós já havíamos começado, senhor. Não tínhamos certeza se você...

SALOMÃO
Vocês fizeram a coisa certa. Sentem-se, por favor.

O CHEFE DE JUSTIÇA *indica a cadeira central, mas* SALOMÃO *já está na cadeira vazia, olhando os documentos de sua fonte e observando as figuras no tribunal. (Planos dos documentos, e a geografia do tribunal vista pelos olhos de* SALOMÃO.*) Desconfortável com a falta de cerimônia, o* CHEFE DE JUSTIÇA *troca um olhar com o* SEGUNDO JUIZ *e volta a se sentar (plano de reação). Ainda incerto se deve continuar ou recomeçar, ele olha para o jovem que não deixa de analisar os papéis. O* CHEFE DE JUSTIÇA *continua. (Durante este discurso, temos planos da* MULHER JOVEM *e da* MULHER VELHA *juntas, e as reações de* SALOMÃO.*)*

CHEFE DE JUSTIÇA
Vocês duas foram avisadas da punição daqueles que, uma vez sendo julgados aqui, usam o nome do Senhor em vão. Vocês conhecem os estatutos e os mandamentos contra o falso testemunho?

A MULHER JOVEM, *que observa* SALOMÃO, *acena que sim para o* CHEFE DE JUSTIÇA. *A* MULHER VELHA *segura suas mãos para trás e está silenciosa, sem expressão. O* CHEFE DE JUSTIÇA *inclina sua cabeça e o* OFICIAL *gesticula para que a* MULHER JOVEM *avance e comece seu testemunho. (Planos do* CHEFE DE JUSTIÇA *e do* SEGUNDO JUIZ *sem* SALOMÃO.*)*

MULHER JOVEM
(emocional mas com grande sinceridade)
Eu... eu e esta mulher vivemos na mesma casa. Eu tive um... eu dei à luz uma criança... enquanto ela estava lá na casa. Depois... três dias depois, ela também pariu uma criança.

Enquanto a MULHER JOVEM *tenta controlar suas emoções, o* SEGUNDO JUIZ *intervém. (Plano das duas mulheres.)*

SEGUNDO JUIZ
Mais alguém estava lá? Os pais?

Nenhuma das mulheres responde. A MULHER JOVEM, *angustiada, chacoalha a cabeça. O* OFICIAL *é quem responde.*

OFICIAL
Não, senhor. Apenas as duas mulheres. Elas...
(ele hesita)

CHEFE DE JUSTIÇA
Elas são prostitutas, se compreendo bem.

OFICIAL
Sim, senhor.

Um momento. A MULHER JOVEM *continua pateticamente.*

MULHER JOVEM
Não havia mais ninguém, apenas essa mulher e eu.
(um momento)
E a criança morreu.

SALOMÃO
(gentilmente)
Como ela morreu?

A MULHER JOVEM, *chorosa, olha para a outra mulher, que não demonstra nada além de uma amargura estoica. Ela sabe que* SALOMÃO *a observa. A* MULHER JOVEM, *chorando, chacoalha a cabeça.*

MULHER JOVEM
Eu... eu não sei. Ela morreu... ela morreu de noite. Eu não sei como, mas talvez ela... tenha deitado na criança. Ela havia bebido e...

A MULHER VELHA *se move e percebemos que suas mãos estão amarradas atrás de seu corpo.*

SALOMÃO
Por que ela está amarrada?

OFICIAL
Ela estava violenta. Recusava-se a vir conosco. Estava violenta, então nós...

MULHER JOVEM
Eu não sei como ela morreu. Mas quando nós duas estávamos deitadas, ela... ela se levantou... se levantou durante a noite, e pegou meu bebê... enquanto eu dormia. Ela pegou meu bebê... e o levou até a cama dela, e botou a criança morta ao meu lado...
(chorando)
Eu acordei... acordei de manhã para alimentar meu bebê e... e ele estava morto. Mas não era meu bebê! Não era meu! Não era minha criança, meu filho, meu bebê... o bebê que eu...

Neste momento, a MULHER VELHA *se vira abruptamente, olhando em direção à* ENFERMEIRA, *e nós ouvimos um choro vindo da* CRIANÇA *(a* MULHER VELHA *já o havia escutado). A* MULHER JOVEM, *olhando para a* MULHER VELHA, *reage em seguida e tenta ir até a* ENFERMEIRA, *mas o* OFICIAL *a impede, indicando que ela fique de frente aos juízes. O* CHEFE DE JUSTIÇA *olha para* SALOMÃO, *que observa as mulheres. A* ENFERMEIRA *cobre a* CRIANÇA *com seu xale para alimentá-la. O* CHEFE DE JUSTIÇA, *após conferir com o* SEGUNDO JUIZ, *mais uma vez se vira em direção a* SALOMÃO.

CHEFE DE JUSTIÇA
Senhor, você quer interrogar as mulheres, ou tem alguma opinião?

SALOMÃO
Traga a criança aqui.

Salomão se levanta e desce as escadas. Seguindo um sinal do OFICIAL, *a* ENFERMEIRA *se aproxima. Ela está nervosa, mas, seguindo um gesto de* SALOMÃO, *deita a* CRIANÇA *em uma pequena mesa.* SALOMÃO *a examina. Os juízes olham, o* CHEFE DE JUSTIÇA *demonstra certa impaciência (plano de reação).*

SALOMÃO
(sorrindo para a criança)
Ele dorme.

Com uma abrupta mudança de atitude, SALOMÃO *se vira para os colegas no banco. Durante um breve discurso (com planos de reação), ele passa de um desinteresse frio e casual para uma espécie de lógica cruel.*

SALOMÃO
Uma delas está mentindo, isso é claro. E, como dito, isso é sério, intolerável. Merece uma punição, a mais severa. Com licença...
(vira-se para o GUARDA *e indica que quer sua espada)*
Uma das mulheres está mentindo. Mas qual? Sem outra evidência, nós precisamos tratá-las com igualdade e imparcia-

lidade. A justiça deve ser igual, então vamos dividir. Daremos metade para uma e metade para a outra.

SALOMÃO, sem aviso prévio, gira e ergue a espada. Depois de um momento de silêncio atordoado, há uma briga e um grito de dor que vem do GUARDA que tentou agarrar a MULHER VELHA para evitar que ela se jogasse em SALOMÃO. Ela o mordeu. Apesar das mãos atadas, apesar da intervenção do guarda, ela logo está de joelhos, impedindo o ato assassino de SALOMÃO. Ofegante, ela grita.

MULHER VELHA
Não! Não! Dê o menino para ela! É... é dela. Fui eu quem menti. A criança é dela. Deixe-a viver.

Por algum momento há uma confusão. E então, enquanto SALOMÃO abaixa a espada, todos percebem que ele não se importa com a mulher a seus pés. Ele observa a MULHER JOVEM. À medida que o fato se esclarece, e quando a MULHER JOVEM reconhece como foi pega, ela começa a tremer (planos fechados da MULHER JOVEM, de SALOMÃO e da MULHER VELHA). A MULHER JOVEM abandona a máscara de vítima patética.

MULHER JOVEM
(chacoalhando a cabeça, e selvagemente)
Mate-a! Mate-a!
(admitindo)
É melhor que morra! Como... como...

Ela se vira para correr. O GUARDA a segue, a segura. Mas SALOMÃO, com autoridade, dá uma ordem.

SALOMÃO
(bruscamente)
Deixa-a! Deixe-a em paz!
(virando-se para a MULHER VELHA*)*
E deixe a mãe levar seu filho. Ela não deveria estar amarrada.

Enquanto o GUARDA *libera a* MULHER JOVEM, *ela cai ao chão, aos prantos.* SALOMÃO *devolve a espada ao* GUARDA, *que a usa para cortar as ataduras que prendem as mãos da* MULHER VELHA, *libertando-a para pegar a* CRIANÇA *que chora.* SALOMÃO *se aproxima da* MULHER JOVEM *e a ajuda a se levantar.*

SALOMÃO
Levante-se. Ninguém vai puni-la. Você já foi suficientemente punida.

Durante os acontecimentos descritos, vemos as reações dos presentes. Os JUÍZES, *a princípio horrorizados, começam progressivamente a reconhecer a astúcia de seu colega mais jovem (planos de reação). Todos estão em choque, mas impressionados. O mais sóbrio é o* CHEFE DE JUSTIÇA. *Primeiro ele se senta em sua cadeira, mas logo levanta e anda devagar ao encontro de* SALOMÃO, *que já está na companhia do* SEGUNDO JUIZ. *Dissolve para a*

CENA TRÊS

Uma cena noturna. SALOMÃO *está sozinho, mas sentado na cadeira central e lendo um livro, fumando mais uma vez, observando pensativo as flamas da vela e considerando algum problema. Escutamos sua voz em sussurro.*

VOZ

 E todo o Israel ouviu o juízo que julgara o rei, e temeu o rei. E disse-lhe Deus, porquanto pediste para ti entendimento para ouvir causas de juízo, e não a vida de teus inimigos, eis que fiz segundo as tuas palavras. E também até o que não pediste te dei, assim riquezas como glória; que não haja teu igual entre os reis, por todos os teus dias.

O diretor e o ator

Finalmente, antes de seguirmos com a gramática cinematográfica, algumas considerações sobre a relação de trabalho entre o diretor e seu colaborador mais importante: o ator.

Quanto o ator de cinema precisa saber sobre o trabalho de um diretor? Essa é uma questão controversa. Alguns atores preferem se importar o menos possível com a complicada tecnologia por trás de produções cinematográficas e seus problemas, enquanto para poucos diretores, quanto menos os atores souberem, melhor. Um exemplo extremo é Antonioni, que já foi muito honesto sobre o assunto, dizendo que atores "não precisam *entender*, eles precisam *ser*". Tenho alguns problemas com essa visão de Antonioni. Mas embora eu simpatize com atores que achem essa frase um insulto à sua carreira e que suspeitem (talvez com certa razão) de que Antonioni é defensivo porque teve certas dificuldades com atores (e principalmente atrizes) que o desafiaram pedindo explicações, ele talvez não esteja totalmente errado.

Como regra geral, o diretor é um artista interpretativo e é normalmente chamado (pelo ator, no caso) para ser crítico e conscientemente analítico em sua abordagem, cheio de explicações verbais enraizadas em pensamentos profundos. Mas o ator talentoso trabalha a partir da intuição, do instinto e do impulso em vez de uma compreensão crítica e intelectual (apesar de que, é claro, um bom diretor também pode usar seus impulsos e sua imaginação). Jean Renoir disse isso com mais tato e provavelmente com mais sabedoria: "Alguns atores são muito inteligentes, mas não é necessariamente com a inteligência que eles atuam." Nesse contexto, o impulso seria o oposto do pensamento, já que o pensamento é o resultado de uma consciência premeditada. Portanto, para o ator, saber é algo visceral. Ele aprende sobre seu personagem por meio de uma intensa imaginação (entendendo-se imaginação aqui como a capacidade de criar imagens na mente, recapitulações de experiências sensoriais e emocionais).

Já foi dito que uma compreensão excessivamente consciente das técnicas do diretor de cinema por parte do ator pode, em certos casos, dificultar sua habilidade de atuar bem. Dizem que pesar demais pode inibir esse processo mágico. Embora o diretor precise estar muito ciente das potenciais possibilidades que enfrentará no estúdio e na sala de edição, há quem acredite que, se um ator está consciente do processo de fazer filmes, sua *performance* pode ser muito premeditada e pouco espontânea. Mas atuar é um trabalho estranho e mágico que envolve uma espécie de consciência dividida. O ator está ao mesmo tempo totalmente absorvido em uma fantasia e, em outro nível, retém uma percepção de outra dimensão, a realidade que está além da arena do faz de conta. O controle de um ator é, nos melhores casos, automático. Assim como um atleta treinado, ele precisa de reflexos que foram desenvolvidos por meio de uma disciplina rigorosa e altamente consciente. Essas são habilidades que ele precisa saber profundamente para usá-las sem nenhuma premeditação deliberada. Elas precisam ser embutidas e inconscientes.

Já que a imaginação do ator precisa ser controlada o tempo todo, acredito que existem certas coisas básicas que atores (principalmente aqueles treinados no teatro) precisam saber antes de se colocar na frente de uma câmera. De forma bem geral, isso inclui a capacidade inconsciente e automática de se ajustar à posição da câmera, ter uma percepção de seu lugar (incluindo um entendimento do princípio do eixo, direção dos olhos e contato visual) e uma compreensão da continuidade. Alguns atores até têm um bom conhecimento sobre lentes específicas, o que significa que eles sabem como serão enquadrados em determinado plano. Nesse contexto, permita-me reforçar em detalhes algumas ideias técnicas que já mencionei muitas vezes em sala, mas desta vez direcionando-as diretamente ao ator.

O teatro é predominantemente a arte da fala, e, em uma produção eficaz, um ator talentoso pode, por meio de mudanças de entonação, fraseado e o tempo sutil da articulação, revelar o subtexto de suas falas. Se existe uma diferença no cinema, é que o que não é dito fica dramaticamente explícito pelo uso da gramática cinematográfica (por exemplo, movimentos de câmera, planos sequenciais, iluminação atmosférica). Em outras palavras, o diretor e o editor têm um papel muito importante (se não mais importante) em criar atuações bem-sucedidas na tela. Em uma situação em que há uma troca sutil de olhares entre dois personagens envolvidos em uma interação emocional, o corte entre planos fechados pode ser bem complicado, envolvendo uma sequência de respostas alternadas e rápidas. Nesse tipo de cena, as palavras ficam em segundo plano, atrás da emoção, enquanto diretor e editor procuram nas gravações os motivos e pensamentos por trás das ações (usando a palavra não apenas em seu sentido físico, mas em seu significado dramático também).

Consequentemente, o tempo dos olhares de um ator pode ter um efeito considerável no processo de edição e, nesse sentido, pode impactar a atuação mais do que um ator percebe. Por exemplo, quando um personagem "dá uma olhada" e lança um olhar rápido para uma pessoa ou objeto durante determinada palavra, o editor irá frequentemente cortar para o ângulo do ponto de vista precisamente no quadro (ou talvez dois ou três imediatamente depois) em que

58. Ver "Como ser insignificante", mais adiante.

o contato visual (ou semelhante) é feito. Esse é o momento em que nós, o público, sentimos que precisamos ver o ponto de vista do personagem, um plano que não precisa ser mais longo do que alguns segundos, durante os quais podemos entender seu significado. E, assim que isso for compreendido, o editor pode voltar à reação da pessoa que deu a olhada, já que frequentemente a ação real de uma cena é na verdade a reação, o impacto do que foi observado ou dito, visto em reações sutis na expressão do rosto de um ator. São precisamente esses olhares que o editor quer achar quando explora o que foi gravado na interação entre dois personagens.

Atores experientes parecem ter uma prática bastante notável na duração e na precisão de seus olhares, algo que pode ser tão importante quanto entonação, fraseado e *timing* em um diálogo. E enquanto o ator de palco que domina a técnica da escuta será admirado por outros atores e pelo diretor de teatro, o ator de cinema que sabe usar planos fechados de sua atuação imprimindo sutileza e intensidade às reações provavelmente verá mais imagens de si mesmo na tela quando o filme for editado.

Relacionado a isso está o fato de que alguns dos elementos mais básicos da gramática cinematográfica são, até certo ponto, de natureza relativa, e não absoluta. Considere o discurso de um ator. O modo como ele dá significado a certas palavras e não a outras. Um famoso ator dos palcos do século XIX nomeou um truque com seu próprio nome, conhecido até hoje como a "Pausa de McCready": uma fração de hesitação antes de uma fala em que o ator parece tatear a palavra certa. É o equivalente vocal do tipo de truque que um *designer* gráfico pode utilizar[58]. Inserir um silêncio antes de uma palavra a faz se ressaltar no contexto (embora, como tudo, possa ser um maneirismo vocal profundamente irritante se usado em excesso, ou se for tão claramente deliberado que o efeito se torne consciente).

Todos os atores marcam pontos de importância em um discurso de uma forma ou de outra (por exemplo, variando a cadência e o tom melódico de certas palavras e frases), inevitavelmente sublinhando certas passagens e assim dando mais importância a elas. Na verdade, atores podem soar monótonos se não fizerem isso. A capacidade de dizer algo sem aparente importância, mas de forma audível, faz parte do ofício de um ator que sabe dar potência a certas palavras.

Os melhores atores de cinema são aqueles que não apenas prestam a todo momento atenção nas palavras, mas entregam ao público uma compreensão clara das reações e emoções que se encontram dentro do subtexto de uma cena, o espaço entre frases, os sentimentos e pensamentos que servem como preparação ao diálogo (ou falta dele). Quando aplicado especificamente ao trabalho de um ator, o subtexto reflete as realidades psicológicas de um personagem, clarificadas e articuladas (para o público) quando as falas são ditas. Para o ator, a compreensão do subtexto significa que ele entende melhor o material com o qual trabalha e, portanto, pode defini-lo por meio do ponto de vista de seu personagem.

Como isso é feito, de maneira prática? O ator precisa decidir a todo momento o que o personagem está falando para si mesmo, como se ele estivesse escrevendo um monólogo interior para expressar pensamentos, respostas e atitudes do personagem. Um ator que tenha dominado um papel é capaz de proclamar tal monólogo em voz alta. Ele é capaz, a todo momento, de responder à questão "O que o personagem está realmente querendo dizer com esta frase?" (mesmo se não for o caso). Dessa maneira, o subtexto pode se desenvolver durante o ensaio, de forma bastante inconsciente, como forma de controlar as inflexões das palavras, o tempo dos gestos e a duração dos silêncios. Tente estes exemplos. Em cada caso, murmure as primeiras e últimas falas, mas fale a do meio em voz alta. Observe como isso enfatiza a palavra falada e reduz a sensação de controle consciente.

Não dito: Que nojo!
Em voz alta: Não, obrigado – não vou beber nada.
Não dito: Seu imbecil!

Não dito: Ele é lindo!
Em voz alta: Não, obrigado – não vou beber nada.
Não dito: E como é gentil!

Não dito: E agora?
Em voz alta: Não, obrigado – não vou beber nada.
Não dito: A-ha! Tentando me deixar bêbada!

Se os atores de cinema aplicassem essa ideia especificamente a seu ofício, deveriam estar cientes de que a câmera é capaz de fotografar o pensamento. Movimentos e expressões que funcionam no palco podem parecer superexagerados (ou mal atuados) na tela.

Mais uma coisa que os atores treinados no teatro que vão trabalhar com cinema devem entender está relacionada à recomendação de Stanislavski de que o ator deve "atuar para os olhos de seu companheiro de cena". É um bom conselho, mas, quando aplicado ao cinema, precisa de uma revisão. No comportamento real e diário, manter um contato visual contínuo com os olhos de outra pessoa é algo bem raro. Na verdade, é algo que não parece natural. Como uma demonstração, tente o seguinte: sente-se na frente de alguém e comece olhando para o chão. Então, levante os olhos e olhe diretamente nos olhos de seu companheiro. Enquanto ele fala, mantenha o olhar fixo. Se você examinar os seus sentimentos e pensamentos com calma, verá que a imagem de seu companheiro é interessante e significativa apenas por alguns segundos. O significado dessa imagem não vai tardar em sumir e se tornar insignificante. Portanto, você perderá sua concentração intensa do faz de conta, permitindo uma consciência do que está fazendo e criando um momento falso. Seu olhar não será verdadeiro.

Para ressaltar essa questão, considere algo que foi descoberto por aqueles que investigam a psicologia da percepção visual e como ela se aplica ao uso da gramática cinematográfica. O fato é que, em vez de ser fixo, o olho humano é na verdade altamente móvel de duas maneiras diferentes. Em primeiro lugar, existe uma constante e completamente inconsciente oscilação da pupila que parece ser projetada para evitar que a imagem retiniana se torne fixa, mantendo-a em estado de constante instabilidade e agitação. Isso significa que o sinal mandado da retina ao córtex visual está sempre se renovando, permanentemente instável. Em segundo lugar, os músculos oculares mantêm o foco dos olhos constantemente passeando pelo campo de visão, procurando o objeto para o qual estamos olhando, como um *scanner*. Se esses músculos fossem tratados por uma droga que congelasse a posição da pupila, mantendo a imagem da retina completamente estável, a consciência mental do que é visto virtualmente desapareceria. Para resumir, nós somos incapazes de ver uma imagem estática porque nossos olhos estão sempre escaneando o que olhamos, o que significa que sempre há uma informação nova sendo entregue ao cérebro. A informação visual nunca é, nesse sentido, estática. Um olhar é breve – é um reconhecimento breve, o instante em que registramos o significado do que vemos. E rapidamente perde seu impacto, já que tal significado evapora se continuarmos olhando para a mesma coisa sem providenciar informações novas.

No entanto, se você evitar o contato visual, olhando apenas durante os breves instantes em que realmente precisa ver algo, sua mente estará constantemente trabalhando. Portanto, para examinar minuciosamente um objeto com extrema concentração, você precisa deixar o foco de sua atenção em movimento. Tente mais uma vez olhar seu parceiro fixamente, mas desta vez deixe sua visão passear da boca aos olhos de quem fala, do olho esquerdo ao direito, das sobrancelhas ao queixo. Isso irá, pelo menos em um filme, demonstrar atenção e concentração fixas. (Some a isso o fato de que, quando duas pessoas se conhecem extremamente bem, elas raramente precisam observar a expressão uma da outra, a menos que estejam esperando uma reação.) Em filmes, o menor dos movimentos de expressão facial pode pontuar impulsos íntimos. Um olhar importante e prolongado de um ator estará, portanto, propício a perder a fagulha de sua intensidade e atrair seus pensamentos e sentimentos interiores, trazendo-os para fora. Em termos dramáticos, a *performance* de um ator de cinema pode se provar mais útil ao diretor e ao editor se seu olhar for composto de uma série de olhares definidos e certeiros em busca de informação, em vez de simplesmente prolongado e intenso. Esses movimentos quase imperceptíveis do foco de um olho podem, em um plano fechado, ser extremamente expressivos e significantes, uma vez que o público os vê como uma evidência exteriorizada de pensamentos e sentimentos íntimos e particulares. Isso significa que o diretor deve se certificar de que seus atores guardem esses olhares para os rápidos instantes em que eles têm real significado.

    O último ponto técnico que atores de cinema precisam saber é chamado de "ocupação", a atividade acidental não dita do ator que ajuda a transmitir detalhes sutis de caracterização. O ator experiente terá o hábito de se equipar com bens, roupas e objetos que lhe proporcionem um comportamento físico fácil, não afetado e natural (exemplos óbvios são acender um cigarro, cortar a página de um livro, ou mesmo o modo como Alec Guinness usa seu cachecol em *Quinteto da morte* [*The Ladykillers*]). O valor desses objetos físicos para um diretor é que eles tornam o comportamento do ator visível e prático, físico e material, inevitavelmente forçando um diálogo interligado com a ação em tela. Bons atores de cinema entendem como filmes funcionam em seu nível mais básico (por meio de ações, não de palavras) e, ao manipular a atenção do público pelo manuseio de certos objetos de cena, eles são capazes de simultaneamente ajudar o diretor.

Uma vez que tais ações são concebidas (seja, meses antes, pelo roteirista, sentado diante de sua máquina de datilografar, ou pelo diretor e pelo ator que estão explorando as locações de filmagem), é muito mais fácil isolar as falas do diálogo que são essenciais para a compreensão da história. Elas equivalem aos letreiros em um filme mudo. Em uma versão sonorizada, elas se tornam falas que provavelmente serão filmadas em planos fechados em *close* do ator para ter o maior efeito possível. Observe que a tarefa do diretor já está pela metade se ele estiver trabalhando com base em um roteiro escrito por um dramaturgo que tenha pensado comportamentalmente em vez de verbalmente. Tal roteirista terá fornecido a seus personagens uma variedade de adereços com os quais trabalhar dentro de seus ambientes em tela. Objetos desse tipo podem aparecer mais tarde durante o processo de produção de um filme, por exemplo, por meio da contribuição de um figurinista, do diretor de arte e, naturalmente, do ator em si. Mas, em tais casos, a encenação eficiente dos atores muitas vezes dependerá da criatividade de um diretor em conceber ocupações com esses adereços, ou de estimular os atores a fazerem o mesmo.

Embora o ator não precise saber exatamente o que ele está fazendo, é por meio do posicionamento estratégico de objetos de cena no estúdio que o diretor pode controlar o posicionamento do ator em cena. Para ser franco, ao lidar com um ator amador que é muito consciente de si mesmo, ou com aquele confiante demais que está desfrutando de seu papel com um prazer muito teatral, o melhor que um diretor pode fazer para o ator deixar de lado sua artificialidade é inventar alguma atividade que, ao ocupar a mente de maneira mecânica e instintiva, abra portas para uma expressão de sentimentos mais natural e inconsciente.

Para o ator, o manuseio de tais objetos pode envolver ações essencialmente sem sentido que quase não têm nenhum significado e são realizadas de maneira distraída. Na verdade, um dos valores inerentes a uma atividade assim é que ela pode ser considerada relativamente pouco dramática. Mas, se alguns momentos depois, escutamos um tiro fora de cena, a reação do ator pode se mostrar significante como ação dramática. É a interrupção dessas atividades aparentemente sem importância que torna visível o impacto do pensamento mais significativo: a pausa de alguma ação relativamente insignificante é uma forma de acentuar certas reações. Isso é menos complicado do que parece – comediantes fazem isso o tempo todo. Para marcar com certa precisão o instante de uma reação forte, um comediante arranjará um jeito de ser pego no meio de alguma ocupação causal e talvez inconsciente. Ele estará no meio do gesto, prestes a tomar um drinque, por exemplo, ao reagir com impacto a algo inesperado.

Existem vários recursos que um diretor pode usar quando quer estimular o ator a esse tipo de atuação ativa; todos os quais têm o efeito adicional indireto de isolar o que precisa ser sublinhado e de desenvolver a caracterização por meio do comportamento não verbal (a própria essência de uma história cinematográfica bem contada). A frase usada por diretores para descrever isso é "varrer o chão". A expressão supostamente surgiu quando uma cena estava sendo constantemente arruinada por uma fala proferida por um péssimo ator. O infeliz tinha apenas uma fala a dizer, mas várias tomadas foram inúteis porque, sob a pressão de um diretor impaciente, o tal ator tentou dizer sua fala sem que ela soasse constrangedora e desnecessariamente significativa. Nenhum ensaio o ajudou a dizer sua fala de forma casual. A solução finalmente foi encontrada quando o diretor deu uma vassoura ao homem, derrubou algo no chão e pediu a ele que limpasse tudo enquanto a cena fosse rodada. Se concentrar nessa ocupação produziu o efeito desejado: o ator estava tão focado em sua atividade sem relevância que ele quase não reagiu ao protagonista, dizendo sua fala de maneira natural, casual e convincente.

Para um exemplo mais inventivo desse artifício, veja a cena de amor entre Marlon Brando e Eva Marie Saint em *Sindicato de ladrões* [*On the Waterfront*]. Ela é razoavelmente bem escrita, mas talvez parecesse exagerada se os atores a encenassem olhando diretamente um para o outro. Em vez disso, Brando usa alguns objetos de cena, como um balanço de criança em um parquinho onde a cena acontece. Incoerentemente ele se senta no balanço, dando um tom autodepreciativo à própria atuação. O outro adereço é uma luva que a garota derruba. Brando a pega do chão e não a devolve, distraidamente colocando-a na própria mão, que é muito maior. Essa atividade puramente casual leva Brando a, durante grande parte do diálogo, não olhar diretamente nos olhos da atriz com quem contracena. Por conta disso, a cena é menos sentimental e cria uma impressão de presença de tela despretensiosa e natural (embora seja tão artificial e premeditada quanto qualquer outra amostra de atuação).

Um breve aparte: poucas situações interessantes são binárias. Poucos personagens bem construídos aparentam ser absolutamente confiantes no que é certo e no que é errado. Em muitos roteiros isso é transformado em frases como "Ele é bravo, mas dá pena", ou "Ela está um pouco magoada, mas

59. Depois de diversos anos de uma cuidadosa preparação, e com a ajuda dos reitores das escolas de filme/vídeo e teatro, foi criado um programa de direção interdisciplinar no CalArts, em 1985, chamado Direção para Teatro, Vídeo e Cinema. Alunos desse programa, mesmo aqueles que queriam trabalhar com cinema, e não teatro, precisavam ter aulas de atuação. Um dos requisitos do programa era que cada aluno produzisse um vídeo dele mesmo contando uma história. Atores, escreveu Mackendrick, "ensinam mais a diretores do que diretores ensinam a atores. A ênfase do programa de direção é na verdade o teatro, porque alunos cuja única paixão é o cinema costumam ser tediosos".

ao mesmo tempo intrigada". Isso não é muito útil para o ator, pois essa harmonização provavelmente produzirá um resultado monótono e confuso. O personagem que é "quase bravo mas que dá um pouco de pena" atingirá esse efeito com mais vitalidade se demonstrar um impulso de raiva, rapidamente reprimida por um momento contraditório de pena, e depois um rápido vislumbre de irritação. Se a garota que está magoada, mas também intrigada, alternasse entre momentos de mágoa e momentos de intriga, ficaria muito mais claro para o público. E clareza talvez seja a chave para contar uma história eficiente. Uma analogia com pinturas impressionistas talvez seja relevante aqui. Os impressionistas eram fascinados pela natureza e a energia da luz, então eles não mesclavam cores na paleta. Usando o pigmento puro em pinceladas pequenas e fragmentadas, a fusão ocorria através dos olhos e na mente do observador. O mesmo pode ser dito sobre atuações.

Aqui estão algumas anotações sobre os problemas práticos que o diretor enfrenta e sobre como ele deve encarar seu trabalho.

Existem muitos passos técnicos que um diretor pode dar para assegurar que tudo correrá bem em seu set de filmagem. Talvez o mais importante seja reconhecer que o ator é o colaborador mais importante de um diretor, de tal forma que acredito ser dever do diretor se esforçar para ter uma compreensão básica do trabalho de atuar. Não é necessário que ele seja tão bom quanto os atores com quem trabalha, apenas que tenha uma boa compreensão dos problemas enfrentados por atores quando estão do outro lado da câmera. Fica claro que o diretor que tem uma compreensão intuitiva de como um ator se sente tem mais chances de sucesso do que um que espera se comunicar em um nível intelectual – por meio de palavras[59]. É possível que o meu conselho para estudantes se apoie demais em advertências negativas, coisas que o diretor nunca deve fazer ao lidar com atores. (Ou, para ser mais honesto, nunca deve parecer estar fazendo.)

Nunca ignore os atores. Humildade é a coisa mais importante a se aprender, embora isso não seja fácil, já que uma compreensão simpática de sua equipe e, especificamente, dos atores virá lentamente e apenas com experiência (para a qual não existe substituto). Não preciso dizer que humildade não é um dado, e, sim, uma técnica que pode ser aprendida por meio de treinamento. A admiração pelos atores é um pré-requisito para trabalhar bem e controlá-los (sem que eles saibam). Um dos primeiros exercícios como diretor é, portanto, desenvolver sua habilidade de gostar de um ator de quem, em outras circunstâncias, seria fácil você não gostar.

Faço aqui uma nota sobre o valor de ouvir e ver com atenção e concentração de verdade. Essas não são atividades passivas para o ator ou para o diretor. E também não podem ser bem-feitas sem considerável esforço e bastante experiência. Em um curso para diretores principiantes, certo diretor do CalArts convida dois ou três atores para atuar em uma cena em frente aos diretores da sala. Ele então questiona os diretores para descobrir o que eles viram, por exemplo: "O ator estava sentado aqui no sofá. Ele estava com as pernas cruzadas ou não? Se ele as descruzou, em que fala isso aconteceu?" Com esse exercício, é possível perceber que muitos diretores não prestam atenção na linguagem corporal do ator, algo que pode ser uma indicação extremamente reveladora sobre seus sentimentos normalmente inconscientes.

Nunca aparente estar muito distante dos atores. Uma boa atuação está sempre interligada às reações de quem a assiste. Essa é a razão pela qual uma apresentação teatral em um auditório enorme é bem diferente de uma em um espaço pequeno e íntimo, e porque uma apresentação vista por um público frio será muito diferente de uma na qual o público é solidário e entusiástico. O público é, de certo modo, um instrumento usado pelos atores. A atuação tanto controla o público quanto é controlada por ele. Embora não exista um retorno em grande escala em um estúdio de filmagem, sem falar no fato de que o processo cinematográfico e de pós-produção geralmente retira do ator seu próprio controle da reação do público, a reação do futuro público (seja ele massa ou uma única pessoa) precisa ser sentida pelo ator. Isso talvez seja a função mais importante do diretor: propiciar aos atores de cinema uma espécie de apoio e estímulo que atores de teatro recebem durante uma apresentação ao vivo.

Não tenha medo de fazer o que for preciso para proteger o ator. Qualquer coisa que se intrometa no sentimento de segurança de um ator ou que o distraia é uma ameaça para a atuação dele. E como é pela atuação que o diretor deve se apaixonar, ele deve ser um aliado feroz do ator contra todas as fontes de irritação ou distração. O diretor precisa ser totalmente acessível. O arquétipo de um diretor é um valentão, um megalomaníaco que berra (embora no mundo profissional se encontrem poucos diretores que deixam sua raiva real transparecer de tal forma – pelo menos em frente aos atores). Mas a fúria de um diretor provavelmente será o reverso de sua tremenda paciência com coisas que realmente importam, como o trabalho do ator. É claro que as outras funções do diretor, como instruir a equipe de câmera, decidir sobre configurações e cobertura de câmera, e trabalhar com os técnicos, são todas importantes. Mas o diretor que deixa essas tarefas distraírem-no de suas responsabilidades com os atores é incompetente.

Como o diretor tem de agir para que os atores façam o que ele quer? Essa é uma pergunta que me fizeram muitos anos atrás quando comecei a trabalhar como professor, e a maneira como ela foi formulada me pegou desprevenido, pois eu nunca havia me feito essa pergunta nesses termos. O aluno que me desafiou ficou impaciente com minhas tentativas confusas de responder, e repetiu a pergunta com mais vigor. Para minha surpresa, eu disse "Isso não se faz. O que você faz é tentar fazer com que o ator queira o que você precisa". Esse foi o primeiro momento em que eu, instintivamente, me deparei com um ponto em que acredito com muita paixão: o diretor de cinema precisa respeitar seus atores. Essa é a razão pela qual, na grande maioria dos casos, o diretor que demonstra ao ator como fazer, interpretando ele mesmo o papel, lendo a linha de diálogo para o ator imitar ou fazendo um gesto para que o ator possa copiar, já falhou.

Existem duas razões pelas quais isso pode ser desastroso. A primeira é que, se você tem menos talento do que os atores com quem está trabalhando, eles vão perceber isso imediatamente e, se forem inteligentes, vão ignorá-lo. A segunda é que, se você tiver mais talento do que o ator que estiver dirigindo, ele talvez tente copiá-lo. Já que ninguém pode imitar você além de você mesmo, você já abandonou sua responsabilidade de verdade: ajudar o ator a descobrir dentro dele mesmo uma verdade, sua própria compreensão do personagem, como ele se sente e se comporta dentro do papel. Para completar, existe mais uma grande falha. Enquanto você está tentando imaginar como diria a fala ou faria o gesto, você é incapaz de realmente ouvir e observar seus atores. Com a percepção ofuscada por preconceitos, você pode muito bem ter fechado sua mente para a real contribuição que eles podem dar à sua produção.

Assim como a cópia mais cuidadosa de um desenho parecerá fraca em comparação com o original, a cópia da atuação de outro ator tem grandes chances de ser falsa e não convencer. Dar a um ator algum tipo de análise crítica do significado de uma fala que você, como diretor, está tentando transmitir tende a ser igualmente inútil. Ela faz você se sentir inteligente. Talvez até impressione o ator e qualquer um que esteja ouvindo. Mas é raro que isso ajude a estimular uma atuação melhor. Para o ator inteligente e o diretor igualmente inteligente e analítico, pode haver uma satisfação considerável em sentar-se para discutir suas interpretações do tema de um roteiro ou das relações entre os personagens. Discussões como essa podem ser estimulantes, particularmente se incluírem exemplos ilustrativos. Mas não existe garantia de que o diretor capaz de explicar esse tipo de coisa será realmente capaz de ajudar os atores. (Ele certamente não será muito útil se for apenas um crítico incapaz de guiar e fazer as perguntas certas a seus atores.) No entanto, tal abordagem pode ajudar se contribuir de forma muito prática com o ato de imaginar a ação. Qualquer coisa que ajude no processo de dar vida aos personagens e situações estimulará a imaginação de um ator. Essa é a razão pela qual, na minha opinião, é legítimo que um diretor conte qualquer história sobre um incidente ou pessoa se ela evocar os sentimentos que o ator e o diretor estão tentando recriar. Frequentemente, uma das coisas mais úteis que um diretor pode fazer é sugerir ao ator que improvise cenas que não estão no roteiro, mas que em termos narrativos teriam acontecido logo antes da cena que está sendo explorada. Lembre-se de que perguntas são geralmente mais prestativas do que qualquer resposta que um diretor possa dar (um bom exemplo seria algo como "O que aconteceu com seu personagem depois da última cena e antes desta?").

Um diretor contribui não apenas para instruir o ator, mas para inspirá-lo. Uma atuação é totalmente uma criação da imaginação do ator, do controle que ele tem de seus instrumentos de expressão (voz, corpo), e ainda mais significativamente de suas emoções, sentimentos sensoriais, intuições e atitudes mentais. (É por isso que dizem que, uma vez que o ator certo foi escolhido para o papel, o diretor já fez noventa por cento de seu trabalho.) Portanto, escute. Escute com atenção. Observe o ator minuciosamente. Veja sua linguagem corporal e as qualidades sutis de personalidade que pertencem a esse indivíduo. Imagine como elas podem ser usadas no papel. Quando observar qualidades que não pareçam ser as corretas, tenha paciência. Lembre-se de que isso pode, de fato, ser devido à sua própria incapacidade de enxergar além de seus preconceitos. Lembre-se de que, de qualquer forma, chamar a atenção para o que está errado pode inibir o ator. Quando ele ou ela tem maneirismos que você está ansioso para eliminar, outras táticas podem ser necessárias.

Nunca prossiga até que você esteja absolutamente pronto. Lembre-se: o significado e a estrutura de uma cena em particular podem apenas ser entendidos no contexto do todo. Portanto, leia o roteiro inteiro, de preferência de uma só vez, e depois tente esquecê-lo por um tempo. O objetivo disso é você absorvê-lo, para evitar tirar conclusões precipitadas. Depois que você tiver lido o roteiro uma vez, ou talvez duas, e tiver passado um tempo longe dele, tente se lembrar da história. Isso ajuda o inconsciente a absorver e internalizar coisas, para que você sinta o comportamento de personagens de modos que levem a pensar mais nos impulsos deles do que nas palavras que eles dizem. Muitas vezes, quando faço isso antes de dormir, encontro impressões bastante vívidas disso em minha mente na manhã seguinte. Em certo sentido, estou bem encaminhado para visualizar (reconceber) a história não verbalmente.

O que faço então é, com cuidado, passar por toda a história novamente, lembrando "quem faz o quê, com quem e por que?". Isso envolve muito trabalho – não apenas tempo, mas energia, um esforço imaginativo e uma concentração de verdade. Não só devaneios aleatórios (embora esse seja um aspecto absolutamente essencial do esforço), mas um estudo realmente disciplinado. Esse é um ponto que precisa ser enfatizado. Parece que muitos estudantes não olham com precisão e cuidado o que está na página. Para ser franco, preciso admitir que tenho certa simpatia com a superficialidade que é capaz de acompanhar uma leitura inicial. Também sou culpado disso. Mas quase todas as vezes em que trabalhei com um roteiro de outro roteirista, um dos primeiros passos do meu método de estudá-lo era copiar, à mão, cada palavra. O esforço físico envolvido nesse trabalho de caligrafia me forçava a usar minha imaginação de formas que internalizavam o que eu acreditava serem as intenções do roteirista, para repetir todos os pensamentos e emoções experienciadas por ele. Por uma questão de autodisciplina rígida, eu fazia questão de pensar com calma em cada frase antes de começar a pensar como as traduziria visualmente. Somente depois que eu soubesse por dentro e por fora todas as conexões sequenciais da história é que estava pronto para continuar. Nas ocasiões em que não fazia isso, eu certamente acabava me arrependendo.

Depois de você ter absorvido a história inteira e todos os personagens terem ganhado vida em sua imaginação, comece seu estudo de cenas específicas. Procure especificamente por conexões que uma cena possa ter com o que veio antes e o que virá depois. Um princípio importante da estrutura dramática entra em jogo aqui, porque cada passo dentro de cada cena deve ser uma progressão ao longo da linha que leva ao clímax da história (esse é o princípio do impulso dramático). Cada entrada é uma saída de uma situação anterior, e cada saída é uma entrada para outro lugar. De fato, se esse não for o caso, você deve se perguntar se a cena é realmente necessária. Depois desse período, você deve conhecer sua história tão completamente que não existirão perguntas que um ator pode fazer sobre um personagem (incluindo aspectos de sua vida fora da tela e de seu passado) para as quais você não conseguirá imediatamente improvisar uma resposta convincente. (Bons atores vão testá-lo dessa forma, e eles não vão respeitá-lo se você não conhecer os personagens melhores do que eles.)

Para mim, e acredito que para muitos diretores, o próximo passo importante também é solitário: um período silencioso e ininterrupto caminhando por onde as cenas serão gravadas. Durante esse tempo, você se transforma em todos os personagens. Você deveria se concentrar na linguagem corporal. Isso certamente virá de sua capacidade de ver e ouvir as atuações em sua cabeça, mas as falas dos diálogos são muito menos importantes do que o comportamento físico dos personagens (os gestos que ele ou ela podem fazer, se ele é desleixado, se ela limpa os dentes com os dedos). Cuidado, é claro, para não se apaixonar demais por suas próprias interpretações, porque é provável que, uma vez na locação, um ator criativo contribuirá com atividades próprias muito mais eficazes. Seu ensaio secreto e privado dos papéis não serve para você mostrar aos atores o que e como fazer, onde ficar de pé e quando se mover. Eles que precisam descobrir isso. Mas você poderá apreciar melhor a atuação deles se já tiver estado lá por conta própria.

A prática comum é descobrir os detalhes da encenação dos atores antes que as configurações das câmeras sejam escolhidas. Mas na verdade isso será mais complicado do que parece. Ao explorar o local, e durante seu ensaio secreto, você inevitavelmente criará planos específicos em sua mente. Não tente explicar isso aos atores além do óbvio ("A câmera estará ali"). Na realidade, você está conduzindo o ator com uma rédea muito curta, gentilmente o levando a uma atuação que ele deve acreditar que vem inteiramente dele. Se por acaso ele fizer exatamente o que você pensou em pedir a ele que fizesse, parabenize-o por sua criatividade. Se ele tiver uma ideia que por algum motivo você acredita ser dramaticamente impossível, demonstre menos entusiasmo, pareça preocupado e explique que isso pode causar problemas técnicos (os quais você não precisa detalhar). Então espere até que ele dê uma ideia que você possa usar. Desse modo, seu trabalho é gradualmente guiar o ator a pensar aquilo que você mesmo já pensou.

Paciência infinita é necessária. Isso será bem difícil, já que você está muito estressado. Mas nunca deixe transparecer isso. Durante esse processo, o diretor de fotografia, o cinegrafista e o continuísta devem ser testemunhas observadoras. Eles não devem participar de forma alguma, pois não é o trabalho deles fazer sugestões, mesmo quando o que deve ser feito está óbvio para todos, exceto para os atores. A sugestão deve vir apenas do ator ou do diretor e, ao vir do diretor, deve sempre aparentar ser espontânea e não planejada, mesmo quando, de fato, você preparou uma lista detalhada de cenas e um conjunto de *storyboards*.

PARTE DOIS

Gramática cinematográfica

A testemunha alada, imaginária, onipresente e invisível

Esteja em um estúdio ou em uma locação, o diretor de cinema costuma parecer sempre distante, como se sua mente estivesse em outro lugar. De certa forma, isso é verdade, já que ele não está de fato ali. Em espírito, encontra-se no futuro, sentado na sala de cinema, assistindo à tela como se ela fosse uma janela para um mundo imaginário. Como integrante do público de seu filme ainda por concluir, o diretor está sentindo o que os futuros espectadores de seu trabalho podem sentir, e reagindo da forma como eles podem reagir.

Como alguém que procura saber o que vai "funcionar" para o público, o diretor se torna seu próprio público enquanto faz um filme. Ele olha de modo estranho para a multidão que o rodeia em um estúdio, cego para muito do que está acontecendo. Por quê? Porque sua mente está fragmentada. Está ignorando tudo o que não é relevante para o mundo em que a história se passa. Concentrando-se apenas no que consegue ver, ele se ocupa arrumando em sua mente os curtos segmentos e pedaços desorientados que logo formarão a realidade que será vista e ouvida através da janela aberta da tela do cinema. Ele está, internamente, envolvido em um faz de conta tão complexo quanto o dos atores à sua frente. Concentrando-se não apenas no futuro, mas também no passado, quando, durante o processo de escrita, gradualmente construiu um conceito para o filme: sua atmosfera, qualidades visuais, aparência e comportamento dos personagens, suas emoções e interações.

Apesar de nada estar finalizado em sua mente, por estar na locação como uma personificação de seu futuro público, ele é capaz de ver o filme mentalmente. Ao olhar pelo visor e juntar as peças do quebra-cabeça, usa sua memória para guiar as centenas de decisões que precisa tomar. O filme de seus sonhos está se tornando progressivamente mais concreto e específico: os atores foram selecionados; os cenários, desenhados e construídos; as locações, escolhidas; o diálogo, revisado e polido. Mesmo que, quando as filmagens começarem, o diretor esteja trabalhando tanto com sua fantasia memorizada quanto com qualquer coisa que possa aparecer no roteiro de filmagem, todas as decisões relacionadas às posições de câmera, tamanho de imagem e padrões de edição são determinadas pela questão "O que eu preciso ver agora?" – sendo que esse "eu" é algo que só existe no futuro: o público em potencial.

Tentei ilustrar essas ideias criando um personagem que representa o diretor nesse estágio: a testemunha alada, imaginária, onipresente e invisível, uma criatura pensada para personificar os sentidos do diretor viajando através do espaço-tempo de um mundo imaginário construído em frente à lente da câmera. Esse movimento, esse ponto de vista mutante, é o que o diretor precisa para planejar as configurações de câmeras e encenar as atuações.

A câmera pode ser um instrumento mecânico que grava imagens, estáticas ou em movimento. Mas a testemunha é uma criatura totalmente diferente, com uma presença mágica e mítica que tem qualidades e características bem humanas. Longe de ser passiva, ela é uma participante ativa nos eventos imaginários que estão sendo retratados. É a encarnação da curiosidade do público, uma criatura cuja atitude em relação a pessoas e eventos é guiada por sentimentos: às vezes simpática, outras vezes alienada. Ela tem, em outras palavras, um ponto de vista; o tempo todo está vendo de um ponto de vista preciso, mas é capaz de mudá-lo em um instante. Para responder a uma pergunta complexa de forma simples: onde o diretor põe a câmera? Resposta: no local preciso de onde a testemunha consegue ver tudo aquilo que precisa ser visto e apenas o que precisa ser visto. Seja um plano longo, médio ou fechado, a testemunha consegue observar tudo. Isso não é simples, já que, como todo cinegrafista e diretor dirão, o mundo real em que o filme é gravado pode se recusar a fornecer, dentro dos limites do visor, tudo o que a testemunha deseja ver.

Todo corte de ação é uma espécie de choque desorientador para o público. Isso é algo de que sempre se esquece o cineasta que pensa que todos os cortes precisam ser suaves. O modo para fazer um corte *parecer* suave é dar o "salto" que a mente do público quer dar. Basicamente, o corte para uma imagem é aceito quando ele fornece ao espectador a satisfação de uma curiosidade estimulada na imagem anterior, ou quando o choque do corte é uma apresentação surpresa de algo interessante e estimulante, mesmo que inesperado. Para responder à segunda pergunta complexa: quando o diretor deve cortar a ação? Resposta: quando a testemunha quiser ver algo que por hora não consegue. Assim, a motivação para todos os cortes deve ser construída no ângulo anterior. Deve haver automaticamente em cada plano algo que crie na plateia o desejo de se mover no momento certo, com a testemunha, para o próximo ângulo. Isso é o que o editor procura: um motivo para se locomover no espaço-tempo.

Nesse sentido, a testemunha é uma criatura estranha desencarnada e mítica. Ela tem capacidades mágicas e vive em um mundo inteiramente ficcional e imaginário, desatenta ao espaço-tempo real. É um ser capaz de se mover com total liberdade, assumindo posições impossíveis no espaço, por exemplo, quando paira do lado de fora de uma janela do último andar de um arranha-céu olhando para dentro para ver a ação. A testemunha é capaz de olhar não apenas através de paredes sólidas, mas também de se posicionar dentro de uma parede de tijolos. Ela pode voar perto o suficiente para estudar as expressões faciais (aquelas reações privadas e secretas) de um personagem que está sentado sozinho, ou pode voar para longe, para permitir que o público entenda a geografia de uma sala lotada. Desse ponto fica claro onde cada personagem se encontra em relação aos outros e onde estão os objetos que os cercam.

A testemunha também pode viajar através do tempo. Intensamente inquisitiva e um pouco impaciente, e por estar sempre conectada ao desejo do público, ela tende a antecipar. Vendo o que pode acontecer a seguir, ela pula para a próxima ação de interesse. Vendo uma interação, ela pode pular para sua conclusão e, em outras ocasiões, explorará o reino da memória, voltando no tempo até o passado.

Como ser insignificante

Os enquadramentos e a edição determinam o campo de visão do espectador. Talvez não seja um exagero dizer que o que o diretor realmente dirige é a atenção do público.

Nesse sentido, torna-se secundário dizer aos atores onde ficar e como se mover, e em que ritmo ou volume dizer suas falas. Igualmente secundárias são as sugestões do diretor de fotografia sobre onde posicionar a câmera, se ela deve se mover ou não, o que precisa ser incluído e (tão importante quanto) excluído do plano. No fim, essas direções servem a um único propósito: manipular a percepção de quem assiste ao filme. Direção é uma questão de ênfase. Ao contar uma história, a tarefa do diretor é enfatizar o que é significante, não dando tanta atenção ao que não é. As atuações dos atores, como gravá-las, e a reconstrução destas durante a pós-produção: todas são projetadas para tornar certas coisas mais significativas do que outras para o público.

Muito antes da minha chance de trabalhar com cinema, eu tinha um trabalho no departamento de arte de uma grande agência publicitária. Embora minha posição fosse baixa e apesar de ter pouca experiência, em pouco tempo me tornei o assistente de um diretor de arte experiente com quem aprendi muito sobre o ofício do *layout* na criação de anúncios. Quem faz o *layout* recebe os elementos do anúncio (o título, legendas, *slogan*, logomarcas) e precisa ou planejar ilustrações, desenhos e fotos ou, quando os recebe com outros textos completos, precisa arranjar tudo no espaço determinado.

O espaço pode ser uma página inteira de jornal ou revista, ou apenas uma ou duas colunas em alguma outra publicação.

Apenas muitos anos depois percebi que, durante essa tarefa longínqua e totalmente comercial, por conta do que aprendi com meu chefe sobre o trabalho do *layout*, eu havia recebido um treinamento de primeira classe em minha futura carreira como diretor de longas-metragens. O importante era decidir o que precisava ser enfatizado e o que precisava ser visto imediatamente pelos olhos do leitor/espectador. Ao colocar os elementos variados na página (palavras e imagens), quem fizesse o *layout* intuitivamente aprenderia o que precisava ser visto imediatamente e o que podia ser legível apenas como consequência desse primeiro impacto. Em suma, ele guia o olho e o ouvido de um público ao planejar o trajeto do olhar do leitor pelo modo de organizar as palavras e as imagens, de acordo com seu significado sequencial. (No cinema, é claro, esse é o papel do diretor de fotografia. Como um cinegrafista amigo meu me disse, ao brincar com luz e sombra, o objetivo não é onde projetar as sombras, e, sim, onde *não* projetá-las.)

Fazer algo que chame a atenção não é uma questão de produzir algo grandioso. É preciso fazer algo que seja um pouco diferente de todo o resto. O *design* geral dos padrões espaciais pode tornar uma coisa mais enfática do que outra. À medida que você consegue fazer o olhar direcionar para um elemento, garante que ele passe por cima de outros e os dispense. Um problema típico do *designer* gráfico é que muitas vezes ele é obrigado a incluir no espaço disponível uma série de elementos relativamente desinteressantes. Uma solução seria torná-los menos legíveis. Por exemplo, um texto pode parecer monótono e sem muito valor se você manipular o espaço entre as letras de modo que não haja muito espaço entre as palavras. Um tipógrafo é capaz de usar esse método para incluir uma informação, mas sem chamar a atenção para ela, enquanto a tipologia que é de fato importante pode ser mais perceptível quando inserida em um boxe. Contrastes de cor e tons, o espaço disponível como um todo e ao redor das palavras também são elementos a se considerar. Um diretor de imagens e sons enfrenta uma tarefa similar – guiar os olhos e os ouvidos do público –, mas que é muito mais complexa. Enquanto o *designer* gráfico trabalha apenas com padrões bidimensionais, o diretor de cinema trabalha em diversas dimensões. A manipulação do espaço-tempo tem um papel importante, embora o que importa ainda seja o mesmo: criar ênfase por meio de contraste. Enfatizar uma coisa é subestimar e descartar outra.

Quando se trata da natureza relativa e não absoluta da gramática cinematográfica – como os efeitos dramáticos são alcançados por comparação e contraste –, a escala de amplificação sonora também é de grande relevância. O mais importante a lembrar, um princípio no qual uma filosofia inteira de *design* de som pode se basear, é que a falta de som não é necessariamente reconhecida como silêncio. Por exemplo, para criar uma ilusão dramática de silêncio em um quarto vazio, o *designer* de som pode adicionar efeitos sonoros em uma altura absurdamente alta de coisas que o ouvido normalmente não captaria, como uma torneira pingando ou um relógio tiquetaqueando. Talvez esses sons possam até ser contrastados com o latido distante de um cachorro ou o ruído do tráfego ao longe. (Técnicos de som experientes contam de diretores que, esperando alcançar um efeito sonoro poderoso, pedem ao técnico que suba o volume. O efeito não é muito impressionante.)

O som influencia o que você vê. Imagens alteram como você escuta as coisas. O ouvido da mente, como o olho da mente, pode selecionar o que quer ouvir e ficar surdo ao que considera irrelevante. O cérebro é capaz de editar o que o ouvido capta, da mesma forma que interpreta o que vem dos olhos. Por exemplo, em uma mesa de jantar onde diversas conversas paralelas ocorrem simultaneamente, é possível focar na conversa de duas pessoas na ponta da mesa, ao mesmo tempo que se ignora a voz daqueles mais próximos, mesmo que seja mais alta. Também já foi observado que a emoção pode influenciar a percepção auditiva: por exemplo, a mãe de uma criança pode ignorar barulhos altos ao mesmo tempo que escuta o mínimo som emitido por seu filho em outro quarto. Porém, microfones e gravadores não têm a mesma capacidade, e essa é a razão pela qual precisamos pensar no som do cinema de forma bem diferente.

Veja a história de um problema enfrentado por um produtor de rádio da BBC que queria abrir um programa com os sons de uma rua em uma noite movimentada. Mandaram uma equipe para gravar tais sons, mas logo perceberam que o material não prestava, já que mesclava tudo em um único barulho, de modo que nenhum som individual era reconhecido. A equipe se deu conta de que, para criar o efeito desejado, seria necessário gravar cada um dos sons individualmente (o som de uma buzina, de freios repentinos, da troca de marchas e do motor de carros, as conversas dos pedestres, os gritos dos jornaleiros, os sons de um ônibus, o condutor anunciando as paradas aos passageiros). Uma vez que esses sons foram cuidadosamente orquestrados e mesclados de forma clara e balanceada, o efeito do que a equipe havia escutado na locação foi recriado. Dessa forma, o efeito de um ambiente sonoro totalmente natural precisa ser planejado com muita destreza e sagacidade.

Geografia mental

Nossa percepção do que nos cerca é algo misterioso. Seria algo absoluto ou puramente uma construção subjetiva pessoal? Para o diretor de cinema (e, se ele estiver fazendo seu trabalho direito, para seu público), ambos são de certa forma possíveis; certas vezes, sintético e ficcional, existindo em nossa imaginação, outras, absolutamente reais e tangíveis.

Em 1920, aos 21 anos, o russo Lev Kuleshov fundou a primeira escola de cinema. Entre seus alunos estava Vsevolod Pudovkin, que depois se tornou um dos diretores mais importantes do cinema soviético. Kuleshov é famoso na história da teoria do cinema por dois ou três experimentos criados para demonstrar os princípios básicos da arte do cinema e o modo como esse meio da comunicação é diferente da literatura e do teatro. Os pioneiros russos eram grandes admiradores dos diretores estadunidenses contemporâneos, em particular, D. W. Griffith, cujos filmes eles estudavam com um interesse apaixonado. Como os estadunidenses em Hollywood eram mais práticos em seu modo de lidar com o cinema, e não se importavam muito com as teorias, sobrava para os russos estudar o trabalho feito de maneira instintiva pelos diretores pragmáticos que haviam recentemente chegado à Califórnia e estavam desenvolvendo novas abordagens para o cinema.

Kuleshov acreditava que a montagem, a justaposição de planos, era a essência do cinema. Indo além dos estadunidenses, Eisenstein sustentava que cada plano em si não tinha muito significado até que fosse organizado em um padrão de edição. Portanto, não apenas o todo é maior que a soma de suas partes, mas é algo diferente (uma ideia sustentada por muitos argumentos dialéticos marxistas: o choque dos opostos, as contradições que produzem uma nova realidade). Hoje, muitas dessas teorias dos russos aparentam ser pouco mais do que uma elaboração das práticas básicas do cinema: é difícil recapturar o entusiasmo que as teorias provocaram na época. Mas, de qualquer forma, vale a pena estudá-las; por exemplo, um experimento feito por Kuleshov chamado "paisagens artificiais" sobre um problema com o qual ele havia se deparado ao fazer um filme próprio.

Hoje em dia, o princípio que Kuleshov estava demonstrando (a ideia de continuidade de ação e consistência por meio da edição) é uma prática tão universalmente aceita que não lhe damos o devido valor. Mas ele levanta um ponto muito importante sobre a edição e a estrutura do material dramático. Ao filmar seu filme de 1918, *O projeto do engenheiro Prait* [Проект инженера Прайта], Kuleshov escreveu:

> [Nós] encontramos certas dificuldades. Era necessário que nossos personagens principais, um pai e sua filha, atravessassem um campo e olhassem para um poste no qual foram amarrados cabos elétricos. Por conta de circunstâncias técnicas, não conseguimos gravar isso no mesmo local. Precisamos filmar o poste em um lugar, e o pai e a filha em outro. Depois inserimos a imagem do poste, que vinha de outro lugar, no meio das imagens da caminhada pelo campo.
>
> Isto era algo ordinário, infantil – algo que é feito o tempo todo.
>
> Tornou-se evidente que com a montagem era possível criar um novo terreno que não existia em nenhum lugar, pois essas pessoas não andavam por lá na realidade, e na realidade não havia um poste ali. Mas no filme parece que eles atravessaram um campo e depararam com um poste.

1. *Kuleshov on Film* (University of California Press, 1974), pp. 51-3). Em seu livro *Film Technique*, Pudovkin escreve sobre esse experimento, observando que, "embora a filmagem tenha ocorrido em locações distintas, o espectador vê a cena como um todo. As partes do espaço real captadas pela câmera parecem, por assim dizer, concentradas na tela. Dessa forma ocorre o que Kuleshov chama de "geografia criativa". Pelo processo de junção dos pedaços de celuloide surgiu um novo espaço fílmico que na realidade não existe. Construções separadas por milhares de quilômetros eram concentradas em um espaço que poderia ser percorrido por alguns passos dos atores" (pp. 60-1). No linguajar de hoje, "leia-se "trapacear" em vez de "geografia criativa".

Alguns anos depois fiz um experimento mais complexo: gravamos uma cena completa. Khokhlova e Obolensky atuaram nela. Nós a gravamos da seguinte maneira: Khokhlova está andando pela Rua Petrov, perto da loja "Mostorg". Obolensky está andando na beira do Rio Moscou – a uma distância de uns três quilômetros. Eles se veem, sorriem e começam a andar na direção um do outro. O encontro foi filmado no Bulevar Prechistensk. Esse bulevar é uma parte totalmente diferente da cidade. Eles se cumprimentam em frente ao monumento de Gogol e olham... para a Casa Branca! – já que neste momento editamos um segmento de um filme estadunidense, *The White House in Washington*. No plano seguinte, eles estavam de volta ao Bulevar Prechistensk. Decidindo ir mais longe, eles saem e sobem a enorme escadaria da Catedral de Cristo Salvador. Nós os filmamos, editamos o filme, e o resultado é que eles são vistos subindo as escadas da Casa Branca. Para isso não usamos nenhum truque, nenhuma sobreposição: o efeito foi alcançado apenas pela organização do material de forma cinematográfica. Essa cena em particular demonstrou a potência incrível da montagem, que se provou tão poderosa que era capaz de alterar a própria essência do material. A partir dessa cena, nós entendemos que a força básica do cinema vem da montagem, porque com ela é possível tanto quebrar quanto reconstruir, e ultimamente refazer o material.[1]

Como Kuleshov tentou demonstrar, espaço físico e tempo real podem ser subordinados à montagem. O sentido que às vezes temos da geografia (nossa percepção de uma relação espacial consistente entre pessoas e objetos e móveis, arquitetura de interiores e paisagem externa) pode, em filme ou vídeo, ser bastante fictício. É algo que a imaginação compõe, uma vez que a mente sintetiza em um ambiente lógico e crível, mesmo não existente, as imagens e os sons apresentados a ela. Perceba que o direcionamento de um olhar (o grau em que um olhar fora de tela é amplo ou estreito em relação à lente) é de extrema importância aqui. Na sala de edição, se confrontado por planos de diferentes locações filmadas em momentos distintos, fica claro que, se um personagem estiver olhando para fora da tela no mesmo ângulo de visão de um personagem diferente em um plano diverso, esses planos, quando intercalados, produzirão o efeito de contato visual, mesmo que os dois personagens não devessem estar juntos no mesmo local, muito menos olhando um para o outro.

2. Ver o exemplo de *Trágico amanhecer* [*Le Jour se lève*] em "O eixo", a seguir.

É importante os alunos entenderem que a geografia de uma cena precisa estar imediatamente aparente para o público. A edição de um filme como *Intolerância* [*Intolerance*], de D. W. Griffith, por exemplo, às vezes é um processo bastante rápido. Alguns planos duram três ou quatro quadros, quase rápido demais para serem vistos. Nessas cenas, o ritmo de edição só é possível porque as áreas de atuação já foram claramente estabelecidas, resultando em um *layout* de personagens e objetos extremamente claro na mente do público. Uma vez que a geografia foi bem definida, o diretor e o ator são essencialmente capazes de fazer o que eles quiserem sem confundir o público, mesmo se, por exemplo, brincarem com as linhas de visão e a justaposição de planos[2].

Segundo alguns críticos, os princípios de Aristóteles, incluindo o de "unidade de lugar" (a ideia de que a ação de uma história se passa em um único lugar), não se aplicam mais. Também é verdade que poucas peças treatrais hoje em dia parecem se importar com a "unidade de tempo" (que requer que a ação não ultrapasse o nascer e o pôr do sol de um dia). Mas já se afirmou que a percepção do que tem sido chamado de "mundo fechado" é um trunfo considerável em certos tipos de comédia ou drama. Nós achávamos que *Quinteto da morte* [*The Ladykillers*] era uma dessas comédias. No começo da produção do filme, quando a história era um esboço e o roteiro ainda não havia sido escrito, estava claro para o roteirista, para mim e para o produtor associado que grande parte das cenas passaria dentro da casa da sra. Wilberforce. Na verdade, percebemos que poderia haver alguns problemas no tom cômico sempre que saíamos da casa, porque o filme precisava ficar no limite da fantasia. Todos os personagens principais eram figuras caricatas exageradas e, quando colocados em contextos naturais, interagindo com pessoas reais, corriam o risco de perder a convicção.

Portanto, à exceção do prólogo e do epílogo passados na delegacia de polícia, há apenas uma cena (o roubo) que não se desenvolve na casa da sra. Wilberforce. Mas se todas as cenas se passassem em um ambiente interior, receávamos que o efeito seria de uma peça filmada para a televisão. Assim, enquanto o roteirista começou a trabalhar nas cenas, o diretor de arte e eu começamos a preparar planos para os cenários e a locação. Quando o roteiro e a pré-produção avançam juntos dessa forma, o resultado é a história estar concebida em termos cinematográficos desde o princípio. Esse roteirista em particular foi capaz de construir cenas e diálogos dentro do contexto de uma narrativa que já estava se formando com imagens e ações, o que é muito raro como procedimento profissional.

As logísticas no caso de *Quinteto da morte* eram complexas. Partes de cenas foram filmadas em três lugares diferentes em momentos bem distintos no cronograma de filmagem, e essa ação cômica de alta velocidade tinha de combinar perfeitamente. Havia três cenários construídos dentro do estúdio: um era uma combinação elaborada de dois quartos, um corredor e uma porção da entrada frontal da casa. O segundo eram os dois quartos do andar de cima da casa da sra. Wilberforce, com parte do corredor e a escada. O terceiro era a delegacia de polícia. Todos eram essenciais para a "geografia mental" da história. Observe também que a sequência em que a figura sinistra do professor Marcus segue a sra. Wilberforce até a casa – a que nos dá aquele ângulo alto estabelecendo uma visão geral da rua sem saída, com a casinha elegante, mas em ruínas no final, os pátios ferroviários vistos além, com a própria casa – também foi crucial para o público apreciar exatamente onde a história estava acontecendo.

Condensando o tempo de tela

O ritmo é ocasionalmente um problema para o diretor inexperiente. Deixe-me dar um exemplo. Imagine que um roteirista lhe entregue uma página de diálogo, uma cena em que uma jovem mulher encontra seu noivo para levá-lo ao aeroporto, onde os dois vão pegar um avião para o casamento da tia do jovem. A garota está ansiosa, e fica muito irritada quando descobre que o noivo dormiu até tarde e, por isso, talvez eles percam o avião. Escolhi uma situação banal porque estamos interessados apenas em certas tecnicidades de como a cena pode ser filmada. O conteúdo é essencialmente sem importância. Como diretor, você recebeu o seguinte diálogo:

GAROTA
O que aconteceu? Você não está pronto?

JOVEM
Qual é o voo? Eu achava que era hoje à tarde.

GAROTA
Não. Eu te contei que mudou. É às dez e quinze. Nós temos vinte minutos.

>   JOVEM
> Por que não podemos pegar o voo à tarde?

>   GAROTA
>   *(ao telefone)*
> Posso falar com o concierge, por favor?

>   *(para o JOVEM)*
> Porque não chegaríamos a tempo.

>   *(ao telefone)*
> Aqui é do quarto 304. Você poderia mandar alguém pegar nossas malas? E chamar um táxi, por favor.

>   JOVEM
> Por que não? O casamento é só amanhã.

>   GAROTA
> Nós temos que estar lá esta tarde.

>   JOVEM
> Por quê?

>   GAROTA
> Tem um ensaio.

>   JOVEM
> Um o quê?

>   GAROTA
> Um ensaio, na casa da sua mãe. Você prometeu que estaria lá.

JOVEM

Não, não prometi. Não no ensaio. Pra que que ela precisa de um ensaio? Ela já se casou duas vezes.

GAROTA

Eu prometi a ela que estaríamos lá. Você sabe como ela se sente em relação a essas coisas.

JOVEM

E ela sabe como eu me sinto.

No fim desse diálogo pouco inspirador, o roteirista, que assumiu que a cena começará com o jovem dormindo na cama, sugeriu a você um começo que envolve dar uma gorjeta para o camareiro. As ações são:

1. O JOVEM sai da cama, veste um roupão, atravessa o quarto até a porta e a abre.
2. A GAROTA entra, reage e começa o diálogo.
3. O JOVEM pega suas calças na cadeira, tira as calças do pijama (por debaixo do roupão), e veste as outras calças.
4. Ele tira o roupão e a parte de cima do pijama, acha uma camisa e a veste.
5. Ele abotoa a camisa.
6. Ele acha suas meias e sapatos.
7. Ele se senta na cama, põe uma meia, depois a outra, um sapato, depois o outro.
8. Ele acha uma gravata, a coloca ao redor do pescoço e dá um nó.
9. Ele veste o paletó, checa sua carteira e as passagens aéreas.

Seu problema é que, quando você cronometra o diálogo, descobre que essas ações terão de acontecer muito rapidamente. Na verdade, o diálogo já terá acabado quando o jovem fechar o zíper da calça. Isso antes de você considerar o próximo problema: quem faz as malas? Ou elas já estão prontas? (Não combinaria com o personagem.) Alguém precisa pegar as malas, abri-las, começar a esvaziar as gavetas, pegar o barbeador no banheiro. E como o camareiro chega? Seu roteirista não pensou nisso.

A resposta ao problema é pura mecânica cinematográfica: planejar a ação para que ela ocorra em planos que avancem progressivamente a continuidade, reduzindo drasticamente a ação. As cenas detalhadas a seguir estão presentes na tela, portanto nós não vemos as ações de 1 a 9. Em vez disso, vemos o começo de todas as ações, e então cortamos imediatamente para um estágio mais avançado delas. Para o público, parecerá que tudo foi um processo ininterrupto. Algo assim, por exemplo:

1. PLANO MÉDIO – JOVEM

Escutamos o som de alguém batendo na porta. Os lençóis se mexem. A cabeça do JOVEM *aparece, olhos cansados. Batem de novo. Relutante, ele decide se levantar e, resmugando, estende o braço em busca de um roupão que está ao pé da cama.*

2. PLANO MÉDIO – PORTA

A maçaneta gira. Batem de novo. Depois de um momento, o JOVEM *aparece no quadro usando seu roupão.*

(Isso já cortou bastante: ele saindo da cama, vestindo um braço do roupão, depois o outro. E o que é mais importante: por conta da edição, o ritmo da cena é estabelecido rapidamente. o JOVEM *pode se mover devagar, mas a* GAROTA *é rápida, e a edição faz com que a cena avance ao ritmo da impaciência dela.)*

O JOVEM *destranca a porta e a* GAROTA *entra imediatamente. Ela olha para ele e para o quarto.*

GAROTA
O que aconteceu? Você não está pronto?

Ela atravessa o plano. o JOVEM *olha para o pulso vazio que normalmente teria um relógio.*

JOVEM
Qual é o voo?

3. PLANO MÉDIO – GAROTA

A GAROTA, *tomando uma iniciativa imediatamente, já está pegando as calças dele que estão sobre uma cadeira e o relógio que está na mesa ao lado da cama.*

VOZ DO JOVEM
(fora de cena, continuando)
Eu achava que era hoje à tarde.

A câmera segue a garota enquanto ela empurra as calças contra o rapaz e lhe entrega o relógio.

GAROTA
Não. Eu te contei que mudou. É às dez e quinze. Nós temos vinte minutos.
O JOVEM se vira para a câmera. Ainda cansado, ele reclama.

JOVEM
Por que não podemos pegar o voo à tarde?

Fora de quadro, há o barulho de um telefone sendo discado. O JOVEM começa a tirar a calça do pijama por baixo do roupão.

4. PLANO MÉDIO – GAROTA

A GAROTA já está conectada com a recepção do hotel (nos filmes, o serviço de telefone de hotéis é sempre milagrosamente rápido).

GAROTA
(ao telefone)
Posso falar com o concierge, por favor?

(para o JOVEM)
Porque não chegaríamos a tempo.

(ao telefone)
Aqui é do quarto 304. Você poderia mandar alguém pegar nossas malas? E chamar um táxi, por favor?

5. PLANO MÉDIO – JOVEM
O JOVEM, *tendo vestido as calças, tira o roupão e a parte de cima do pijama.*

JOVEM
Por que não? O casamento é só amanhã.
A GAROTA *aparece em cena carregando a mala do jovem. Ela pega o roupão e o pijama, incluindo as calças que ele jogou na cama, e arremessa uma camisa para ele.*

GAROTA
Nós temos de estar lá esta tarde.

JOVEM
Por quê?
CÂMERA *segue a* GAROTA, *excluindo o* JOVEM *enquanto ela coloca a mala sobre um móvel e abre suas gavetas.*

GAROTA
Tem um ensaio.

6. PLANO MÉDIO – JOVEM
Vestindo a segunda manga da camisa, ele reage.

JOVEM
Um o quê?

7. PLANO MÉDIO – GAROTA
A GAROTA está enchendo a mala com as roupas da gaveta.

GAROTA
Um ensaio, na casa da sua mãe.
(fechando a mala)
Você prometeu que estaria lá.

Fechando a mala com força, ela a carrega em direção à porta, a CÂMERA *gira com ela para incluir o* JOVEM. *Ele está de camisa e abotoou tudo menos o colarinho. Enquanto a* GAROTA *caminha pelo plano, ele se senta na cama, olhando ao redor do chão.*

JOVEM
Não, não prometi.

8. PLANO DETALHE
Ao lado dos pés do JOVEM, estão seus sapatos. Uma meia está no chão. A câmera sobe enquanto ele fala.

JOVEM
(continuando)
Não no ensaio.
Enquanto veste uma meia, ele procura a outra.

9. PLANO FECHADO – GAROTA
Tendo deixado a mala ao lado da porta, ela se agacha para pegar a outra meia e a joga para ele.

10. PLANO MÉDIO – JOVEM
A meia o acerta. Ele já calçou uma meia e um dos pés do sapato, e começa a calçar a que acabou de receber.

> JOVEM
> Pra que que ela precisa de um ensaio? Ela já se casou duas vezes.

Fora de cena, o som da campainha. O JOVEM *olha em direção à porta.*

11. PLANO ABERTO – PORTA
A GAROTA *já está a caminho da porta.*

> GAROTA
> *(enquanto anda em direção à porta)*
> Eu prometi a ela que estaríamos lá.

Um CAMAREIRO *aparece na porta quando ela abre. Apontando para a mala, a* GAROTA *sai do quadro em direção ao* JOVEM, *enquanto o* CAMAREIRO *pega a mala.*

> GAROTA
> *(continuando)*
> Você sabe como ela se sente em relação a essas coisas.

12. PLANO MÉDIO – JOVEM E GAROTA
O JOVEM, *de pé, já calçou os sapatos e está com uma gravata nas mãos. Ele a coloca ao redor do pescoço e a* GAROTA *o ajuda a vestir o paletó.*

> JOVEM
> E ela sabe como eu me sinto.

13. PLANO MÉDIO – CAMAREIRO

A GAROTA volta a entrar no quadro e indica ao CAMAREIRO que leve as malas, e então vira impaciente para o JOVEM, que entra no quadro terminando de dar o nó na gravata. Ele então procura nos bolsos e acha sua carteira e as passagens.

Aula de desenho

Quando está planejando a cobertura da câmera, que notação usa para indicar as configurações? Isso presumindo que ache útil projetar a cobertura da câmera no papel antes de chegar ao estúdio. Você faz uma planta do cenário e depois desenha ângulos de câmera em forma de V? Ou você faz esboços primitivos em miniatura que representam o quadro do filme e o tamanho das figuras no plano? Você pode, é claro, fazer as duas coisas. Ou nenhuma.

Como um sistema, *storyboards* se alinham com o temperamento de alguns diretores e não de outros. Pessoalmente, acredito que eles são úteis em algumas circunstâncias. Uma cena que envolve uma logística bem complicada e cara, com multidões, efeitos especiais e uma produção de arte elaborada, pode ganhar muito se planejada em detalhes precisos. Mas se você está trabalhando em uma cena cheia de diálogos e possivelmente com movimento complexo de atores durante a cena, pode ser um erro planejar as configurações da câmera com antecedência de forma rígida. A vantagem disso é a contribuição instintiva que bons atores podem dar, pois muitas vezes são capazes de ajudar bastante o diretor ao explorarem como a cena pode se desenvolver. Certamente pode ser um erro planejar a cobertura de um modo que prenda você a ponto de impedi-lo de aproveitar oportunidades inesperadas durante os ensaios ou as gravações.

Na verdade, não existe uma contradição entre a preparação e a improvisação. O diretor está constantemente fazendo ambas e, paradoxalmente, um plano bem elaborado para a encenação e a cobertura da câmera deve lhe dar *mais* liberdade para improvisar, não menos. Planejar como uma cena deve ser dirigida é, na minha opinião, muito similar a planejar uma batalha. Todos os seus movimentos devem ser planejados com o maior cuidado possível, já que não dá para ter certeza do que seu oponente tem reservado para você. Ou, para usar uma metáfora diferente, é como preparar uma grande caça. Você constrói seu ponto de observação escondido o mais próximo possível do poço de água, mantém sua munição e arma à mão, mas seus preparativos dependem totalmente do imprevisível: o comportamento do animal selvagem por quem você está esperando (no nosso caso, o ator).

Há algum tempo que estimulo todos os alunos, tanto escritores como diretores, a desenvolver uma competência no desenho. Ter um talento gráfico, mesmo que seja bem simples, dará ao diretor a chance de produzir rápidos diagramas nas margens de um roteiro. Isso será uma ajuda inestimável na fase de planejamento da cobertura de uma cena e da criação de um roteiro de filmagem, sendo essencial como meio de comunicação rápida e clara com o ator, o operador de câmera e o editor do filme. Ser capaz de preparar um plano gráfico básico que mostre a escala da locação, as possíveis posições dos atores em cena e o local de móveis e objetos pode ser bem útil. (Pode até ser um erro ilustrar as coisas com mais detalhes, já que isso atrasará seu ritmo. A imagem fotográfica precisa é algo que você deve deixar para o diretor de fotografia e o diretor de arte.) Com tal competência de visualização, é possível que você ache mais fácil se livrar de potenciais problemas da geografia de sua locação, além de se tornar inconfundível no uso da gramática cinematográfica. Ser capaz de preparar *storyboards* básicos pode forçá-lo a pensar com muito mais precisão, desde o início, sobre o cinema. Requer analisar as estruturas visuais que você precisa dominar, fazendo-o pensar nesses termos.

"Claro, você sabe que não sei desenhar", diz o estudante de cinema sem um pingo de autocrítica, como se a habilidade de desenhar fosse algo pelo qual ninguém é responsável, como nascer com olhos castanhos ou azuis, uma característica genética. Bem, admito um preconceito. Para mim, parece estranho que um aluno pague uma mensalidade exorbitante para frequentar uma escola profissional que lida com a imagem visual sem se preocupar em adquirir qualquer habilidade em desenho. Um comando real do desenho figurativo pode ser um dom, uma habilidade herdada e instintiva. Mas é pouco mais do que a habilidade de ter uma caligrafia razoavelmente legível (que, reconhecemos, às vezes também falta a um bom número de estudantes nos dias de hoje), e todos que, com um esforço razoável, conseguem escrever de maneira legível ou desenhar as letras para um cartaz têm a habilidade necessária. Como todos nós, certamente, devemos estudar habilidades de "comunicação", há muito menos desculpa para sermos totalmente ineptos nesses assuntos.

Algumas dicas para desenhar o corpo humano: o rosto é geralmente oval, e sua largura tem dois terços de sua altura. Se você dividi-lo verticalmente em três, o nariz se encontra no meio. Entre os olhos, existe o espaço de um olho. Orelhas têm mais ou menos a mesma altura que o nariz; o pescoço é cerca de dois terços da largura da cabeça. Para completar a cabeça, adicione o crânio atrás e um pouco acima do rosto, um círculo de cerca de dois terços da face. Para indicar uma vista posterior, mostre o pescoço sob o crânio e as orelhas.

A mesma fórmula para desenhar um rosto e uma cabeça pode ser usada para diagramar, de forma bem primitiva, linhas de visão e planos fechados. Algum sentido da expressão do rosto ainda está presente na visão lateral (perfil), se pudermos ver a curva da bochecha e os cílios do olho. A vista posterior deixa a expressão a ser imaginada.

Trace uma forma oval cuja largura corresponda a dois terços da altura.

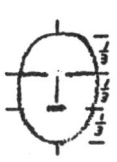

Divida a altura por três. O nariz está no terço do meio.

Os olhos têm entre si uma distância equivalente ao tamanho de um dos olhos.

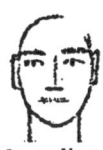

As orelhas estão no nível do nariz. O pescoço tem dois terços da largura do rosto.

Para o perfil, adicione o crânio, que é um círculo com dois terços do tamanho do rosto.

Para uma visão de trás, adicione o pescoço abaixo do crânio e os ombros.

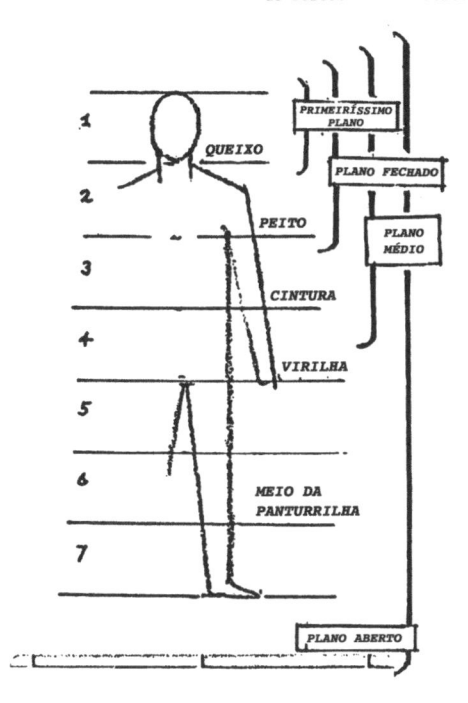

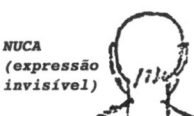

1 QUEIXO — PRIMEIRÍSSIMO PLANO
   PLANO FECHADO
2 PEITO
   PLANO MÉDIO
3 CINTURA
4 VIRILHA
5
6 MEIO DA PANTURRILHA
7
   PLANO ABERTO

ROSTO INTEIRO

ROSTO QUASE INTEIRO

TRÊS QUARTOS (segundo olho ainda visível)

PERFIL (apenas um olho visível)

SEMINUCA (nariz e cílios visíveis)

NUCA (expressão invisível)

AULA DE DESENHO

A cabeça é aproximadamente um sétimo da altura do corpo inteiro. Dois sétimos chegariam ao peito, ou seja, o tamanho de plano próximo; três sétimos é o comprimento da cintura, ou seja, plano médio. Seis sétimos, cortando abaixo do joelho, é um plano americano, e qualquer coisa que mostre o comprimento total conta como um plano aberto.

Ponto de vista

A qualquer momento de qualquer cena, a posição da câmera é um ponto do espaço-tempo de onde a testemunha alada, imaginária, onipresente e invisível, observadora das ações, sugere um ponto de vista específico. É desse ponto que o público vê a história, de onde a testemunha leva o público a sentir simpatia por um personagem em detrimento de outro. Uma das decisões mais elementares que um diretor precisa tomar é o tamanho de um enquadramento. Em cada momento preciso de uma cena, quão próximo da lente está o personagem? Quanto está incluso no quadro? Quanto fica fora de tela?

Um psicólogo famoso, Edward T. Hall, escreveu alguns livros sobre o que ele chama de teoria da proxêmica [*proxemics*], uma teoria que se propõe a ser um estudo de como o comportamento e as atitudes das pessoas são afetados pela distância física entre elas[3]. Hall sugere que essa distância pode ser classificada em diferentes categorias: íntima, pessoal, social, pública e remota. Segundo ele, nós todos temos uma percepção do "território psicológico". Hall dá o exemplo de como, em eras passadas, um rei não permitiria que outras pessoas se aproximassem muito dele, também insistindo que subordinados não pudessem se sentar em cadeiras mais altas do que a dele. Observe pessoas estranhas amontoadas dentro de um elevador ou de um ônibus e você notará uma curiosa expressão congelada no rosto delas, um tipo de máscara protegendo-as da indignidade desconfortável própria da proximidade com estranhos.

3. Ver *The Hidden Dimension: an Anthropologist Examines Man's Use of Space in Public and Private* (Anchor, 1969) e *The Silent Language: an Anthropologist Reveals How We Communicate by Our Manners and Behavior*, de Edward Hall (Anchor, 1973).

Como ciência, acho que a teoria da proxêmica não deveria ser levada muito a sério. Mas ela é bem útil ao pensar na gramática cinematográfica: quando e como usar planos abertos, planos fechados e afins. A indústria do cinema deu nome a vários enquadramentos que você vê em muitos filmes.

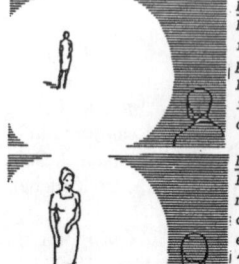

DISTÂNCIA REMOTA
Não é possível reconhecer a pessoa por causa da distância. Ela só pode ser identificada pela roupa ou pelo contexto.

DISTÂNCIA PÚBLICA
Essa distância será mantida por pessoas com um "status público" estabelecido, que são "inacessíveis" como indivíduos.

DISTÂNCIA SOCIAL
De cinco a três metros, comportamento e vestimentas visíveis. Em um ambiente social, o comportamento provavelmente será autoconsciente.

Falas e gestos podem ser estudados, formais e um pouco "projetados" na presença de um grupo de pessoas.

DISTÂNCIA PESSOAL
Reservada para pessoas próximas ou amigos. Um estranho que invada esse "espaço privado" pode ser considerado um intruso.

Se muito próximos, demonstra uma relação "pessoal". A presença de outros é ignorada. Falas serão improvisadas e a comunicação será mais "não verbal".

DISTÂNCIA ÍNTIMA
Envolvimento físico. Aceitável em público se os envolvidos forem "familiares". Implica a exclusão de outros e geralmente demanda certa privacidade.

TEORIA DA PROXÊMICA

Um psicólogo bastante conhecido, Edward T. Hall, escreveu dois livros, A dimensão oculta e A linguagem silenciosa, sobre o que ele chama de teoria da "proxêmica", que seria um estudo sobre como o comportamento e as atitudes das pessoas são afetados pela distância física entre elas.

Hall sugere que essas distâncias podem ser classificadas em quatro categorias: DISTÂNCIA ÍNTIMA, DISTÂNCIA PESSOAL, DISTÂNCIA SOCIAL e DISTÂNCIA IMPESSOAL.

De acordo com ele, todos temos uma percepção do "território psicológico". Ele dá o exemplo de como, no passado, um rei não permitiria que seus súditos se aproximassem muito, também insistindo que subordinados não se sentassem em cadeiras mais altas que a dele.

É importante entender que os elementos mais básicos da gramática cinematográfica têm potencial para ironia dramática. A câmera sempre toma o que pode ser entendido como uma atitude psicológica em relação ao que está filmando, uma atitude que afeta diretamente a história que está sendo contada. Ao usar diferentes tamanhos de enquadramento e

PLANO EXTREMAMENTE ABERTO
Exemplo: o plano de abertura na cena do avião em Intriga internacional, de Hitchcock. É uma imagem do ambiente — com pouca ênfase nas pessoas. Considera-se que, se um personagem ocupar menos que um quinto da altura da tela, pode-se usar um dublê no lugar do ator. Eles serão identificados apenas pelas roupas que usam.

PLANO ABERTO
Exemplo: o segundo plano da mesma cena. Do tamanho de uma pessoa ou maior. Como imagem, ela é uma "paisagem com pessoa". A pessoa em relação ao que a cerca. Aqui o enquadramento deliberadamente enfatiza o vazio, o "nada" ao redor.

PLANO FECHADO
Exemplo: esse plano, que ocorre no momento em que Cary Grant percebe que o avião está vindo diretamente em sua direção.
Esse enquadramento pega até a cintura do personagem, excluindo muito da "linguagem corporal" do torso e dos braços para enfatizar as expressões faciais. É uma "distância pessoal".

PRIMEIRO PLANO
Exemplo: O plano em que Grant espera no meio da estrada para forçar o caminhão-tanque a parar.
Pega apenas o rosto e os ombros. Forte ênfase no que o personagem está sentindo e pensando. Uma distância "pessoal" ou até "íntima". Usos melhores e mais característicos aparecem em outros momentos do filme; o plano fechado é comum em momentos nos quais os sentimentos e pensamentos, o "subtexto" de ideias expressadas verbalmente, são, no mínimo, tão relevantes quanto o texto.

PRIMEIRÍSSIMO PLANO
Exemplo: o último quadro do plano acima depois de um tracking frontal na expressão facial aterrorizada de Grant.

PLANO MÉDIO
Exemplo: terceiro plano de Intriga internacional.
Ele corta o personagem na cintura. Dessa distância, vemos a "linguagem corporal" do ator com clareza, o modo como ele se porta, sua atitude e seu comportamento extrovertido.
A voz seria projetada como se ele estivesse falando com alguém do outro lado de uma sala ou a alguns metros de distância em um espaço público. Atitudes de uma "distância social".

MEIO PRIMEIRO PLANO
Exemplo: alguns cortes depois na sequência. Um pouco mais próximo da cintura.
Há um maior impacto das expressões faciais, sendo possível ver o suficiente para perceber no rosto do personagem o que ele está sentindo e pensando. Uma "distância social" um pouco mais pessoal.

PLANO CONJUNTO MÉDIO
Exemplo: um plano de três quartos de duas pessoas vistas de perfil. O plano é aberto o suficiente para ser mais ou menos "impessoal" e dar uma ênfase "neutra". Mostra a distância espacial entre os personagens.

PLANO SOBRE OS OMBROS
Exemplo: o plano seguinte, um pouco mais próximo e focado no rosto de Grant, mostrando mais seus pensamentos e suas emoções, e favorecendo-o em detrimento da personagem feminina, que é vista de costas.

PLANO COMPLEMENTAR
Exemplo: intercalado com o plano acima. Mesmo tamanho de tela para funcionar como um "complemento", com uma ênfase igual, mas dessa vez favorecendo a personagem feminina.

CORTE DE PONTO DE VISTA
Exemplo: ao incluir um dos ombros de Grant no canto da tela em primeiro plano, é enfatizada a visão "subjetiva", "vista pelos olhos" da garota.

posicionamento de câmera, um diretor é capaz de declarar de modo bastante transparente seus pensamentos e sentimentos a respeito dos personagens da história e das situações em que eles se encontram. Um dos exemplos mais óbvios pode ser quando o ângulo da câmera está alto e filmando para baixo, algo que parece fazer o público sentir-se superior aos personagens da tela, enquanto um ângulo abaixo do nível dos olhos, apontando ligeiramente para cima, parece indicar um ponto de vista mais simpático e respeitoso.

Se a posição física da testemunha alada sempre indica um nível de participação psicológica, é possível detectar "atitudes" meio óbvias. Primeiro, uma atitude de um interesse objetivo e neutro, quase desinteressado. Em segundo lugar, uma atitude de simpatia balanceada que alterna entre dois ou mais personagens da cena. Terceiro, um forte sentimento de empatia com um dos personagens cujo ponto de vista é apresentado subjetivamente, com o outro ponto de vista que aparece apenas como uma distração. Não é preciso mencionar que existem aqui muitas variações. Em qualquer cena pode haver muitas mudanças de simpatia e atitude. Também há no mínimo três fatores interligados que aparentam determinar o nível de identificação que o público sente em relação a um personagem e não a outro.

Primeiro, o tamanho dos enquadramentos e a posição da câmera. Se um personagem é visto em um plano fechado e outro em um plano médio, nosso sentimento de simpatia e/ou identificação é direcionado à figura vista a uma distância menor. Um aumento do tamanho do enquadramento geralmente cria uma tensão crescente, enquanto enquadramentos menores relaxam nosso sentimento de participação. Movimentos de câmera não apenas direcionam a atenção do público, mas também indicam como deveríamos nos sentir. Se a câmera segue um personagem em particular, isso incentiva a identificação com essa pessoa, enquanto um plano de *tracking* do ponto de vista de um personagem sublinha sua qualidade subjetiva.

Em segundo lugar, a linha de visão, o grau em que um olhar fora de tela é dado de forma estreita ou ampla à lente. Quanto mais estreita a linha de visão, mais parecemos nos identificar, pois, ao confrontar o rosto diretamente, sentimos muito mais o impacto da personalidade do sujeito. O sentimento é de maior envolvimento e há uma percepção maior de identificação.

Terceiro, o tempo de interação. Se um personagem permanece na tela por mais tempo que outro, e especialmente se a edição captura os pensamentos desses personagens, então a cena muitas vezes parecerá ser do ponto de vista dele.

Objetivo e neutro

Três ângulos com um plano geral de dois personagens compostos de uma ênfase pictórica igual, além de dois individuais em semiperfil, não particularmente próximos, e com tamanhos de enquadramento e linhas de visão cuidadosamente combinados.

Plano médio da garota.

Plano geral.

Plano correspondente do homem.

Nesse padrão, a percepção de identificação é a mesma com ambas as pessoas e não há ponto de vista claro (exceto o de um terceiro não envolvido).

Simpatia balanceada

Cinco ângulos, um plano geral de ênfase igual, dois planos sobre os ombros, e mais dois planos fechados com linhas de visão razoavelmente estreitas.

Plano sobre os ombros, mostrando a garota.	Plano geral.	Plano sobre os ombros, mostrando o homem.
Plano fechado da garota.	Plano fechado do homem.	

Com esse padrão, há uma percepção maior de envolvimento com os dois personagens, embora o ponto de vista se alterne, o que significa que não há uma identificação nem com um nem com outro.

Boa ênfase no ponto de vista de um personagem

A ênfase em um personagem em particular pode se dar de diversos modos.

1. Enquadrando um personagem em posições que o façam parecer maior na tela do que outros personagens.

2. Com movimentos de câmera que podem cuidadosamente centralizar o personagem enquanto a câmera está em movimento e seguindo seus movimentos, enquanto outros personagens permanecem em posições estáticas, tratados como parte do ambiente.
3. Com o uso de um ângulo sobre o ombro do personagem enfatizado (um homem), fazendo-o parecer maior no primeiro plano do que outros personagens (uma garota) mais distantes.
4. Um plano bem fechado do homem, com sua linha de visão bem rente à lente.
5. Um plano médio (ou médio-longo) da garota, em que seu olhar tenha um ângulo amplo em relação à câmera.

Esses ângulos devem ser editados de modo que a maioria das imagens seja um plano fechado do homem ou um plano geral. Os planos médios da garota e o plano sobre o ombro devem ser rápidos, sustentados apenas para rápidos pontos de vista ou para nos lembrar da relação espacial entre eles. Ao editar, muito da caracterização da garota aconteceria fora da tela, ou nos planos gerais, em que o foco é o homem.

O ponto onde a figura central deve ser posicionada dentro do quadro do filme é uma questão de estética pessoal. Como um pintor ou um ilustrador dirá, isso depende de muitos fatores (o equilíbrio de formas, cores, luz e sombra), enquanto o cineasta ainda precisa considerar a imagem (e as emoções) anterior e posterior à sequência de eventos. Para sequências projetadas com grande atenção à composição da imagem, veja filmes como *A paixão de Joana d'Arc* [*La Passion de Jeanne d'Arc*], de Carl Dreyer, e a obra de Eisenstein (que foi *designer* gráfico antes de se tornar diretor). Sequências de montagens no cinema soviético desse período prestam muita atenção na composição de planos e no padrão das sequências. Os filmes de John Ford também merecem ser estudados devido a suas composições clássicas de imagem. Elas ilustram o valor de imagens de planos longos tradicionalmente equilibradas e paradas que podem ser efetivamente utilizadas no que os diretores de teatro chamariam de efeitos de quadro, o tipo de encenação de cartão-postal que pode ser usado para marcar o fim de um ato em uma peça.

Enquadramento pode ser definido como a composição de um padrão de elementos visuais dentro do retângulo da tela do cinema. Embora seja uma preocupação de muitos profissionais no estúdio de filmagem (incluindo o cinegrafista e o operador da câmera), a maioria dos diretores insiste no direito de projetar seu próprio estilo de câmera. Isso acontece porque os mínimos detalhes da composição, movimento e enquadramento têm um efeito imediato no significado narrativo/dramático do plano e, portanto, do filme como um todo. Embora o público não esteja ciente disso (como não deveria estar), o enquadramento exato de um plano tem tanta influência no drama que está sendo representado que questões relativamente pequenas de composição visual podem alterar completamente o significado da narrativa do plano.

Ao pensar em enquadramento, é útil discutir o que chamamos de espaço fora de tela. A questão a lembrar aqui é que o que for deixado fora de tela ou escondido atrás de coisas que estão dentro do quadro pode ser tão importante quanto o que é visível. Ao esconder da nossa visão quaisquer elementos e controlar o momento preciso em que os vemos, o diretor manipula o tempo da informação visual e, consequentemente, nossa atenção e simpatia. O exemplo mais óbvio do espaço fora de tela tradicional é um cenário com entradas e saídas usadas da mesma forma que em uma peça teatral, em que personagens aparecem e desaparecem nas coxias (comédias--pastelão usam esse recurso teatral com frequência). Vários

Plano geral. Quando a câmera faz uma panorâmica, ela sempre mantém o homem no centro do quadro, seguindo ele, e não ela.

Plano sobre os ombros mostrando a garota; o homem está enquadrado no primeiro plano.

O ponto de vista do homem em relação à garota.

Um primeiríssimo plano do homem, do mesmo tamanho que o vimos no plano sobre os ombros.

O tempo dos planos na edição deve enfatizar o impacto de reações não verbais vistas no primeiríssimo plano do homem, com os outros ângulos usados como cobertura do diálogo que o faz reagir. Cortes de ponto de vista nunca são longos a ponto de interromper a atuação do personagem.

filmes europeus também já se valeram do espaço fora de tela de maneiras muito interessantes, pois literalmente guiam o espectador por meio de planos-sequências complexos, levando-nos de um incidente ou personagem para outro.

Veja na página seguinte uma cena de O *homem do terno branco* [*The Man in the White Suit*] como exemplo, encenada em um plano geral estático. (Por alguma razão, comédias assim tendem a funcionar melhor quando encenadas em planos longos de ação contínua e sem o uso de ângulos mais próximos.) Quando todos somem do quadro e a câmera permanece no corredor vazio (com sons vindo de fora do quadro), a encenação utiliza a mais antiga das fórmulas cômicas adoradas pelos mais antigos palhaços.

Cinegrafistas usam a gíria *"dingle"* para descrever um objeto que pode ser usado como elemento em primeiro plano no canto de um enquadramento. É algo utilizado para tornar a composição pictórica mais interessante. Por exemplo, um céu azul pode parecer mais interessante se um galho de árvore aparecer no canto superior do quadro, dando profundidade e perspectiva à imagem.

Entretanto, por questões de exposição, objetos em primeiro plano também podem ser utilizados. É sempre desejável lembrar o público da relação geográfica entre personagens e objetos, e em alguns casos isso é essencial para a compreensão de uma cena. Na página 290 há alguns exemplos. Nas imagens de *Intriga internacional* [*North by Northwest*], é a roda do caminhão e o braço do homem em primeiro plano que tornam o enquadramento dramático. A imagem com a plantação de milho em primeiro plano mostra quão distante a câmera está da estrada e o trajeto perigoso que Cary Grant precisa atravessar. E nos desenhos de *O homem do terno branco*, é o desamparo de Alec Guinness que exige que a câmera enfatize as grades da janela, enquanto a pressão que o personagem de

ESPAÇO FORA DE TELA

O exemplo mais óbvio do uso do espaço fora de tela é um cenário com entradas e saídas como em uma peça de teatro. Personagens aparecem e desaparecem nas coxias.

Comédias clássicas frequentemente usam essa tradição de palco. Por alguma razão, pastelões tendem a funcionar melhor quando encenados em planos-sequências com ações contínuas e sem cortes para ângulos mais próximos.

Temos aqui como exemplo uma cena de *O homem do terno branco*. Ela é encenada em um único plano geral. Quando todos somem do enquadramento e a câmera permanece no corredor vazio — com sons fora de quadro —, a encenação está usando a mais antiga das fórmulas adoradas em espetáculos de palhaços.

Perseguindo SIDNEY, BERTHA tropeça em uma bicicleta abandonada no fim das escadas...

Mas SIDNEY também se atrapalha, tentando destrancar a porta dos fundos. BERTHA ataca —

... jogando-o para fora da porta da copa. Os dois desaparecem dentro do cômodo fora da cena.

Enquanto sons terríveis surgem da copa, o INQUILINO sai do quarto...

... bem no momento em que SIDNEY aparece sendo perseguido por BERTHA. O INQUILINO acaba se metendo entre os dois.

SIDNEY, defendendo-se com a tampa de madeira de uma caldeira, se segura na balaustrada...

... que quebra, fazendo-o cair dentro do quarto do INQUILINO. BERTHA tranca a porta com o homem lá dentro.

Reclamando, o INQUILINO tenta fugir pela porta dos fundos. BERTHA o empurra para dentro...

... da copa e tranca essa porta também. Os dois agora são seus prisioneiros.

Marlon Brando sente em *Sindicato de ladrões* [*On the Waterfront*] é indicada no enquadramento das pessoas que o confrontam em primeiro plano.

Um exercício de sala interessante é pegar qualquer cena de diálogo entre dois atores, filmá-la e depois editá-la de formas distintas para acentuar os diferentes pontos de vista. Como um exemplo, vou usar uma cena de um dos primeiros longas em que trabalhei, *Sarabanda* [*Saraband for Dead Lovers*]. O enredo trata de um adultério entre uma princesa alemã infeliz com seu casamento e um militar do exército, comandante de seu marido. A cena que tenho em mente era simples e sem palavras. O herói, K, voltou de uma batalha e, depois de um

Enquadramento – elementos em primeiro plano

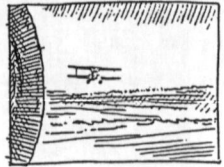

Um ângulo de ponto de vista em Intriga internacional. Cary Grant quase foi atropelado por um caminhão-tanque. Ele agora olha para o avião vindo em sua direção para atingi-lo. O pneu do caminhão é usado como dingle em primeiro plano para enfatizar que esse é o ponto de vista de Cary.

À direita, o ponto de vista de Cary Grant do caminhão-tanque descendo a estrada. A plantação de milho é usada como dingle para enquadrar a cena – e estabelecer a distância que Cary precisa percorrer para alcançar a estrada.

DINGLES E ELEMENTOS EM PRIMEIRO PLANO

Cinegrafistas usam a gíria *dingle* para descrever um objeto que possa ser usado como elemento em primeiro plano no canto de um enquadramento.

Certas vezes é usado simplesmente para tornar a composição pictórica mais interessante. Por exemplo, uma grande área de céu azul pode parecer "mais pitoresca" se um galho de árvore aparecer em um dos cantos superiores do enquadramento, dando profundidade e perspectiva.

Mas esses elementos também podem ser importantes para a narrativa. É sempre desejável lembrar o público das relações geográficas e, em alguns casos, isso é essencial para a compreensão da cena. Nesta página há diversos exemplos. À esquerda, o pneu do caminhão e o braço do homem em primeiro plano dão dramaticidade ao plano. Acima, é essencial mostrar o quão longe a câmera está da estrada e o perigoso trajeto que Cary Grant precisa atravessar. Abaixo, o desamparo de Alec Guinness na prisão exige que a câmera enfatize as grades da janela. À direita, a pressão que o personagem de Marlon Brando sente é indicada no enquadramento das pessoas que o confrontam em primeiro plano.

Em Sindicato de ladrões, um plano sobre o ombro de Karl Malden favorecendo Brando. O enquadramento reforça a pressão que o padre está exercendo sobre Brando, instigando-o a comprar briga com mafiosos testemunhando no tribunal.

Mais tarde, no tribunal, Brando está no banco de testemunhas. Mais uma vez, a moldura criada pelo braço do advogado que o interroga reforça a tensão dramática.

Momentos depois, na mesma cena. O avião atinge o caminhão-tanque e ambos explodem. O braço de uma das testemunhas é enquadrado em primeiro plano, enfatizando o perigo que eles correm. Isso é interpretado como um "ponto de vista", mas, curiosamente, não é editado com um plano inverso de Cary ou das outras testemunhas.

À esquerda, ângulos complementares gravados através das grades de uma janela (de O homem do terno branco). Nesse caso, as grades são usadas como objetos de primeiro plano em ambos os planos. O mais comum seria usá-las em apenas um dos ângulos.

encontro com o príncipe, está atravessando uma antecâmara do palácio quando se depara com a princesa, por quem ainda é apaixonado. Ele é incapaz de falar com ela, ou ela com ele. Estão em cantos opostos de uma sala cheia de gente. Eles se veem e se cumprimentam de acordo com a etiqueta formal da corte. Isso é tudo o que acontece.

Em um exemplo como esse, geralmente é a edição que faz a cena funcionar. O diretor gravou seis planos de ação. Aqui está, se me lembro bem, a forma como o editor montou a cena:

1. Plano médio de K acompanhado de seus companheiros. Ele entra na sala e para ao ver a princesa.

2. Plano inverso. K em primeiro plano, a princesa e suas amigas do outro lada da sala. Ela o vê.
3. Plano fechado da reação de K.
4. Plano médio. A princesa e suas amigas. Ela foi a primeira a vê-lo, mas agora todas olham para ele.
5. Plano fechado de K. Percebendo que outros estão olhando, ele faz uma pequena reverência formal.
6. Plano aberto, inverso. A princesa enquadrada em primeiro plano. K e seus companheiros no fundo.
7. Plano médio da princesa o cumprimentando formalmente. Ela se vira para as amigas.
8. Plano aberto. A princesa em primeiro plano com K e seus companheiros no fundo. K a olha por um momento antes de se virar e sair, seguido de seus companheiros.
9. Plano fechado da princesa. Escutando a conversa das amigas, ela olha na direção de K. Nós vemos o esforço que ela faz para se controlar.

É a sequência de mudanças no enquadramento das imagens que determina o ponto de vista do qual a ação é vista e a identificação do público com K até o último plano da cena. Uma versão literária da cena pode ser a seguinte:

> K passou pela porta seguido de seus companheiros e atravessou metade da antecâmara antes de vê-la. Ela estava do outro lado da grande sala, cercada de amigas. Ele não esperava encontrá-la, e um momento passou antes que ele conseguisse se recompor. Ela estava com o mesmo vestido que usava no dia em que ele havia ido embora. Consciente de que outros estavam observando, ele foi capaz de fazer uma pequena reverência como requer a etiqueta da corte. Ela o cumprimenta e se volta para as amigas. K hesita e se dirige

novamente para a outra saída da antecâmara, junto de seus companheiros, mas, quando desaparece, a garota olha em sua direção. Dando ouvidos aos comentários sem sentido de suas amigas, ela é capaz de esconder sua emoção.

Cada frase da passagem (bem brega) acima representa um plano. Agora, compare-a com outra versão. Um editor diferente, usando exatamente o mesmo material, poderia ter montado uma sequência que cobrisse a mesma ação, mas de modo que a ênfase fosse suficientemente diferente para que o conteúdo fosse a história da princesa, e não a de K.

1. Plano fechado da princesa. Ouvindo a conversa fora de tela de suas amigas, ela olha para o outro lado da sala.
2. Plano aberto. A princesa enquadrada no primeiro plano. Do outro lado da antecâmara, K entra seguido por seus companheiros.
3. Plano fechado da princesa. Ela reage.
4. Plano médio de K e seus companheiros. Ele a vê e para de andar. Os companheiros fazem o mesmo.
5. Plano médio inverso da princesa e suas amigas. Ao notá-la, elas se viram na direção de K.
6. Plano fechado de K. Sentindo os olhares que lhe dirigem, faz uma reverência para a princesa.
7. Plano médio da princesa e suas amigas. Elas sentem uma tensão, e observam a princesa.
8. Plano fechado da princesa. Ela não demonstra emoção.
9. Plano aberto. A princesa em primeiro plano com K e seus companheiros no fundo. Ele hesita, e segue com seus companheiros.
10. Plano médio. A câmera segue K e seus companheiros

saindo da sala. Ao sair, ele olha para trás na direção da princesa.
11. Plano fechado da princesa. Fora de tela, a conversa das amigas. Ela não está escutando. Estamos próximos o suficiente para ver que ela está se esforçando para não demonstrar seu sofrimento.

A versão literária poderia ser:

Ela sabia que ele estava na corte e estava dividida entre a vontade de vê-lo mais uma vez e o medo de que seus sentimentos a traíssem. Ela estava na antecâmara com suas amigas quando ele apareceu. Ela se controlou para não chorar. Ele parecia mais magro, sob tensão, quando a viu e parou. Suas amigas, ao vê-lo entrar, sentiram a tensão.

K era tão cuidadoso quanto ela, a julgar pela sua formalidade. Ciente de que as amigas assistiam a tudo, ela tirou forças dele para manter-se discreta e igualmente formal. Ela estava perfeitamente sob controle, ignorando-o ao voltar para as amigas. E então ele se foi. E nesse momento ela precisou realmente se controlar, incapaz de se concentrar nos comentários das amigas.

O eixo

Parece que, como público, somos notavelmente perspicazes ao observar mudanças muito pequenas na direção e no foco dos olhos das pessoas. Esses movimentos pouco visíveis do rosto são pistas importantes para os sentimentos e pensamentos de alguém e, como nós, a câmera é capaz de lê-los com velocidade e precisão surpreendentes. Portanto, em uma cena em que dois personagens estão envolvidos em alguma interação, parece que existe uma linha imaginária para representar o eixo da relação entre eles. Ela pode ser pensada como uma linha que conecta o olhar de ambos, a linha de visão. Existe uma linha invisível que conecta os olhos de dois personagens mesmo quando eles não estão se olhando. Quando a câmera sai de um plano geral de duas pessoas e vai para ângulos mais fechados de cada um deles separadamente, essa linha se torna importante. Parece ser desorientador se os ângulos mais próximos "saltarem" esse eixo, movendo-se para posições da câmera no lado oposto. Como será explicado, isso é muito mais simples do que parece.

    O padrão de filmagem comum é que as configurações da câmera devem ser mantidas no mesmo lado do eixo. Fazer o contrário é chamado de "cruzar o eixo", algo que pode desorientar o público se a geografia da cena – o *layout* do ambiente e a orientação entre os personagens – não tiver sido adequadamente revelada. Na página 296, vemos o padrão mais comum de cobertura da câmera envolvendo o eixo da linha de visão. O plano geral mostra duas figuras e a relação geográfica entre elas. Nós vemos a distância entre as duas de um terceiro ponto de vista com algum grau de objetividade. A mudança para o plano fechado da câmera B exclui o homem, concentrando-se na mulher, e nos entrega um ângulo no qual é mais fácil entender o que ela está sentindo e pensando. O plano da câmera C faz o mesmo pelo homem. Já que os dois planos fechados têm tamanhos iguais, com a mesma linha de visão, nosso interesse por eles é balanceado (assumindo que a edição dê um tempo igual a ele na tela). Perceba que a linha de visão se encontra nessa série de planos. Isso é porque os planos B e C estão equidistantes do eixo (x-y), assim como o da linha que o bifurca (e-f). Os ângulos são complementares porque ela olha para a direita no mesmo ângulo que ele olha para a esquerda.

Perceba o que acontece quando os planos cruzam o eixo (p. 297). Já que os dois personagens estão olhando para a mesma direção, ambos aparentam estar olhando para a mesma coisa, e se os dois planos forem editados juntos, seus olhos não se encontrarão.

No exemplo da ilustração da página 298, o plano geral é inclinado, de forma que favorece o homem, com a mulher de perfil. Outro plano com os dois, um pouco mais perto, é angulado para a mulher, enquanto o homem é enquadrado em primeiro plano. Isso cria um efeito muito diferente dos pontos de vista. B e C combinam com bastante precisão no que diz respeito à linha de visão, e há uma forte sensação de contato visual nos momentos em que eles se olham. Mas há um contraste no tamanho dos planos. O único plano fechado do homem é muito maior do que o ângulo inverso da mulher, o que nos convida a nos identificar com ele, e não com ela.

PLANO DE ESTABELECIMENTO
Personagens de perfil.
A mulher olha para a
<u>direita</u>, na direção do
homem. Ele olha para a
esquerda, na direção da
mulher.

PLANO FECHADO DA MULHER
Ela olha para o homem.
Seu olhar está voltado
para a <u>direita</u> da câmera.

PLANO FECHADO DO HOMEM
Ele olha para a mulher.
Seu olhar está voltado
para a <u>esquerda</u> da câmera.

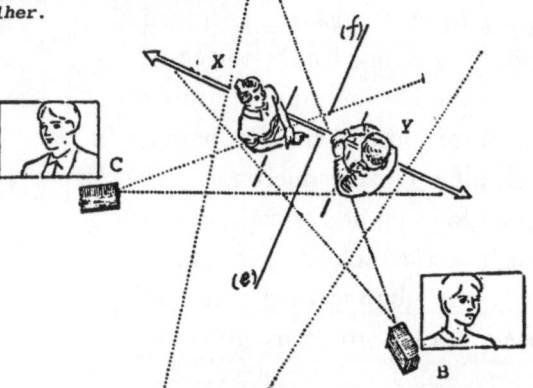

"GEOMETRIA" DA
LINHA DE VISÃO
E DOS PLANOS

O eixo é X—Y. A linha (e)—(f) o bifurca; então, já que a configuração A está nessa mesma linha, as duas figuras são vistas com o mesmo tamanho e, ao olhar um para o outro, estão de perfil.

Em B, o plano fechado da mulher mostra seu olhar com 30 graus para a câmera; então, ela está de semiperfil. O ângulo da linha de visão é B—X—Y.

Em C, o plano fechado do homem tem a mesma distância de (e)—(f) do que o anterior; então, os dois planos fechados têm o mesmo tamanho.

E, já que a linha de visão (C—Y—X) do homem é igual à da mulher (B—X—Y), seus olhares se encontram perfeitamente.

A) **P.M. HOMEM E MULHER**
Plano conjunto. O homem olha para a ESQUERDA na direção da mulher. Ela olha para a DIREITA na direção do homem.

B) **P.F. HOMEM**
Ele olha para fora de tela voltado para a ESQUERDA na direção da mulher, a mesma direção que no plano conjunto.

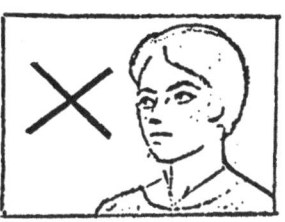

C) **P.F. MULHER**
Ela olha para fora de tela voltada para a ESQUERDA. As linhas de visão não se conectam.

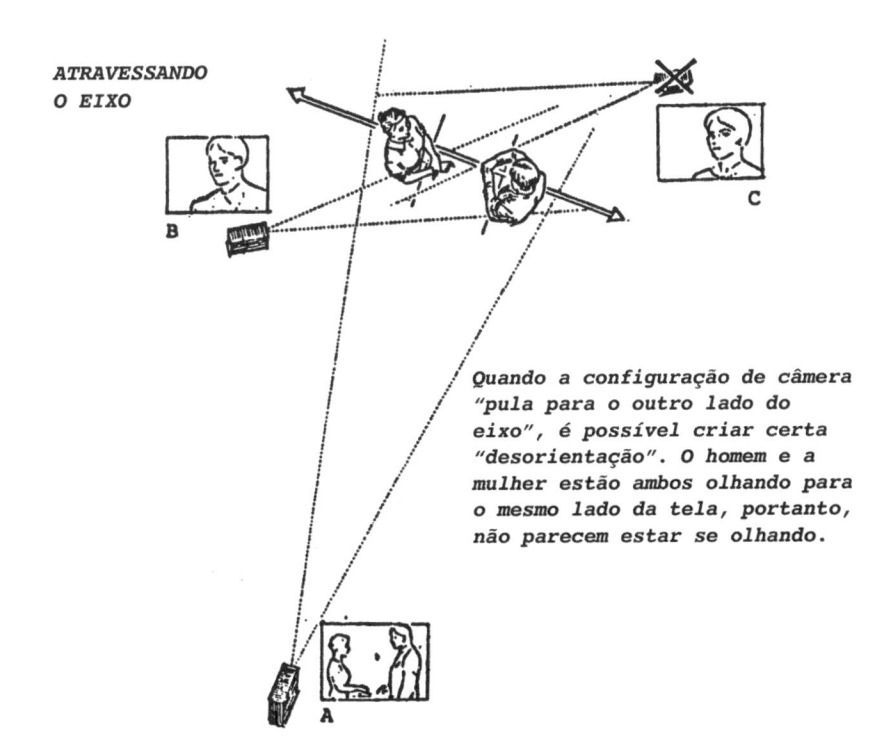

ATRAVESSANDO O EIXO

Quando a configuração de câmera "pula para o outro lado do eixo", é possível criar certa "desorientação". O homem e a mulher estão ambos olhando para o mesmo lado da tela, portanto, não parecem estar se olhando.

O EIXO

A) PLANO DE ESTABELECIMENTO
O ângulo segue o eixo e, portanto, mostra o jovem de frente (os dois olhos) e a jovem de perfil.

B) PLANO SOBRE OS OMBROS
Outro plano conjunto, mas mais próximo. O jovem está em primeiro plano à esquerda. A jovem é vista em um plano médio mais adiante, olhando para a esquerda.

C) P.F. JOVEM
Uma "individual" do jovem. A linha de visão combina com B, uma vez que ele olha para a direita na direção da mulher.

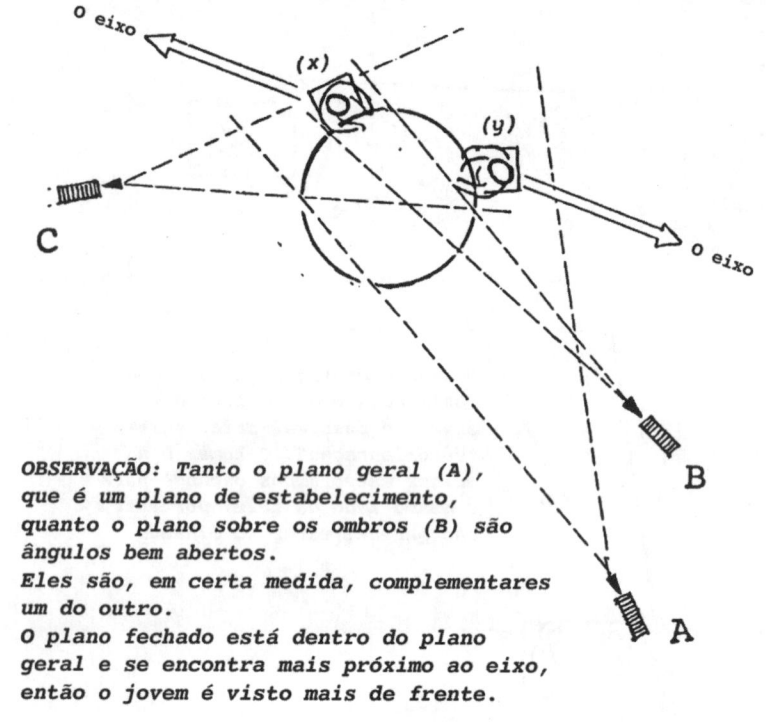

OBSERVAÇÃO: Tanto o plano geral (A), que é um plano de estabelecimento, quanto o plano sobre os ombros (B) são ângulos bem abertos.
Eles são, em certa medida, complementares um do outro.
O plano fechado está dentro do plano geral e se encontra mais próximo ao eixo, então o jovem é visto mais de frente.

VISÃO FRONTAL. Linha de visão próxima à lente. Em um plano fechado, essa é a imagem comumente usada por um diretor para dar o impacto total da personalidade de um personagem. Nosso sentimento de empatia em relação à personagem é forte.

VISÃO TRÊS QUARTOS. Linha de visão mais aberta. A sensação de empatia não é tão intensa, mas ainda vemos os pensamentos e sentimentos e, dependendo do contexto, vamos nos "identificar" com ela.

VISÃO LATERAL. A linha de visão agora é bem ampla, e vemos apenas um pouco do olho que está mais distante da câmera. Parecemos estar olhando para a personagem. É um plano mais "objetivo".

PERFIL COMPLETO. Assim que vemos apenas um olho, o plano se torna mais impessoal. A câmera parece ser um espectador. Podemos sentir ou não empatia, mas certamente sentiremos um nível de objetividade, uma distância.

SEMINUCA. Se conseguimos ver o suficiente da curva da bochecha e do olho para reconhecer que expressão está no rosto da personagem, ainda podemos entender a personalidade dela. Mas é provável que aparente ser um ângulo de ponto de vista.

NUCA. O rosto não é visto. Já que a expressão precisa ser imaginada, paradoxalmente, uma visão traseira pode ser usada — em certos contextos — para produzir um forte sentimento de empatia.

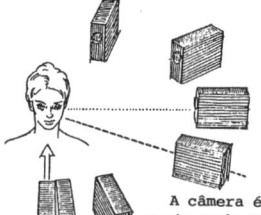

O "PONTO DE COMPASSO" DAS LINHAS DE VISÃO

A câmera é uma "presença". Ela de certo modo "substitui" o público. Embora em filmes de ficção seja comum o ator evitar olhar diretamente para a câmera (mas nem sempre), sugerindo assim saber que o público o observa, ainda existe outro nível de consciência que o personagem aparenta estar envolvido, algo como uma "interação psicológica" com o ser mágico que é o "observador imaginário".

Perceba que a linha de visão é uma medida de nossos sentimentos de empatia em relação a um personagem. Quanto mais frontal a câmera estiver, maior é o nosso sentimento de envolvimento subjetivo. Planos de perfil são relativamente objetivos. Nós, o público, continuamos como observadores relativamente neutros. Com um olhar três-quartos, o envolvimento é maior. Quando a linha de visão está bem próxima à câmera, a tensão é maximizada. É comum usar linhas de visão mais próximas à câmera em cenas em que a tensão dramática é crescente.

É importante lembrar que, para simplificar, esses diagramas usam linhas de visão que estão sempre na mesma direção que o rosto das figuras. Obviamente isso não precisa ser o caso. A seguir há exemplos de olhares fora de tela em que o rosto está em uma direção e a linha de visão em outra. O importante são os olhos, não o rosto. Perceba que, quando a linha de visão não está na mesma direção que o rosto, pode haver uma sugestão de astúcia na expressão, e que uma linha de visão abaixo do nível da lente, em certos contextos, transmite um sentimento um pouco mais introspectivo do que quando está direcionada acima da lente.

A LINHA DE VISÃO

A linha de visão está totalmente para a esquerda, embora o rosto esteja voltado para a direita da

A linha de visão está para a esquerda, embora o rosto esteja virado um pouco para a direita da câmera.

A linha de visão está para a direita, embora o rosto esteja virado para a esquerda da câmera.

A linha de visão está totalmente para a direita, embora o rosto esteja virado um pouco para a esquerda da câmera.

Quando a linha de visão está bem acima do nível da lente, o olhar vai — em certas situações — demonstrar admiração ou fascínio pela pessoa ou situação fora de tela.

Já quando a linha de visão abaixo da lente, um plano fechado pode sugerir sentimentos e pensamentos "interiores" e privados. Somos nós (e a câmera) que buscamos o que está "por trás dos olhos".

LINHAS DE VISÃO E A CÂMERA

Em muitos desses esquemas, para simplificar, as linhas de visão estão sempre na mesma direção que o rosto dos personagens. Obviamente não precisa ser sempre assim. Acima há exemplos de olhares para fora da tela em que o rosto está em uma direção e a linha de visão em outra.

O importante é <u>conectar</u> os olhos, não o rosto.

Perceba que, quando a linha de visão não está na mesma direção do rosto, pode haver uma sugestão de astúcia na expressão.

Uma linha de visão abaixo do nível da lente pode — em certos contextos — passar um sentimento um pouco mais "introspectivo" do que quando está direcionada acima da lente. Mas não é preciso dizer que essas são coisas perigosas de teorizar. Um bom ator terá instinto — uma "percepção da câmera" — que o diretor vai aprender a respeitar e encorajar.

Seguindo o que já vimos sobre Kuleshov e sua descoberta da "geografia mental", observe que esses princípios relativos à linha de visão podem ser explorados. Por meio da combinação de linhas de visão e da edição, o diretor pode nos convencer de que personagens que nunca se conheceram estão envolvidos em interações bastante íntimas.

A) PLANO CONJUNTO
A mulher está de costas para o homem, ocupada com alguns documentos. Virada para a esquerda, ela o ignora.

B) PLANO MÉDIO. HOMEM
Impaciente, ele olha o relógio. Ele está de costas para ela, voltado para a direita.

C) PLANO MÉDIO. MULHER
Ela é vista de costas. O ângulo é do ponto de vista do homem — *se ele estivesse olhando para ela.*

"LINHAS DE VISÃO NÃO EXISTENTES" QUE SÃO IMPLÍCITAS

Começamos demonstrando os chamados "princípios" do eixo e linhas de visão usando as situações mais simples — dois personagens frente a frente olhando diretamente para o rosto um do outro.

Mas, como você já deve ter entendido os princípios do cinema, deve perceber que essa é uma situação que ocorre raramente em comportamentos corriqueiros, e parece estranho se durar demais. Duas pessoas geralmente não mantêm contato visual por mais do que o momento necessário para observar uma reação. O momento é passageiro — mesmo que seja significativo.

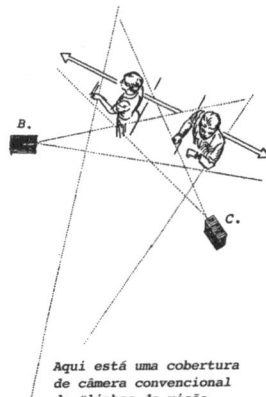

Esse "eixo" é obviamente imaginário — assim como todo "espaço cinematográfico": ele existe apenas na mente do público.

Um problema comum entre estudantes que ainda não têm experiência com filmes e vídeos é se apegar muito ao espaço real da locação ou do cenário e não perceber que é possível criar uma ilusão de relações espaciais — ao juntar imagens que podem ter sido gravadas em qualquer lugar, mas que parecem se conectar por linhas de visão.

Existem inúmeros exemplos disso. É possível citar exemplos de cenas "íntimas" de relações emocionais fortes entre dois atores que, na verdade, não estavam no mesmo lugar ao mesmo tempo.

Um dos melhores argumentos para o estudo de como juntar linhas de visão para produzir a ilusão de um "contato visual" é que isso pode ajudá-lo a montar cenas a partir de planos em que não era possível fazer a cena da forma que ela teria ocorrido na "vida real".

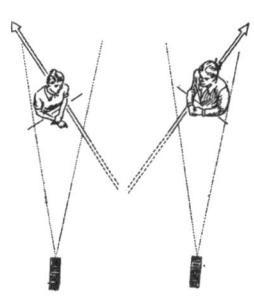

Aqui está uma cobertura de câmera convencional de "linhas de visão — durante um momento em que na verdade os personagens não estão se olhando. Mesmo assim, os princípios ainda são os mesmos.

Dois personagens gravados em locais totalmente diferentes — e em momentos diferentes — mesmo sem se encontrarem, podem aparentar fazer contato visual se as linhas de visão estiverem "corretas" e a edição for bem feita.

O EIXO

Embora seja necessário compreender a chamada "regra" contra cruzar o eixo, é importante reconhecer que isso não deve ser visto como uma lei que nunca deve ser contrariada. Um problema comum para o aluno que ainda não tem experiência em cinema é ficar tão envolvido na geografia real de um local a ponto de não perceber que, ao intercalar planos que podem ser gravados em qualquer lugar, mas que parecem estar conectados por linhas de visão correspondentes, é possível criar uma ilusão de relações espaciais. Como muito do que é discutido nessas aulas, exsamine o uso-padrão de certas técnicas para que você possa determinar como quebrá-las de forma mais eficaz para criar o efeito desejado.

1) P.M. HOMEM E MULHER
Sobre o ombro da mulher em direção ao homem. Ele a olha para a _esquerda_. Ela olha para a _direita_.

2) P.F. MULHER
Ela olha fora do quadro para a _direita_ em direção ao homem.

3) P.F. HOMEM
Ele a olha à _esquerda_. Então, ele se vira para olhar ainda mais para a _esquerda_ em direção ao relógio.

4) CORTE PARA O RELÓGIO
Do ponto de vista do homem. Detalhe do relógio na prateleira.

5) P.F. HOMEM
(Novo ângulo). Ele está olhando fora de tela para a _esquerda_. Depois, ele se vira e olha para a _direita_.

6) P.M. HOMEM E MULHER
Sobre o ombro do homem em direção à mulher. Ele olha para a _direita_; ela, para a _esquerda_.

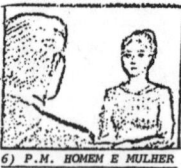

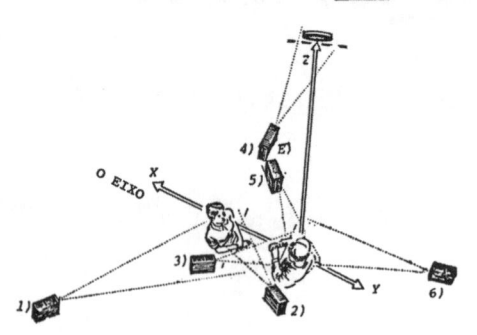

Um modo de o diretor adicionar variedade a uma cena é cruzando o eixo de forma a não criar desorientação, com o uso de um corte a uma imagem separada. Aqui está um exemplo ilustrado. O homem, enquanto conversa com a mulher, olha para um relógio fora de tela. Após seu plano fechado, vemos seu ponto de vista: um plano do relógio. Ao voltar para o plano fechado, a câmera se aproximou um pouco. Quando ele olha para a mulher, seu olhar está para a direita, e não mais para a esquerda como antes. Durante o corte para o relógio, nós mudamos de posição e agora vemos os dois personagens do outro lado da linha imaginária entre eles. O corte foi motivado pelo olhar do homem para o relógio.

Veja na página seguinte algumas imagens de *Trágico amanhecer* [*Le Jour se lève*], de Marcel Carné, que são exemplos de como o eixo pode mudar. Nelas, vemos um corte de ponto de vista que estabelece a geografia da cena. O olhar, afastado da tela, de Jules Berry é uma boa razão para continuar, de um novo ângulo, a cena dos dois homens sentados em um café.

Vejamos na página 305 o que é chamado de encenação em profundidade, em que tanto o primeiro plano quanto o plano de fundo são filmados o máximo possível. O diagrama a seguir é uma ilustração de um ponto que poderia se pensar ser óbvio demais para mencionar: que, ao colocar a câmera de modo que ela grave partindo de posições mais próximas do eixo, alinhando os personagens para gravar com profundidade, os tamanhos de tela aumentam.

Imagens compostas em profundidade têm algumas vantagens. O quadro pode incluir uma figura relativamente próxima ao primeiro plano, assim como outras vistas de corpo inteiro mais longe. Isso torna a composição mais interessante e, por meio da variação de tamanhos de personagens, indica um ponto de vista da cena, aumentando assim nosso envolvimento dramático.

1) P.F. JULES BERRY
Ele olha para a direita, na direção de Jean Gabin, visto de costas no canto da tela em primeiro plano. Ele olha mais rente à direita sobre os ombros de Gabin.

1) P.M. GABIN E ARLETTY
Gabin à esquerda e Arletty à direita. Eles estão de costas para o bar — até que Gabin começa a se virar...

2) P.A. INT/EXT CAFÉ
O ponto de vista de Berry. Do lado de fora da janela do café, um músico de rua está tocando. (Mais adiante, do outro lado da rua, vemos a garota passar.)

2) P.M. ARLETTY E GABIN
... para olhar na direção oposta. O movimento é contínuo com o corte. E agora os dois estão em lados opostos, Gabin à direita e Arletty à esquerda. Mas como queremos ver o rosto deles, o salto para o outro lado do eixo é aceitável — "suave".

3) ÂNGULO INVERSO
Gabin, de costas para a janela, está agora do lado esquerdo da tela e olhando para a direita, na direção de Berry (a câmera atravessou o eixo). Berry está de costas do lado direito da tela.

CRUZANDO O EIXO

Embora seja necessário compreender a chamada "regra" contra "cruzar o eixo", é importante perceber que ela não deve ser considerada uma lei inflexível.

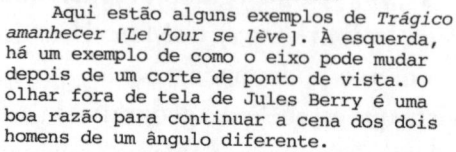

Aqui estão alguns exemplos de *Trágico amanhecer* [Le Jour se lève]. À esquerda, há um exemplo de como o eixo pode mudar depois de um corte de ponto de vista. O olhar fora de tela de Jules Berry é uma boa razão para continuar a cena dos dois homens de um ângulo diferente.

Acima, há outra cena do mesmo filme em que o "reverso direto" é inevitável. Mas como o plano mostra o que queremos ver, ele é bem natural.

4) P.F. JULES BERRY
Ângulo complementar de Berry agora à direita, olhando para Gabin, que está em primeiro plano de costas para a câmera.

Além disso, significa que o personagem mais distante é visto de forma mais frontal, demonstrando mais expressão facial. Embora a figura mais próxima possa ser vista em um ângulo sobre o ombro ou em um semiperfil, geralmente é fácil inventar algum incidente que lhe dê a desculpa de se virar e olhar em direção à câmera, para que você tenha um plano fechado de uma das figuras e um ângulo mais aberto da outra ao mesmo tempo.

Agora estude este exemplo. A cena pede a uma mulher que entre em um quarto, o atravesse para se sentar em um sofá e comece a conversar com um homem sentado a uma escrivaninha. A locação ou cenário tem todos os móveis necessários, a porta, a escrivaninha e o sofá. A questão é: onde colocar a câmera?

Na página seguinte é apresentado o cenário com o qual você precisa trabalhar. É típico de um diretor inexperiente aceitar a posição do sofá e da escrivaninha, colocando a câmera no centro do quarto, tendo assim a visão do canto e, como resultado, as figuras sendo vistas em um plano médio em frente às paredes poucos metros atrás. É uma imagem muito sem graça. Um diretor mais experiente provavelmente faria algo muito diferente. Chegando ao estúdio ou à locação, ele primeiro procu-

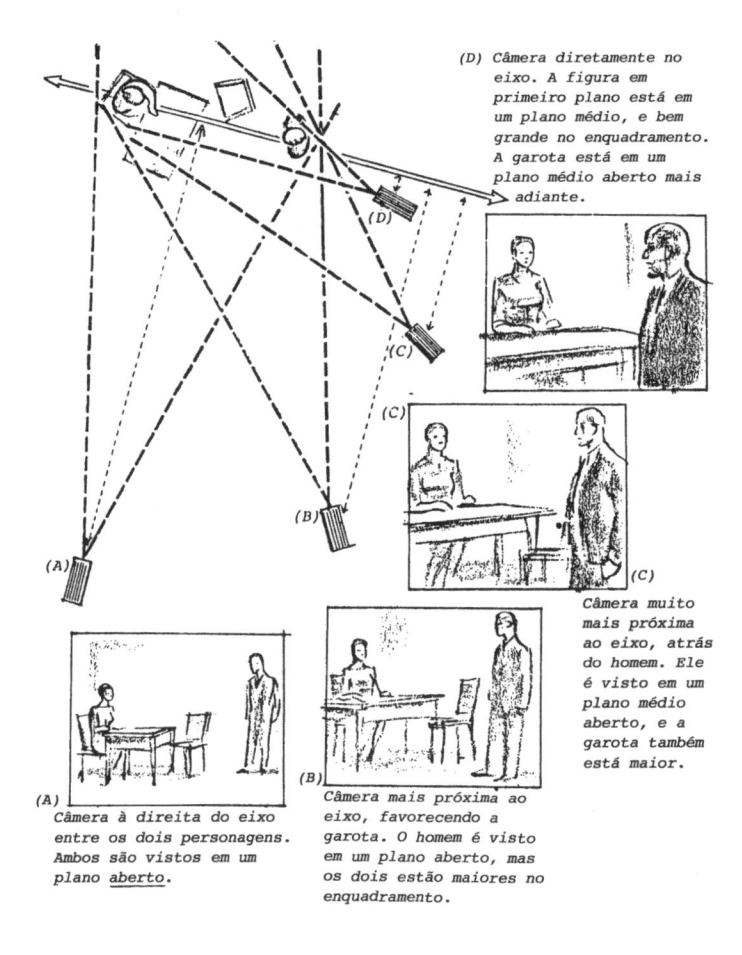

(D) Câmera diretamente no eixo. A figura em primeiro plano está em um plano médio, e bem grande no enquadramento. A garota está em um plano médio aberto mais adiante.

(C) Câmera muito mais próxima ao eixo, atrás do homem. Ele é visto em um plano médio aberto, e a garota também está maior.

(A) Câmera à direita do eixo entre os dois personagens. Ambos são vistos em um plano <u>aberto</u>.

(B) Câmera mais próxima ao eixo, favorecendo a garota. O homem é visto em um plano aberto, mas os dois estão maiores no enquadramento.

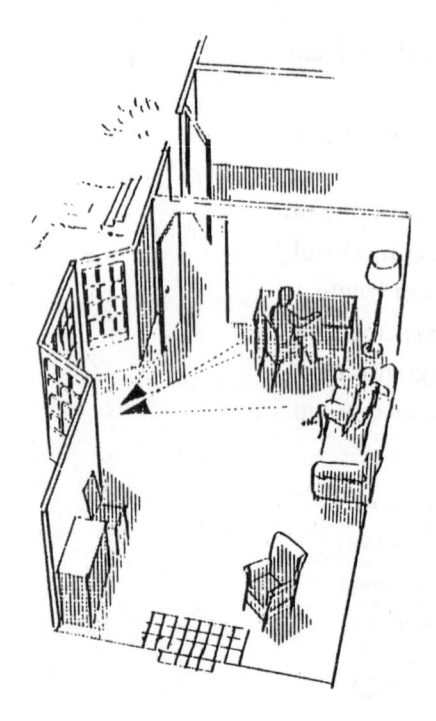

raria o maior eixo que pudesse achar, mesmo que tivesse de rearranjar o espaço. Nesse caso, o eixo iria da janela até a porta.

Posicionar a câmera nesse eixo indica que a cena seria encenada em profundidade. Isso geralmente significa que, com movimentos limitados de câmera, o diretor é capaz de ter figuras tanto longe da câmera quanto no meio e no primeiro plano ao mesmo tempo. O resultado é que não apenas o quadro fica repleto de informação, mas também que pode haver uma condensação da ação porque, enquanto a ação presente é mostrada em primeiro plano, também podemos ver o que acontecerá a seguir. Enquanto uma coisa acontece, o público pode se preparar para a próxima ação. Isso também significa que é mais provável que a história que está sendo contada seja sobre a interação entre personagens, em vez de meramente sobre ações individuais. Assim, a ação dramática é mais rica, aumentando a densidade da cena. Nesse caso, quer dizer que o homem pode ser enquadrado de frente para a câmera em primeiro plano, enquanto a garota é vista de corpo inteiro na porta, movendo-se ao longo do eixo e se aproximando enquanto o homem se vira para encará-la.

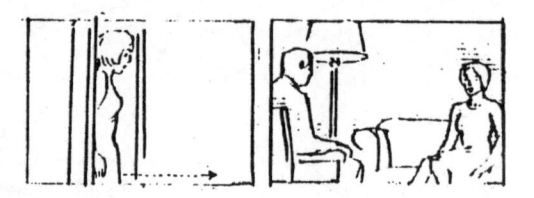

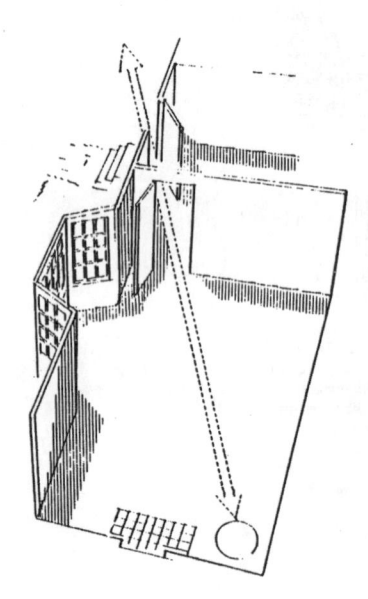

(1) Plano médio. O homem está sentado em uma cadeira giratória atrás de uma escrivaninha perto da janela. Ele está virado para a esquerda. Ao som da porta se abrindo, ele gira sua cadeira e olha para fora de tela voltado para a direita...

(2) ... e a câmera segue seu movimento com recuo e tracking para incluir a mulher, que é vista de corpo inteiro na porta ao fundo. Quando ela começa a entrar na sala...

(3) ... a câmera continua o tracking para a direita, mantendo a mulher no enquadramento e fazendo uma panorâmica enquanto ela anda em direção à escrivaninha. Ao fim, ela está enquadrada de costas no canto esquerdo em primeiro plano.

(4) A câmera segue para a direita e se aproxima enquanto a mulher anda até a janela atrás da escrivaninha, virando-se para olhar para o homem, que agora está enquadrado de perfil em primeiro plano.

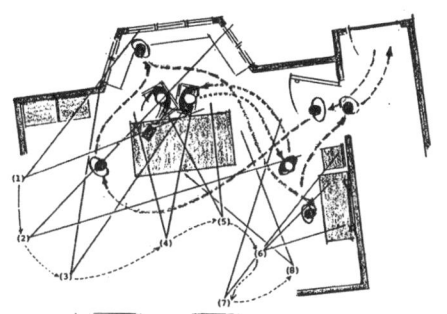

Mas considere esta alternativa. Virtualmente, as mesmas imagens poderiam ser obtidas em uma única configuração de câmera — inventando uma série de movimentos para os atores se moverem para perto e para longe da lente da câmera que os segue em um único plano-sequência. Se você desenvolver uma habilidade na encenação de atores e for criativo em fornecer motivações para a atuação deles por meio do posicionamento de móveis e adereços, para que os movimentos não sejam tão calculados, a cena pode funcionar bem.

(5) A mulher passa por trás dele, saindo de quadro pela direita. O homem se vira e acaba em um plano fechado. Ele se levanta e a câmera recua com ele...

(6) ... movendo-se para incluir a mulher no espelho. A câmera grava sobre seu ombro em um plano fechado dela com o homem visto atrás, no fundo. Ela se vira...

(7) ... e a câmera faz uma panorâmica para gravar sobre seu ombro em direção ao homem mais uma vez. Depois de um momento, a mulher começa a caminhar em direção à porta, passando por ele...

(8) ... e a câmera recua para um plano mais aberto, uma vez que o homem vira-se para olhar a mulher. Ela para na porta, olha para ele e sai. A câmera faz uma panorâmica do homem enquanto ele volta para a escrivaninha.

O EIXO

O problema com a "regra" que proíbe que o eixo seja atravessado é que, em muitos casos, ele muda quando os atores se movem. Para manter uma linha de visão consistente, o diretor precisa pensar em movimentos de câmera em que ela se mova sobre o eixo para reverter a linha de visão. Nesse caso, o diretor preferirá filmar os planos gerais e abertos primeiro, e só depois os ângulos fechados. Dessa forma, ele é capaz de planejar os momentos em que planos fechados são necessários. Na imagem a seguir, o homem é visto à direita do quadro. Quando ele se move para a esquerda, a câmera o segue, passando pela mulher. Quando a câmera se junta à mulher, movendo-se da esquerda para a direita, a câmera não o acompanha, apenas fazendo um movimento panorâmico, e assim o eixo foi atravessado.

Em uma cena envolvendo três personagens, provavelmente existirão três eixos. No diagrama da página 309, (A)

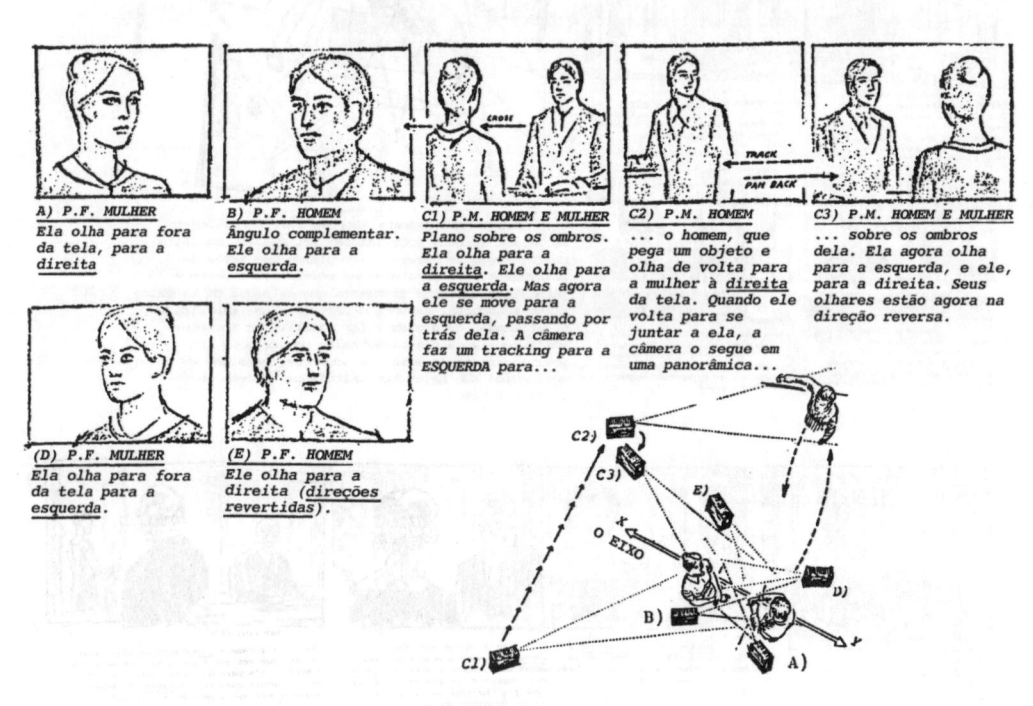

A) P.F. MULHER
Ela olha para fora da tela, para a <u>direita</u>

B) P.F. HOMEM
Ângulo complementar. Ele olha para a esquerda.

C1) P.M. HOMEM E MULHER
Plano sobre os ombros. Ela olha para a <u>direita</u>. Ele olha para a <u>esquerda</u>. Mas agora ele se move para a esquerda, passando por trás dela. A câmera faz um tracking para a ESQUERDA para...

C2) P.M. HOMEM
... o homem, que pega um objeto e olha de volta para a mulher à <u>direita</u> da tela. Quando ele volta para se juntar a ela, a câmera o segue em uma panorâmica...

C3) P.M. HOMEM E MULHER
... sobre os ombros dela. Ela agora olha para a esquerda, e ele, para a direita. Seus olhares estão agora na direção reversa.

(D) P.F. MULHER
Ela olha para fora da tela para a <u>esquerda</u>.

(E) P.F. HOMEM
Ele olha para a direita (<u>direções revertidas</u>).

e (B) é o eixo entre a mãe e o filho. O eixo entre a mãe e o pai vai do ponto (A) ao (C), e do (C) ao (B) está o eixo entre o pai e o filho. Durante a cena, a linha de visão vai mudar de acordo com esses eixos.

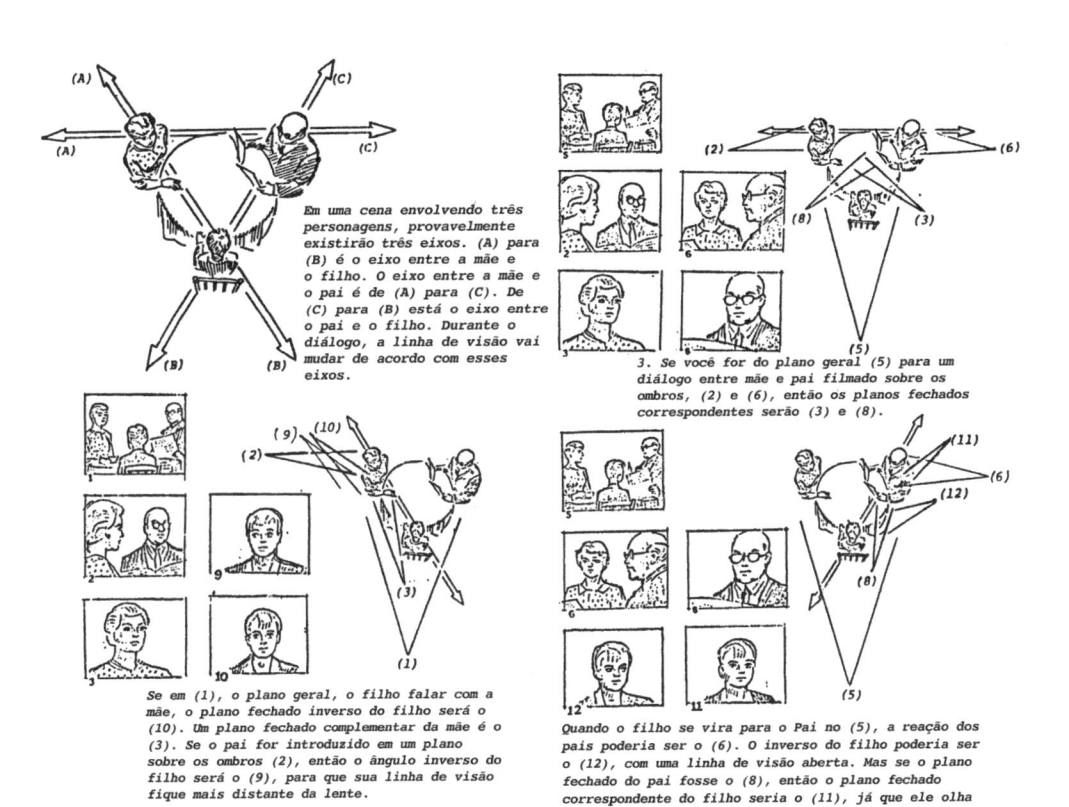

Em uma cena envolvendo três personagens, provavelmente existirão três eixos. (A) para (B) é o eixo entre a mãe e o filho. O eixo entre a mãe e o pai é de (A) para (C). De (C) para (B) está o eixo entre o pai e o filho. Durante o diálogo, a linha de visão vai mudar de acordo com esses eixos.

Se em (1), o plano geral, o filho falar com a mãe, o plano fechado inverso do filho será o (10). Um plano fechado complementar da mãe é o (3). Se o pai for introduzido em um plano sobre os ombros (2), então o ângulo inverso do filho será o (9), para que sua linha de visão fique mais distante da lente.

3. Se você for do plano geral (5) para um diálogo entre mãe e pai filmado sobre os ombros, (2) e (6), então os planos fechados correspondentes serão (3) e (8).

Quando o filho se vira para o Pai no (5), a reação dos pais poderia ser o (6). O inverso do filho poderia ser o (12), com uma linha de visão aberta. Mas se o plano fechado do pai fosse o (8), então o plano fechado correspondente do filho seria o (11), já que ele olha mais rente à lente.

1 PLANO GERAL
A MÃE, o FILHO e o PAI. O FILHO está de costas. Ele olha para a MÃE.

2 PLANO CONJUNTO
A MÃE, de perfil, o PAI no fundo. Eles olham para a direita.

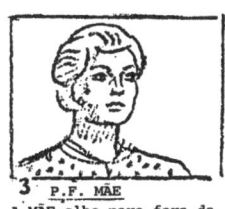

3 P.F. MÃE
A MÃE olha para fora da tela à direita (para o filho ou para o pai).

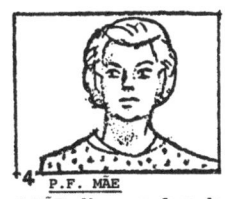

4 P.F. MÃE
A MÃE olha para fora da tela à esquerda (para o filho ou para o pai).

O EIXO

5 PLANO CONJUNTO
O PAI, de perfil, a MÃE no fundo. Eles olham para fora da tela à esquerda.

6 P.F. PAI
O PAI olha para fora da tela à direita (para o filho ou para a mãe).

7 P.F. PAI
O PAI olha para fora da tela à esquerda (para o filho ou para a mãe).

8 P.F. FILHO
Ele olha para fora da tela à esquerda — visão aberta.

9 P.F. FILHO
Ele olha para fora da tela à esquerda — visão aberta.

10 P.F. FILHO
Ele olha para fora da tela à esquerda — visão fechada.

11 P.F. FILHO
Ele olha para fora da tela à direita — visão fechada.

12 P.F. FILHO
Ele olha para fora da tela à direita — visão aberta.

Ao cortar de um plano aberto para um fechado, é uma boa ideia mudar de ângulo. Você pode imaginar que um movimento de câmera frontal em direção ao sujeito na mesma linha (chamado de corte em linha) seria a opção mais natural para um corte, que não causaria desorientação. Mas, paradoxalmente, um corte desse pode nos fazer mais cientes da edição (embora esse possa ser o efeito desejado, é claro).

Quando a edição equivale a um crescimento da imagem anterior, não veremos nada novo. Nós podemos, é claro, nos concentrar mais em um personagem com a exclusão de outro, mas isso não parece ser suficiente. Considere: não há razão suficiente para a deslocação que ocorrerá por conta de um salto do que vemos em mente. (Uma possível exceção é um corte que parta de uma visão muito distante, em que o detalhe esteja longe demais para ser visto, para um plano fechado, em que ele fica visível pela primeira vez.) Observe que isso não se aplica tanto a um corte que nos põe em uma posição mais dis-

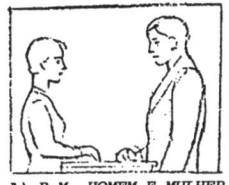

A) P.M. HOMEM E MULHER
Plano conjunto de estabelecimento. Ambos estão de perfil.

B) P.F. MULHER
Ângulo mais próximo. Como a câmera se moveu, mas continua na mesma linha, a mulher continua de perfil.

C) P.F. HOMEM
Plano complementar. Também de perfil, já que a câmera está na mesma linha.

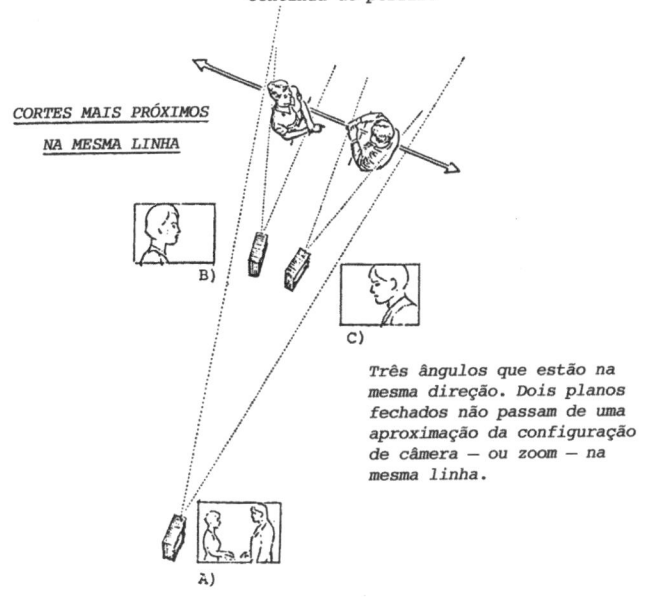

CORTES MAIS PRÓXIMOS NA MESMA LINHA

Três ângulos que estão na mesma direção. Dois planos fechados não passam de uma aproximação da configuração de câmera — ou zoom — na mesma linha.

tante da cena, já que essa mudança de ângulo incluiria novos elementos visuais em comparação ao plano anterior.

Perceba também que, quando há um corte de um plano aberto cheio de ação para um plano fechado da mesma ação, ele não aparenta ser correto. A ação do plano fechado precisa estar um pouco mais lenta para que o corte funcione. Existem teorias válidas sobre a psicologia da percepção que explicam esse fenômeno. A mente aceita o leve choque de desorientação causado

O EIXO

por um grande salto de geografia mental, mas o faz mais prontamente quando há algum compromisso. Movimentos rápidos vistos em planos muito abertos são, na verdade, relativamente pequenos e lentos. Quando o quadro é drasticamente menor, o movimento torna-se inesperadamente rápido.

Relações entre planos

A frase "um corte suave" é de certa maneira uma óbvia contradição. Todos os cortes são, de uma forma ou de outra, uma potencial desorientação para o público. Mas se o corte for cronometrado precisamente para o momento em que o espectador (e a testemunha alada, imaginária, onipresente e invisível) tem o impulso de ver de um novo ângulo, então ele parecerá suave. Nesses casos, o corte ganha um significado.

Quando o diretor planeja a troca de configurações de maneira inteligente, cada imagem terá dentro dela mesma o ímpeto de um salto para o próximo ângulo. Isso deve coincidir com alguma deixa do plano anterior. Além disso, cada ângulo deve ser significativamente diferente, de modo que acrescente algo à narrativa pictural ou subtraia algo dela e, assim, avance a história. O movimento de uma imagem para outra pode responder a uma pergunta proposta no ângulo antecedente. Pode satisfazer uma curiosidade do espectador ao mostrar de maneira mais clara algo que já está visível, possivelmente cortando informações irrelevantes, ou mudando o ângulo para incluir novas informações que uma ação no plano anterior nos fez querer ver.

A chave é que cada corte deve ter um propósito, que ele siga o ritmo do interesse do espectador, que cada mudança de ângulo seja motivada pelo desejo do público de ver algo que lhe foi prometido. É claro que o editor pode manipular a percepção do público, mas de certa forma o corte é determinado precisamente pelas reações mentais e emocionais do espectador, do mesmo modo que foram antecipadas pelo diretor.

(a) Plano duplo

Uma jovem mulher entrega ao homem sentado algo que ela quer que ele leia. O plano, que mostra duas pessoas, é uma visão objetiva da situação, da relação e da ação. Em um momento preciso (um bom editor irá encontrar o quadro exato no qual cortar), nós vamos querer ver um...

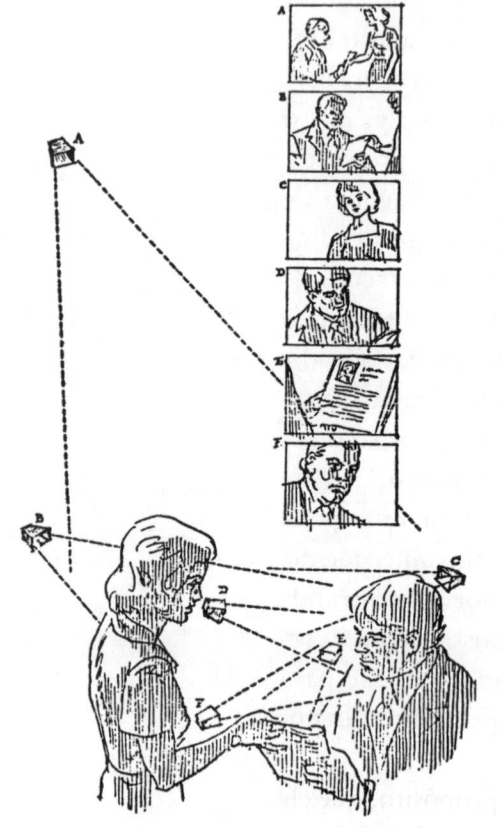

(b) Plano médio

... do homem. O observador imaginário chega mais perto, para ver melhor. O novo plano não é apenas mais próximo, mas também angulado para ver o rosto do homem mais frontalmente. É o mais próximo necessário, ou seja, perto o suficiente para incluir tudo que é relevante: o homem, o que é entregue a ele e talvez um pouco do corpo da mulher para lembrarmos de sua presença. Mais uma vez, a imagem contém dentro de si a razão para um corte para um...

(c) Plano fechado

... da mulher. Olhando de baixo para cima, já que ela está olhando para baixo, para o que acabamos de mostrar no plano (b). Um pouco mais perto que (b), pois é uma imagem da reação dela. E, é claro, cria o desejo de ver o...

(d) Plano fechado

... do homem, de cima para baixo. É o ponto de vista da mulher. É o que ela vê. Mas o homem está olhando o...

(e) Inserte
... objeto em suas mãos, sobre seus ombros, isto é, seu ponto vista. Deve durar tempo suficiente para que o público entenda sua importância. Isso leva a um corte para o...

(f) Plano fechado
... do homem. Sua reação. Ainda mais próximo do que (d), pois queremos enfatizar quais são seus sentimentos ou pensamentos. Enquanto (d) era *plongée*, este plano pode ser *contraplongée* se quisermos sublinhar o eixo entre o homem e o que ele está olhando. Se, por exemplo, fosse o mesmo plano que (d), teríamos a impressão de que voltamos a ver o ponto de vista da mulher. Tal plano não enfatizaria a reação do homem.

Um corte de choque é aquele que faz uso deliberado (às vezes um mau uso cuidadosamente projetado) da arte da edição de filmes. No livro *A técnica da montagem cinematográfica*, de Karel Reisz (o melhor livro sobre o assunto e um dos poucos trabalhos bem-sucedidos em combinar teoria e arte), há uma análise de um exemplo conhecido da versão de David Lean de *Grandes esperanças*, de Dickens, que sugiro que vocês procurem[4]. No papel ele pode não parecer tão impressionante, mas nas diversas vezes em que vi o filme projetado para um público, esse momento específico produz nos espectadores suscetíveis um autêntico grito de terror que perturba bastante o fluxo do longa por um minuto ou mais. E o efeito é alcançado inteiramente por meio da gramática de configurações, dos efeitos sonoros e de uma edição habilmente planejada.

O exemplo que Reisz usa (Pip encontrando Magwitch no cemitério pela primeira vez) é um instante em que a intenção era surpreender o público, e que merece ser cuidadosamente estudado. Para conseguir isso, não basta deixar a surpresa aparecer inesperadamente. Ela precisa ser planejada. Na cena do filme

4. Focal Press (publicado originalmente em 1953; segunda edição, 1995), pp. 237-41.

de Lean, uma atmosfera de mistério é transmitida, um perigo é estabelecido. Isso é feito por meio do uso criativo de efeitos sonoros e uma iluminação sinistra. Então, assim que uma imagem relativamente assustadora é mostrada (uma árvore distorcida, quase humana), Pip começa a correr, e é exatamente nessa hora, em que a tensão está caindo e o público fica aliviado, que a imagem realmente assustadora aparece. Lean e seu editor deliberadamente fazem o público pensar que o perigo passou e, então, o pega desprevenido.

Se a intenção de Lean fosse dar suspense à sequência, ele a teria montado de maneira diferente. Ele poderia, por exemplo, ter mostrado mais uma sequência de Magwitch observando Pip no cemitério. A reação emocional do público teria sido o suspense da espera pelo momento que virá. O que é relevante apontar aqui é que não importa se o efeito vem depois que o espectador foi avisado ou se é inesperado; de uma forma ou de outra, ele precisa ser planejado. Se o objetivo é criar suspense, é preciso mostrar ao espectador pelo que ele precisa esperar. Se a intenção é um choque, o aviso deve ser, de certa forma, negativo: o espectador deve ser deliberadamente direcionado contra o evento significativo antes que este apareça de surpresa.

A escolha entre antecipar um clímax e deixar que ele seja uma surpresa surge toda vez que um evento surpreendente está para acontecer. Veja, por exemplo, um personagem que está prestes a ingerir veneno. Deveria haver um plano fechado no momento crucial ou logo antes? Se ocorrer um tempo antes de o ator engolir o veneno, a própria existência de um plano fechado leva o público a antecipar o clímax e sentir o suspense proveniente dele acontecer. Mas se o corte para o plano fechado coincidir com o momento em que os lábios encostam no copo, isso será uma surpresa. No exemplo que acabamos de ver de *Grandes esperanças*, depois de chocar o espectador, o editor escolheu guardar a imagem realmente assustadora por catorze quadros, adicionando assim um momento rápido de incerteza e suspense antes da revelação final.

Editar é, de certa forma, uma arte performática. Observe um bom editor sentado na moviola e você verá que, enquanto estuda a imagem na tela, ele está agindo com simpatia com os atores, sentindo o ritmo de suas entregas e reações. Tenho a impressão de que uma das maiores fraquezas de alunos que começam a editar o próprio material é que o *timing* deles nunca é suficientemente preciso. Isso é difícil de explicar e mais fácil de demonstrar. Em um nível primitivo de comédia-pastelão, consideremos uma sequência de torta na cara.

1a. Ollie tem uma torta	1b. Stan, desatento
2a. Ollie tem uma ideia	2b. Stan, despreparado
3a. Ollie se decide	3b. Stan, sem defesa
4a. Ele se prepara	4b. Stan...?
5a. Ele a joga...	5b. A torta atinge Stan na cara
6a. ... fora de quadro	6b. Stan simplesmente aceita

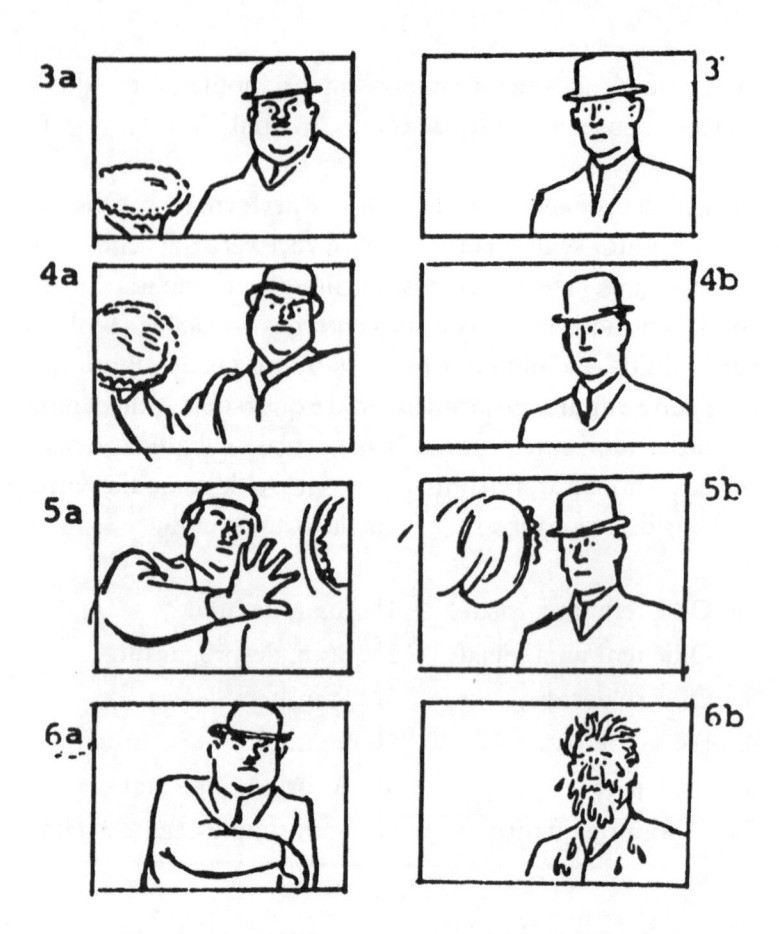

Se esses dois planos fossem síncronos, qual quadro você escolheria cortar, na sequência entre o que joga a torta e a vítima? Via de regra, a maioria dos estudantes escolhem 5a e 5b. Enquanto o braço de Ollie lança a torta para fora do quadro, o corte é feito com o gesto, com a torta entrando no quadro 5b. Isso cria uma espécie de corte suave, e nós mal percebemos o corte que ocorre no fluxo de movimento entre Ollie e Stan.

Mas é isso mesmo o que você quer? Parte do impacto se perde com esse corte suave. Se você quer sentir a força da torta na cara de Stan, então são necessários alguns quadros do 4b antes do impacto da torta. Na verdade, há muitos outros modos de alcançar um impacto ainda maior. Você pode, por exemplo, começar no 1b, a expressão boba de Stan, e, em seguida, cortar para o 1a e o 2a, quando Ollie toma sua decisão. Então vá ao 3b rapidamente e só depois ao 4a e ao 5a, antes de cortar para a ação no 5b e no 6b.

Durante a montagem, não tente preservar todos os aspectos das duas atuações. Se você está filmando um jogo de tênis, por exemplo, e espera que A termine seu saque antes de cortar, você nunca verá B revidando. Uma vez que o público entende o que irá acontecer, quando o impulso do ato é claro, é hora de fazer o corte, para que o público veja a consequência da ação.

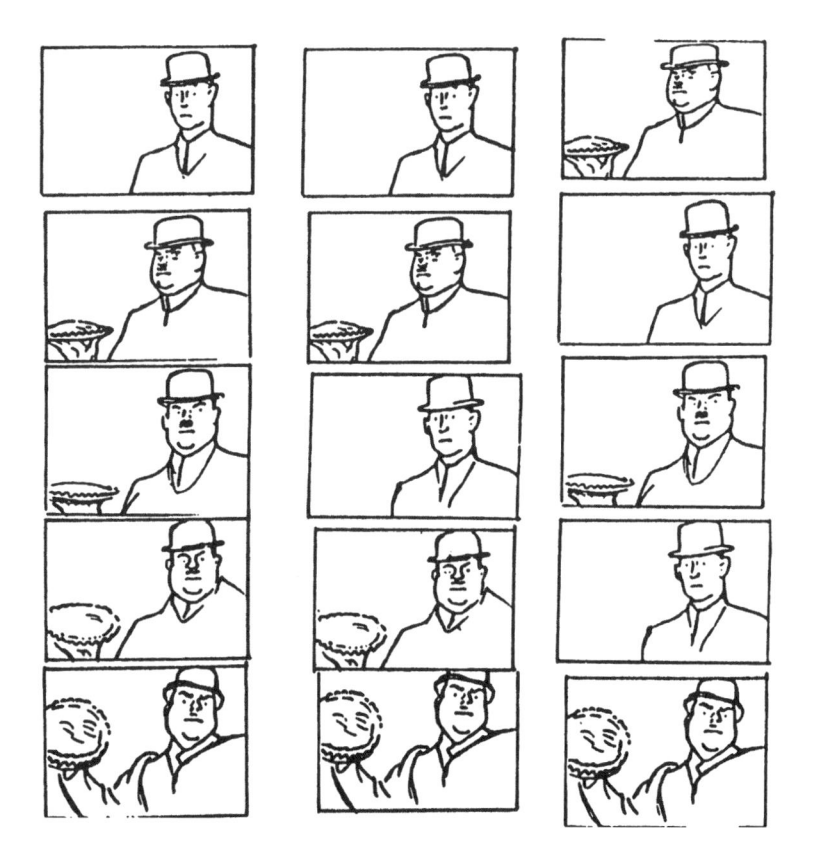

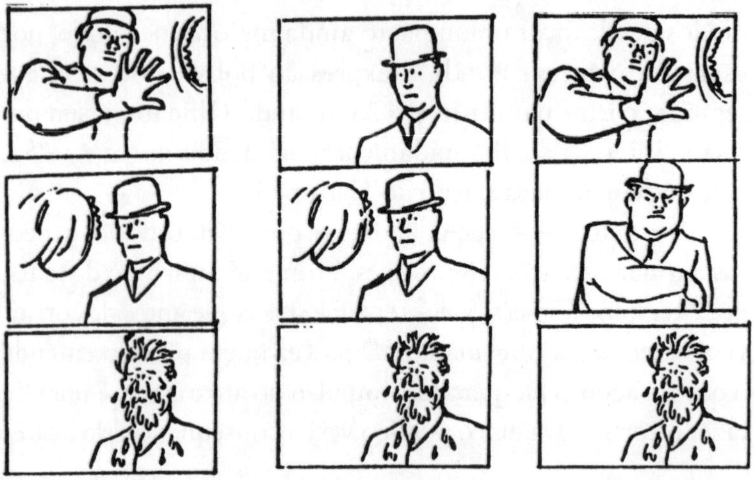

Cobertura de câmera

A cobertura de câmera, como todo aspecto de se fazer filmes, é uma questão de gosto e estilo. As escolhas abertas ao diretor são aquelas feitas pelo escritor, que pode ter uma preferência por frases longas ou curtas, palavras polissilábicas ou monossilábicas.

No começo da experiência como estudante, minha sugestão é que você experimente vários estilos, até mesmo copiando a gramática de alguns maneirismos de direção clássicos (Hitchcock *vs*. Renoir, Antonioni *vs*. Lean). Seu idioma pessoal e individual provavelmente surgirá não como uma decisão consciente, mas como um impulso instintivo. Em sua melhor forma, o estilo é um modo de falar, com frases e vocabulário próprios. É preciso ser flexível. Com isso em mente, aqui estão algumas considerações sobre como cobrir uma cena.

Em equipes de produção profissionais, parte essencial do grupo é o continuísta, cujo trabalho é ajudar o diretor a ficar de olho na continuidade. Equipes de estudantes geralmente não podem pagar por um. Ou, quando podem, não conhecem alguém que realmente esteja a par do trabalho e dos problemas dele decorrentes, e o diretor quase sempre decide desempenhar essa função por conta própria. Geralmente isso é um erro, já que requer muita concentração, além de tempo e energia que deveriam ser dedicados a coisas mais importantes. Também existe o problema de um continuísta ser inútil se não houver um roteiro para supervisionar, ou se o roteiro não tiver sido concebido e escrito profissionalmente.

Basicamente, o papel do continuísta profissional é ter certeza de que o material filmado em locação pode ser editado semanas – às vezes meses – depois. Seu trabalho principal é fazer anotações detalhadas sobre todo e qualquer plano e observar as diferenças – independentemente de tamanho – que possam existir entre tomadas. Um exemplo simples: ao trabalhar em uma cena em que o solitário Bill entra em um salão e pede uma bebida, o continuísta lembrará o diretor de que, logo depois de empurrar a porta, Bill parou e coçou a cabeça, que o céu atrás dele estava nublado e que o *barman* serviu o uísque com a mão esquerda. Em suma, o continuísta está lá para assegurar que o material poderá ser cortado sem nenhum problema gritante de continuidade. Ele age como uma ponte entre o diretor trabalhando no estúdio e o editor trabalhando na sala de edição. Em filmes de estudantes, geralmente se trata da mesma pessoa em momentos distintos do processo. Mas você não pode esquecer que, de certa forma, ainda são duas pessoas bem distintas. Isso você descobrirá quando, sentado para editar, perceber-se irritado com aquele outro personagem que você era quando estava gravando esse material.

Muitos diretores desenvolvem uma capacidade extraordinária de memorizar o material que gravaram, incluindo a diferença entre tomadas específicas. De certa forma, eles se lembram de quais foram as melhores partes dos melhores planos. Ou acreditam nisso. O fato é que é difícil convencer um diretor estudante de que é realmente necessário anotar todas essas informações. Para que colocar no papel o que já está em sua cabeça? Muitos alunos se depararam com a resposta para essa pergunta na hora de editar. Portanto, sugiro que, antes de começar a editar, você prepare um registro detalhado de todo o material que tem para trabalhar. Esses são formulários de continuidade que listam todos os ângulos e o que se viu e foi ouvido em cada tomada. As tomadas que não forem usadas são marcadas com o motivo de sua rejeição. Variações entre tomadas do mesmo plano também são anotadas. Você talvez também queira anotar o momento preciso de certos gestos ou olhares de um ator. Seu objetivo é fazer um registro detalhado de suas opções e das possibilidades dentro do material que possam ter valor. Isso lhe poupará bastante tempo quando você começar a editar e lhe permitirá pensar na montagem antes mesmo de começar a trabalhar na ilha de edição.

Entre o período da gravação e o da montagem, algumas mudanças fascinantes podem acontecer. Uma vez que a gravação principal está completa, seu papel como diretor muda abruptamente. Pode ser estranho passar a pensar de maneira diferente. Você quase se torna outra pessoa, de frente para o material que dirigiu, explorando-o de um ponto de vista totalmente novo. O que você pensava lembrar pode agora apresentar não apenas muitos problemas e dificuldades, mas valores novos e inesperados. Você deveria ser capaz de enxergar oportunidades que antes não apreciava, algo que é muito mais fácil se você tiver anotado tudo.

Faz sentido começar a gravar uma cena com o plano geral, mesmo se este não for o primeiro em termos de continuidade. Existem duas razões óbvias para começar com o maior ângulo que mostre todas as ações importantes e depois continuar com os planos médios e fechados. Uma é que, com o plano geral, é mais fácil estabelecer o ritmo da cena e as interações entre os personagens. Outra é que, no começo da gravação, atuações tendem a ser menos sutis, e você vai se deparar com grandes problemas de continuidade se uma atuação for drasticamente diferente de um plano para o outro. (Ao filmar uma cena, sempre se pergunte: "Se eu só pudesse gravar um plano fechado, em que momento seria e que personagem ele focaria?" Ser capaz de responder a essa pergunta significa que você provavelmente sabe por que aquela cena em particular é necessária.)

Se você está gravando uma cena com ângulos mais longos e mais próximos da ação, faça tudo que puder para repetir os movimentos dos atores. Como diretor, você pode optar por filmar como plano geral um ângulo em que, por exemplo, dois personagens entram no quadro, se sentam à mesa e começam a conversar. Com esse plano feito, talvez se aproxime para cobrir o diálogo que segue. Mas como é o diálogo que interessa a você, é possível que você comece a filmar com os personagens em suas posições, enquadrados no plano. Isso é um erro. Um diretor experiente iria naturalmente ajustar o enquadramento com os atores em posição e instruí-los a sair de quadro, para sentar em suas posições assim que a câmera estiver gravando.

Por quê? Porque, em seu futuro papel como editor, é provável que você descubra que o ponto mais eficaz para fazer o corte entre um ângulo e outro é durante essa ação dos personagens se sentando. Ou talvez você perceba que é possível encerrar mais brevemente, com um corte, o ângulo anterior e, ao começar o plano mais fechado antes de os atores entrarem, acelerar a ação, eliminando imagens sem grande uso no plano aberto (algo que sempre se deve tentar fazer). Você pode, é claro, não fazer nada disso, mas é necessário saber que, se as ações são repetidas, você automaticamente cria essas possibilidades.

Nunca diga "Ação!" ou "Corta!" muito cedo. Uma das razões mais importantes pela qual você precisa prestar atenção em como cobrir uma cena é salvar tempo e dinheiro. No entanto, há um caso em que isso não se aplica. Em filmes narrativos, muitos planos têm a intenção de cobrir a ação de uma cena no começo ou no fim. Um exemplo típico: uma mulher entra em um quarto e começa uma briga com um homem. Para o diretor inexperiente, pode parecer que a cena inicia apenas quando a mulher aparece, ou que ela acaba assim que a porta se fecha quando ela sai. Portanto, esse diretor inexperiente pode dizer ao diretor de fotografia para cortar assim que a mulher sair de cena. Mas não veja isso como óbvio. Ao preparar uma cena, considere: não seria útil mostrar um pouco da reação da mulher depois de sua saída? Ou mostrar alguns momentos do homem sozinho antes que a mulher entre?

É quase sempre um erro voltar a uma locação para regravações antes de começar a montagem do filme. Você pode pensar que, como é óbvio que certos planos são insatisfatórios, o melhor é regravá-los imediatamente. Não é o caso. Metade das vezes você perceberá que há outro modo de solucionar o problema durante a montagem. E se você esperar até saber exatamente o que é necessário, já que viu o problema em um primeiro corte, então terá a vantagem de saber seus erros e como corrigir o conceito original. Assim, antes de decidir por regravações, tenha em mente que nenhuma cena é exatamente como o diretor inexperiente (e na maioria das vezes o experiente) previu. Como um principiante, você pode estar tão focado no modo que concebeu sua ideia que não é capaz de ver de outra forma.

E, em respeito às atuações, se você insistir em tentar impor sua concepção da cena, é possível que não faça nada além de inibir o ator, que ficará progressivamente pior em vez de melhor. Considere: a tomada inteira foi insatisfatória? Você tem opções para um corte? Se acha que a maioria da tomada funciona, pode decidir tentar mais uma vez na esperança de obter uma melhora. Mas cuidado com o que você faz. Não se esqueça de que pode usar partes de duas tomadas distintas se você tiver cobertura suficiente. Considere, por exemplo, um plano extra que possa funcionar para unir a narrativa.

Como já foi dito, o cinema não é o meio da ação, mas da reação. É através do tempo da reação que o editor pontua a significância da ação. Até que os alunos tenham experiência suficiente editando, eles podem não apreciar isso instintivamente. O que é necessário lembrar em qualquer cena é que muitas vezes o ouvinte (o observador, com seus sentimentos e pensamentos introvertidos) é mais importante do que quem fala, ou do evento sendo observado. Um roteirista novo no meio do cinema pode imaginar que o diálogo sempre representa o conteúdo dramático de uma cena. Nesse contexto, uma vantagem importante de ter as reações gravadas é que elas podem ajudar a cortar uma atuação sem ritmo, excluindo partes desnecessárias do diálogo.

Portanto, é sempre importante planejar a gravação de material para corte. Como todas as minhas sugestões, esta envolve uma questão de estilo (e, portanto, você pode optar por ignorá-la depois de lhe ter dado uma chance). O fato é que a questão da cobertura lhe permite filmar de modo a ter certa liberdade na hora da montagem. Diversos diretores escolhem deliberadamente gravar sem cobertura, usando planos-sequências elaborados. A recomendação é que você tente essa estratégia somente para descobrir se ela se encaixa com seu talento e temperamento particular (assim como as histórias que você quer contar).

Existe uma frase comum dita pelos editores: "O corte para a cegonha." Ela parece vir de uma história apócrifa sobre um editor que se deparou com um problema editando uma cena de um diálogo na praia. Incapaz de usar o material que tinha por falta de cobertura, ele descobriu que podia salvar a cena adicionando o som de uma gaivota e um rápido plano do pássaro voando para costurar um plano com o outro. Basicamente essa foi uma tentativa desesperada para salvar uma cena que, por algum motivo, tinha dado totalmente errado (apesar de certas pessoas argumentarem que o melhor seria ter deixado os cortes "ruins"). Mas embora uma tomada usada para corte possa dar ao editor/diretor mais liberdade para moldar uma cena durante o processo de edição, ela não deve ser vista meramente como material de segurança, mesmo se esse for muitas vezes o caso. Se concebidas com imaginação, essas tomadas terão uma relação com o restante dos planos e poderão dramaticamente enriquecer uma cena.

Planeje ações simultâneas. Logo nos primeiros dez anos do começo do cinema, os primeiros cineastas descobriram o valor de cortar entre ações simultâneas. Uma prática comum na maioria dos filmes narrativos hoje em dia é inventar ações que providenciam o máximo número de possibilidades para o editor fazer uma edição paralela. Um exemplo simples: uma cena de uma empregada doméstica que traz o café da manhã em uma bandeja para sua patroa, entregando também uma carta que chegou pelo correio. Você poderia filmar o interior do quarto, ou em um plano-sequência, ou em um plano geral com o diálogo coberto por ângulos mais próximos. Mas considere o que acontece se você também filmar a empregada chegando ao quarto, batendo na porta, esperando que a patroa a deixe entrar, e depois termine com a empregada saindo do quarto, fechando a porta. Por exemplo:

1. Dentro, a patroa dormindo.
2. Fora, a empregada chega com a bandeja. Ela bate na porta (e talvez olhe para a carta).
3. Dentro do quarto, a patroa acorda.
4. Fora, a empregada escuta a patroa chamá-la, e começa a abrir a porta.
5. Dentro, a patroa se senta enquanto a empregada entra. A bandeja é posta na cama ao lado da patroa.
6. Fora, a empregada sai, fechando a porta.
7. Dentro, a patroa lê a carta.

Seria essa a melhor forma de contar a história, usando sete cortes entre dois planos? Não necessariamente. Mas ela dá ao editor muitas possibilidades para estabelecer o ritmo, e até o impulso dramático, da cena (e, naturalmente, contém em si elementos de ironia dramática). Dada essa possível estrutura de edição paralela, a cena poderia ser editada de forma a pontuar pontos de vista e atuações específicas. Perceba que movimentos físicos e mudanças de cenário em uma cena não fazem um filme mais cinematográfico, mas eles ajudam a providenciar uma variedade visual – uma espécie de vitalidade dialética.

Em termos de construção dramática (especialmente em cenas de diálogo), esse tipo de ação simultânea pode ser ainda mais vantajoso ao diretor. Aqui estou pensando em uma lição que aprendi de outro escritor no começo da minha carreira. Nós estávamos trabalhando em uma longa cena de exposição repleta de diálogo. A ação: um mensageiro chega ao palácio e se anuncia a um servo. O servo, por sua vez leva a mensagem ao duque, que no momento está na cama com uma de suas amantes, uma condessa. Quatro personagens: o mensageiro, o servo, a condessa, o duque. A informação que precisa ser comunicada é elaborada, quase uma página de monólogo se apenas um personagem entregasse a mensagem inteira. Outro problema meio óbvio: redundância. Como evitar que parte do discurso seja repetido durante a comunicação? A resposta é uma edição intercalada. O discurso é simplesmente dividido e reorganizado, e apresentado em fragmentos.

Exterior. O mensageiro chega. O servo aparece, escuta parte da mensagem, entra pedindo ao mensageiro que aguarde. O servo bate na porta do quarto.

Quarto. Respondendo à batida, a condessa se levanta da cama onde o duque ainda dorme. Ela vai à antessala com o servo.

Antessala. O servo relata à condessa parte do que ele ouviu do mensageiro. Ela pede ao servo que questione o mensageiro enquanto acorda o duque.

Exterior. O servo volta e começa a questionar o mensageiro enquanto eles adentram o palácio juntos.

Quarto. Enquanto o duque se veste, a Condessa conta o que ela ouviu do servo.

Antessala. O mensageiro está falando com o servo. A condessa sai do quarto durante uma fala importante e reage.

Antessala. O duque, vestido, abre a porta e escuta a próxima revelação.

Antessala. A condessa, questionando o mensageiro e o servo, escuta mais um fato importante, e o duque, juntando-se a eles, chega a tempo de ouvir o final da história, dita pela condessa.

É um exemplo simples, mas observe que a cada instante poderia haver segmentos de diálogos que o personagem escuta, mas não o público. Assim, poderia haver variações infinitas da continuidade acima. Com as três locações e o que deve acontecer em cada uma delas, essa curta sequência não só é repleta de atividades e interações entre personagens, mas apresenta também uma progressão cheia de vida, um uso interessante das locações e oportunidades para reações. Tudo isso sem nenhum discurso que contenha mais do que uma única informação expositora.

Sempre grave uma alternativa para a mesma configuração de câmera. Uma reclamação comum de editores experientes trabalhando com diretores inexperientes é que o diretor grava tomadas alternativas, mas não obtém a cobertura necessária. O editor tem tomadas diferentes para escolher, mas, como os problemas se resumem à junção de planos, se ele usar uma, o restante fica inutilizável. O diretor experiente (nós estamos falando de experiência, não de talento) que já aprendeu como fazer o melhor uso da película e do tempo irá gravar versões alternativas do mesmo plano para que o editor possa intercalar. Isso não é fácil de explicar sem um exemplo.

Imagine uma cena que começa com um plano fechado de um personagem, em um grupo de pessoas. Em certo momento, a câmera recua para incluir o grupo inteiro. Na primeira tomada, existem momentos em que a atuação do ator principal não é satisfatória, mas todos os outros fizeram um ótimo trabalho. Ao gravar uma segunda tomada da mesma ação, o diretor pode dizer ao operador de câmera para ficar no plano fechado, sem recuar. Se essa tomada for satisfatória e a atuação do ator for boa o suficiente, esse material pode ser intercalado com o plano do grupo inteiro. Uma variação bem planejada entre duas tomadas alternativas da mesma configuração de câmera dá ao editor tudo que é necessário para uma montagem efetiva (mesmo que o diretor quisesse que o plano fosse um único movimento contínuo do plano fechado ao plano geral).

Aqui estão ilustrados exemplos de cobertura com três câmeras. O primeiro é um padrão muito comum de alunos inexperientes, que deve ser evitado. Temos três câmeras, uma ao lado da outra, todas apontando para a mesma direção, com a mesma lente e quase com o mesmo ângulo e distância dos personagens. O resultado não é útil para um editor que queira cortar para um novo ângulo, já que cortando de uma câmera para a outra não dá ao público nenhuma informação nova.

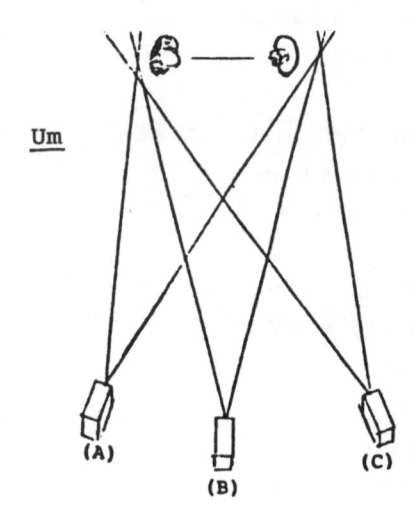

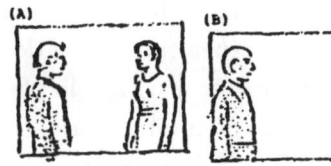

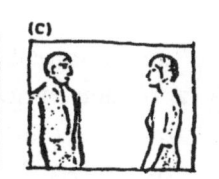

Este segundo exemplo é mais útil e é uma prática comum tanto no cinema quanto na televisão, já que providencia infinitas opções para o editor e dramatiza o ponto de vista de cada personagem. Os planos mais próximos e sobre os ombros que incluem um personagem de costas dão a opção de cortes eficientes para o ângulo inverso. Os dois excluem certas informações visuais e podem motivar os cortes. O plano geral (B) é o mesmo que o de cima, mas tanto (A) quanto (C) agora estão gravando junto ao eixo.

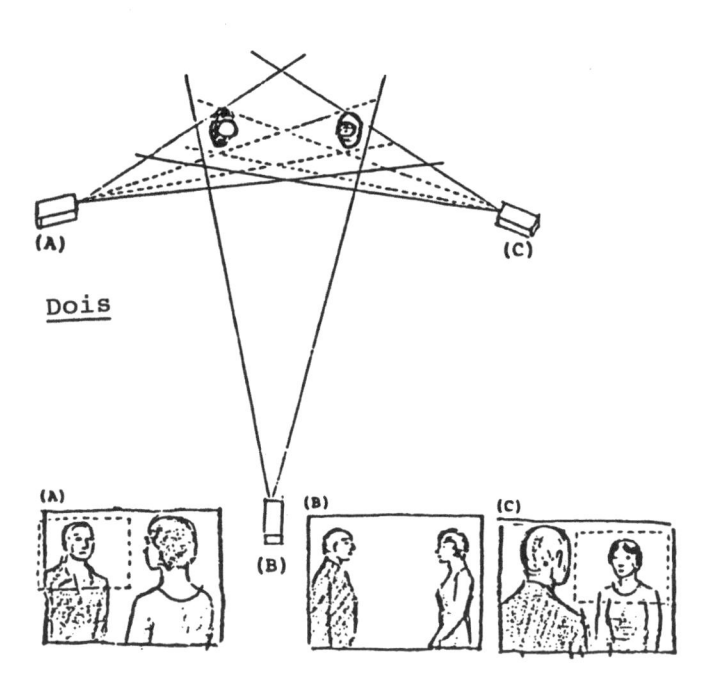

Este terceiro também é uma fórmula-padrão que oferece uma variedade de tamanhos de tela ainda mais rica. Pensado para gravar em profundidade junto ao eixo mais longo, o plano (B) é capaz de ser mais visualmente eficaz e dramático. O plano (C) está na direção inversa com linhas visuais complementares, e o *zoom* também providencia um único plano.

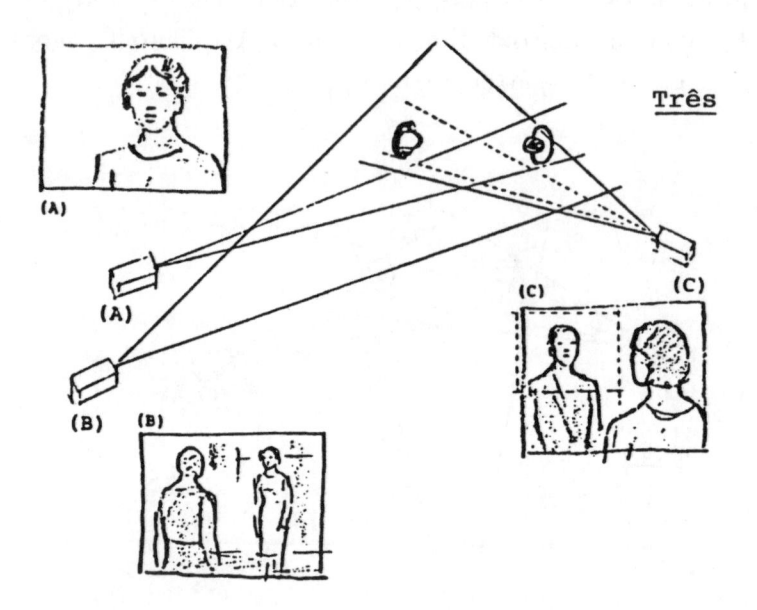

Uma versão mais complexa do diálogo entre dois personagens pode precisar de pelo menos cinco ângulos:

(a) o plano geral
(b) e (c), dois ângulos complementares sobre os ombros (um de cada personagem)
(d) e (e), dois planos individuais

A clássica cena do táxi entre Rod Steiger e Marlon Brando em *Sindicato de ladrões* [*On the Waterfront*] é um bom exemplo de uma cena que usa cinco configurações de câmera.

Uma cobertura completa dá o maior número de opções para a montagem. Uma cobertura tão elaborada como essa era prática comum nos tempos em que os grandes estúdios de Hollywood eram comandados como uma fábrica. Os produtores insistiam que o diretor, que naquela época era supervisionado de perto pelo escritório central, entregasse uma variação tão completa de ângulos que, quando o material fosse entregue ao editor (que também trabalhava sob a supervisão do produtor), a cena poderia ser montada com um número quase infinito de possibilidades. Assim, a direção de uma cena pode ser completamente redefinida na ilha de edição. Em termos do subtexto e das reações dos personagens, um editor é quase capaz de reescrever a cena se tiver uma cobertura completa.

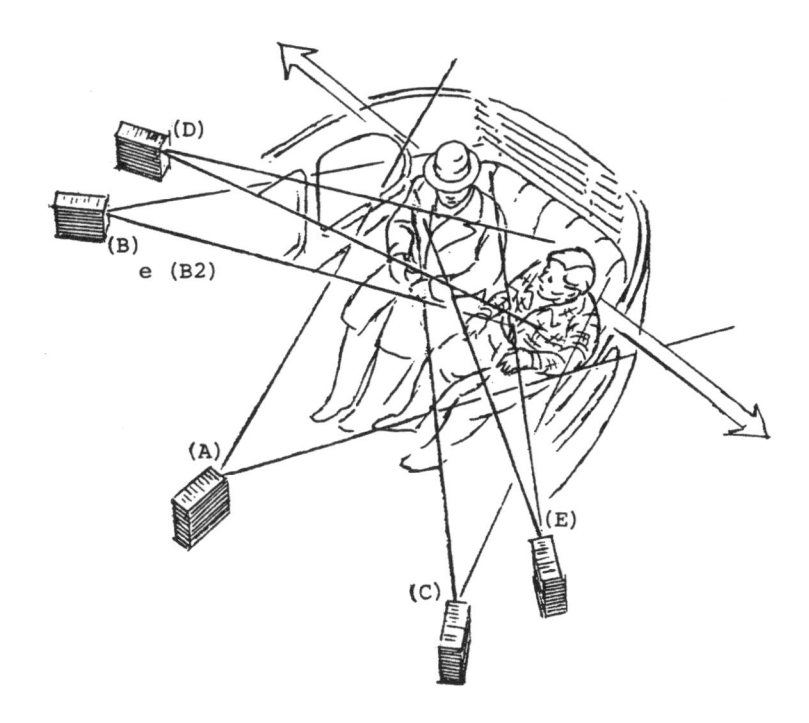

EIXO E LINHA DE VISÃO — COBERTURA

P.F. FAVORECENDO STEIGER
A câmera grava Steiger sobre os ombros de Brando.

P.F. FAVORECENDO BRANDO
Um plano complementar de Brando sobre os ombros de Steiger...

... que deixa Steiger em primeiro plano quando ele se vira de frente. Ênfase em Steiger, com Brando ao fundo.

PLANO MÉDIO CONJUNTO
Plano mais aberto. Vemos os dois homens de perfil. Um "plano geral" com ênfase neutra.

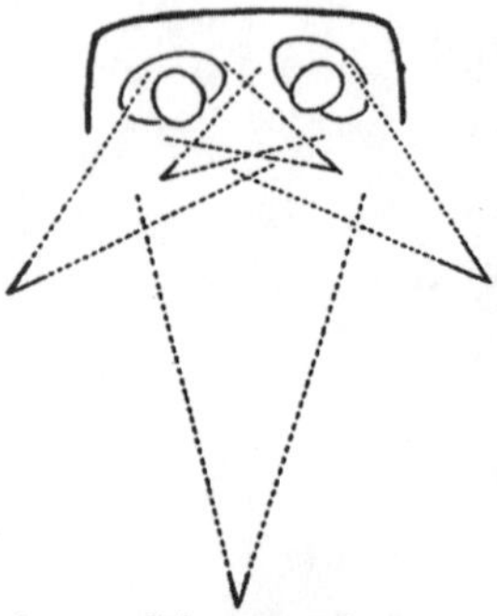

A cena foi provavelmente gravada com cinco ângulos: um geral, dois sobre os ombros, dois fechados. Essa é a "cobertura completa" que oferece o maior número de possibilidades durante a montagem.

COBERTURA COMPLETA

A clássica cena com Marlon Brando e Rod Steiger em Sindicato de ladrões foi gravada com "cobertura completa". São cinco ângulos: um geral, dois sobre os ombros "complementares" e dois planos fechados.

Com uma cobertura dessas, existe uma liberdade enorme na montagem. Em termos do "subtexto" de uma cena, produtor, editor e diretor podem quase "reescrever" a cena na mesa de edição.

Estude a cena com calma e você compreenderá o que eu quero dizer. Depois dos dois planos gerais de estabelecimento, a maioria ocorre em planos conjuntos alternados, favorecendo um, depois o outro, seguindo não o tempo do diálogo, mas de seus pensamentos e sentimentos.

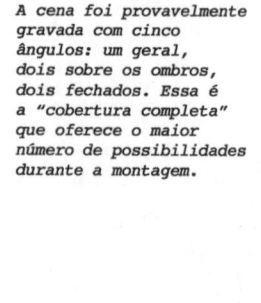

PLANO FECHADO STEIGER
Plano único de Steiger pelo ponto de vista de Brando.

PLANO FECHADO BRANDO
Linha de visão complementar — plano único de Brando — ponto de vista de Steiger.

Depois do plano geral que inicia a cena, grande parte do diálogo acontece em planos sobre os ombros, focando um personagem depois o outro, apresentando os cortes de modo a expressar uma interação entre sentimentos e pensamentos tanto quanto entre estes e a troca de palavras. Planos fechados são utilizados apenas quando os sentimentos se tornam mais intensos, e os pensamentos, mais interiores. A música também marca as mudanças de tom. O que é notável é que essa forma de filmar, considerada por muitos jovens diretores tão tradicional que se tornou um clichê, ainda é o método mais simples e eficaz de cobrir uma cena em que a atuação é muito mais importante que o uso elaborado da câmera.

Não é má ideia experimentar ao planejar a cobertura de câmera. Na verdade, você é encorajado a experimentar, a copiar qualquer movimento ou plano interessante que tenha visto em um filme, para brincar com as "regras". Lembre-se de que em qualquer cena há uma combinação quase infinita de possibilidades. Permita-me terminar com estes exemplos (não tão experimentais) que espero que deem uma indicação do que é possível fazer na sala de edição se você tiver sido corajoso com a cobertura de câmera e os movimentos. Afinal, não existe apenas um modo correto de editar uma cena.

1) Plano conjunto médio. A garota datilografa em uma máquina de escrever em primeiro plano. Ela está de perfil. O homem é visto no fundo, atrás dos ombros dela.

1a) Mas, em vez de cortar para um ângulo fechado inverso da garota, ela se vira para a lente, ocupando-se com a máquina. A câmera se aproxima com a máquina, excluindo o homem no fundo.

2) Mas um plano fechado correspondente do homem também é gravado para editar com o da garota.

O padrão normal de um "plano geral" com dois planos fechados não precisa necessariamente ser composto de três configurações. Ao criar alguma tarefa que faça com que o personagem se vire para a câmera, com um sutil movimento de câmera, é possível alcançar a mesma cobertura.

3) Para obter ainda mais cobertura para a montagem, seria útil gravar uma tomada extra do plano (1) sem o movimento de câmera — um plano conjunto médio.

1) O mesmo plano conjunto médio da garota na máquina de escrever. Ela está de perfil, e ele é visto de frente, atrás dela.

1a) Mas, em vez de se virar para a câmera, ela se levanta e anda em outra direção. A câmera a segue, excluindo o homem do enquadramento. Depois de passar por ele, ela se vira para olhá-lo.

2) Um ângulo inverso dele olhando para ela talvez seja necessário para a montagem.

Outra variação seria um movimento do ator que tenha uma razão para "ofuscar" o outro ao andar para longe da câmera. Esse tipo de movimento requer uma "motivação", alguma ação que envolva um objeto de cena. Exemplo: a máquina de escrever ou o gabinete.

3) Mais uma vez, seria útil gravar uma tomada extra da primeira configuração sem o movimento da câmera, mantendo os dois em quadro com o homem de costas.

Ao planejar a cobertura de câmera, não há nada de errado em pensar em termos do número de configurações diferentes que propiciem os tamanhos convencionais: "plano geral", "sobre os ombros", "fechado" etc. Mas você deve estar preparado para mudar de plano quando começar a trabalhar com os atores no cenário ou na locação.

É provável que você descubra durante os ensaios, ainda mais se puder ensaiar com móveis e objetos de cena (não se esqueça do valor deles), que os atores encontrem meios de se mover que ajudam a combinar configurações ou sugerem movimentos de câmera em vez de cortes.

1) Um plano sobre os ombros com o homem de costas e a garota ao fundo. Ela se levanta e anda em direção à câmera, saindo do quadro pela direita...

1a) ... fazendo com que o homem se vire para a lente ao olhar para ela. Quando ele se move na direção dela, a câmera recua para mais uma vez incluí-los...

1b) ... enquanto ela está mexendo em um arquivo e é vista de frente para a câmera. O homem passa por trás dela e é visto atrás do ombro dela do lado direito...

1c) ... até que ela dá as costas para a câmera, encarando o homem em outro plano sobre os ombros enquanto ele se move para a esquerda mais uma vez e é visto do outro lado dela.

Quando você trabalha com operadores de câmera e atores experientes, as variações da "coreografia" entre a câmera e os atores são infinitas. O tipo de "dança" que leva você a planos sobre os ombros alternados é uma fórmula comum.

O padrão comum de uma cobertura completa pode não precisar de três composições. Ao planejar alguma desculpa para que o personagem se vire para a câmera, por exemplo, muitas vezes é possível conseguir a mesma cobertura. Outra variação pode ser um movimento do ator que tem uma razão para se distanciar da câmera. Na verdade, ao trabalhar com um operador de câmera e atores experientes, as opções da coreografia da câmera são infinitas.

Uma última palavra sobre cobertura de câmera. Já deve estar claro que, ao coreografar cuidadosamente a encenação de um ator em relação com a câmera e o espaço a seu redor (além dos outros atores), o diretor pode contar uma história de forma tão eficaz – se não ainda mais – quanto o diálogo. Ao falar com alunos durante o planejamento de seus filmes, fica cada vez mais claro para mim que muitos ficam ansiosos para usar diversas câmeras e obter o maior número de ângulos de uma cena. Quase com certeza essa técnica dará ao diretor e ao editor, ao se sentarem na ilha de edição, um grande número de oportunidades para explorar o que gravaram, e até de mudar o impulso narrativo radicalmente. É importante que um cineasta entenda que esse tipo de coisa é possível. A ordenação cuidadosa do material obtido em estúdios ou nas semanas de gravação em locações, às vezes até meses depois, é de muitas formas a chave para se contar uma história eficaz no cinema.

Mas cuidado ao se dar chances *demais* para cortar e mudar seu filme, portanto, a história que você está contando. É difícil para mim não sentir que querer um número enorme de configurações de câmera para obter todos os ângulos concebíveis deixa clara uma falta de compreensão fundamental de como a cena precisa ser filmada para se encaixar na história sendo contada. Embora na manhã antes de uma filmagem o diretor possa não saber exatamente de que ângulos ele precisa ou exatamente como quer que os atores se movam pelo cenário, ele deve estar bem consciente do propósito da cena dentro do contexto da história como um todo. Ele precisa saber que momentos da cena devem ser ressaltados e que tipo de tom emocional precisa ser criado. Para dizer de outra forma, se você sabe o significado preciso de uma cena (em termos narrativos), provavelmente terá mais do que uma ideia básica de onde colocar a câmera, como posicionar os atores e como montar o material. Quantas vezes já vimos filmes ou programas na televisão em que não existe um significado real em *qualquer* cena porque não há um significado inerente aos planos, movimentos de câmera e cortes? Essa questão é ainda mais presente em tempos de fitas de vídeo baratas, que tentam muitos alunos a gravar uma quantidade de material que considero excessiva, para apenas decidir depois qual é a história que realmente querem contar.

Movimento de câmera

Quando se trata do estudo de movimento de câmera, as descrições e explicações que posso dar são geralmente mais difíceis de entender do que reconhecer na prática. Além disso, talvez mais do que qualquer outro elemento do ofício de fazer filmes, estudantes precisam ter experiência prática lidando com câmeras e lentes, além de cuidadosamente analisar filmes por conta própria. Escrever sobre isso parece ser redundante. Mas, embora isso provavelmente possa ser dito sobre quase tudo que discutimos em sala de aula, permita-me mostrar alguns pontos genéricos para analisar ao considerar movimentos de câmera.

Para a maioria dos diretores e operadores de câmera, os detalhes dos movimentos de câmera são uma questão de estilo e preferência pessoal. Um diretor pode gostar do efeito de uma câmera fluida sempre em movimento; outro pode preferir severidade e disciplina com planos estáticos. Porém, ao pensar em certos planos dentro do contexto da gramática cinematográfica e da construção dramática, existem algumas considerações. Preste atenção em *trackings* e panorâmicas interessantes que revelam certas informações em momentos específicos. Observe como uma figura se move em relação ao mundo que a cerca. Perceba se ela está isolada de seu entorno ou se ela se torna parte dele por meio de suas interações com objetos físicos vistos em tela. Procure movimentos sutis que contenham elementos de ironia dramática – por exemplo, um movimento que revele algo para nós, o público, ou que o personagem em cena não vê. Nesse contexto, sempre considere o que está fora do quadro, por que e quando o diretor escolheu nos mostrar certas coisas e esconder outras. Pense como um movimento de câmera pode radical e rapidamente mudar de ponto de vista de um personagem para outro e como uma cena com planos longos pode parecer (e, mais importante, se sentir em relação à história) se composta de uma série de planos curtos cuidadosamente montados.

Todo movimento é relativo. Para o cineasta, isso significa que a câmera e os olhos vão observar um objeto em movimento apenas quando visto em relação a outra coisa. Uma ideia simples, mas esquecida por principiantes. Exemplo: material filmado por um estudante que precisava gravar um dançarino se apresentando em um palco contendo um grande móbile escultural. Por alguma razão, o estudante decide usar uma câmera na mão, e o resultado é confuso. O movimento da escultura poderia ter sido interessante, mas nós não a vemos direito e não sentimos seu movimento. Os olhos não conseguem distinguir se o movimento vem da câmera ou da escultura em si. A situação não é clara para o público pois nada está ancorado pela imagem de algo estável, o que significa que não há chances de distinguir entre os gestos do dançarino e aqueles do operador de câmera. Como tudo está se movendo, paradoxalmente não temos nenhuma compreensão do movimento. Mas isso não nega o fato de que essa confusão possa ser efetiva. Ambiguidade de percepção é um dos truques mais interessantes que um cineasta pode usar. Mas certas vezes muito irritante é a incoerência de estudantes que partem de sua ignorância dos princípios da percepção visual.

Existem três elementos básicos para considerar ao lidar com os movimentos da câmera:
a) o ambiente (estável)

b) figuras que se movem
c) o ponto de vista da câmera (móvel ou não)

Existem quatro tipos de movimento de câmera em configurações estáticas:

a) Panorâmicas (um movimento para a esquerda ou para a direita)
b) *Tilts* (um movimento similar para cima ou para baixo)
c) *Canting* (um movimento no eixo vertical que vá para a esquerda ou para a direita)
d) *Zoom* (um movimento aparente, em que a imagem é opticamente aumentada ou reduzida)

Esses devem ser distinguidos dos seguintes, em que a configuração de câmera inteira (câmera e *dolly*) está em movimento:

a) *Tracking* (para a frente ou para trás)
b) *Tracking* (para a esquerda ou para a direita)
c) Pedestal/Grua (para cima ou para baixo)

Existem infinitas combinações dos itens acima, assim como movimentos livres (instáveis) de câmeras na mão e planos obtidos por steadicams, mecanismos sobre os quais a câmera se equilibra e que dão um movimento fluido ao plano.

Agora, deixe-me dizer que muito do preconceito contra o movimento de câmeras de mão é provavelmente baseado no modo como são usadas por amadores e estudantes que não parecem estar interessados nos aspectos picturais do quadro do filme. O amador está, compreensivelmente, tão absorto na excitação de gravar um filme que faz todos os movimentos possíveis em resposta ao que vê através da lente e se esquece de todo o resto. O diretor de fotografia ou diretor mais experiente está constantemente preocupado em como o filme vai ser visto pelo público.

A decisão de deixar um ator se mover dentro de um quadro estático em vez de fazer a câmera se mover com ele pode ser uma questão de gosto, mas pode também contribuir muito com a narrativa dramática, dando certas pistas psicológicas/perceptivas sobre o personagem. Afinal, é pelo enquadramento preciso de um plano que o significado de uma imagem é comunicado ao público. Um erro de iluminação pode danificar a atmosfera que um diretor está tentando criar. Mas um movimento de câmera mal realizado ou uma configuração porcamente planejada e executada pode, em um segundo, destruir o sentido dramático de uma cena e confundir totalmente o público.

Um exemplo simples: uma cena de uma mulher entrando em um quarto, indo olhar pela janela e passando em frente a uma lareira, tudo visto em um plano-sequência. O diretor, depois de consultar a equipe de iluminação e de câmera, precisa decidir: a câmera deveria segui-la, sempre a deixando no centro do quadro, ou o quadro deveria ser estático, com a figura atravessando a imagem? Ou talvez uma terceira opção? (Uma regra útil é que movimentos de câmera devem ser os mais econômicos possíveis: o menor movimento que traga o máximo de novas informações visuais para dentro do quadro.) Quando a câmera em movimento mantém a mulher em uma posição relativamente central dentro do quadro, com o ambiente no fundo um pouco fora de foco, nós geralmente somos levados a prestar atenção nela. Por outro lado, uma configuração estática em que a mulher atravessa a composição permite ao público estudá-la em relação ao ambiente. Ambos os planos contêm um significado dramático, mas o estático provavelmente se provará menos revelador em relação à personagem, trazendo menos simpatia e envolvimento quando nós a observamos na cena.

Considere uma pequena variação nisso. A mulher entra no quarto, para e olha em direção à janela. Antes de andar até ela, a câmera faz um pequeno movimento panorâmico para incluir a janela, e então fica estável enquanto a mulher anda até a janela. Uma vez que a mulher se vira e anda até a lareira, a câmera não se move, deixando a personagem enquadrada no canto da imagem perto da lareira. Aqui, o movimento de câmera quase imperceptível parece dar mais ênfase à atmosfera do quarto em si e talvez à vista da janela do que à mulher. É claro que seu movimento até a janela e nossa habilidade de percebê-lo e também ver o que ela está olhando ajuda a ressaltar seu ânimo, mesmo que indiretamente (também revelado, por exemplo, pela iluminação, pela música, pela produção de arte, pelas ocupações com objetos de cena).

Esses são exemplos do que podemos chamar de movimentos de câmera motivados e não motivados. Um exemplo de um movimento motivado é quando a câmera segue Cary Grant em uma cena de *Intriga internacional* [*North by Northwest*]. O público não está tão ciente da câmera. Tais movimentos podem ser motivados pelo andar de um personagem ou por um olhar fora de quadro que pede por uma panorâmica na direção do olhar, ambos os quais fazem a ação parecer muito natural.

```
EXT. SAGUÃO DA ONU
Cary Grant aparece na porta
em um plano aberto. Enquanto
ele caminha para a frente,
chegando ao centro do
quadro, a câmera começa a se
mover para a esquerda com
ele, paralelamente a seu
caminhar, mantendo-o na
mesma distância.
```

> Esse 'movimento de perseguição' em que o sujeito e a câmera estão fixados em relação um ao outro é claramente um 'movimento motivado' e não percebemos a intervenção deliberada do diretor.
>
> O comprimento do *tracking* é aproximadamente três vezes o tamanho da tela. Ele para quando Grant chega à recepção, mais uma vez estática quando CORTAMOS PARA...

Em contraste, está um tipo de movimento de câmera não motivado, em que o diretor deliberadamente nos diz para onde olhar. Se a câmera faz um movimento sem uma motivação do sujeito (por exemplo, quando ele ou ela começa a andar seguindo o olhar da câmera, em vez de guiá-la), isso é claramente uma intervenção do cineasta, e um movimento muito mais consciente. O público, portanto, pode perceber que esse é um movimento significante e que é preciso se concentrar para olhar para onde seus olhos estão sendo guiados. Assim, movimentos desse tipo normalmente serão usados quando o cineasta quiser chamar a atenção do público para algo que contribuirá com a compreensão da cena. Aqui, Hitchcock planeja o movimento dos atores contra o movimento da câmera para criar um suspense dramático.

ÂNGULO MAIS FECHADO
Grant entrega um papel à recepcionista. A garota se inclina no microfone para chamar o homem que Grant veio encontrar. Grant espera.

A câmera começa a se deslocar na direção oposta, para a direita, refazendo o trajeto do plano anterior. Ao fazer isso, Grant se vira para a esquerda — o lado oposto ao movimento da câmera. Esse gesto enfatiza o movimento deliberado da câmera, fazendo da ação uma intervenção consciente a planejada do diretor.

Voltando todo o trajeto, a câmera revela a figura do assassino — e, nesse momento, começa a se mover diretamente na direção do homem, que começa a retirar uma luva preta...

MOVIMENTO DE CÂMERA

Em *Intriga internacional*, uma sequência começa com um plano aberto do saguão principal da Grand Central Station, em Nova York. As pessoas, reunidas em pequenos agrupamentos, não estão viradas para a câmera, para que não haja um foco de atenção. É um plano de uma "multidão anônima". Então...

... um HOMEM pouco interessante entra no enquadramento pela esquerda, andando para o fundo. A câmera usa esse movimento para "motivar" uma panorâmica que o segue e percorre a cena até incluir uma fileira de cabines telefônicas...

... onde reencontramos Cary Grant, que esteve ausente da história durante a sequência anterior de exposição.

Cortando para dentro da cabine, ouvimos o diálogo do telefonema: Grant explica seu problema para a mãe.

Quando Grant desliga, a cena volta para o lado de fora. Ao abrir a porta, Grant se depara com um HOMEM que está esperando para entrar. (Grant está fugindo da polícia e está com medo de ser reconhecido.)

Grant se mistura à multidão do saguão. Dessa vez, a câmera o segue — um movimento "motivado" — e ele desaparece no meio das pessoas.

AÇÃO DE FUNDO QUE "MOTIVA" MOVIMENTOS DE CÂMERA

Às vezes existe um compromisso entre um movimento de câmera deliberado e consciente e um que aparente ser mais natural.

O diretor pode programar uma ação no fundo do quadro que desencadeie o movimento de câmera, dando assim um motivo para o que, em outro caso, seria um movimento "sem motivo".

Um diretor experiente em lidar com coreografias de ação envolvendo multidões e que sabe como integrar o movimento do que ocorre no fundo com a encenação dos atores principais em primeiro plano é capaz de alcançar efeitos que ajudam o decorrer da cena sem que o público perceba.

Às vezes, há uma versão compreendida como um movimento motivado, que é de certa forma deliberado, mas que acompanha um movimento incidental dentro do quadro que ajuda a fazer o movimento parecer natural e discreto. Em outra sequência de *Intriga internacional*, Hitchcock cria uma ação no fundo da cena com a multidão de extras, uma encenação de figuras que não são importantes para a ação principal, mas que leva a um movimento de câmera que nos faz descobrir o real ponto de interesse.

Outra alternativa é o *zoom* da lente que produz um movimento aparente para a frente ou para trás, mas a partir de uma posição estática. A desvantagem de um *zoom* é que ele carece de um sentimento de movimento dentro de um mundo sólido e tridimensional (algo presente em um movimento que levaria a câmera mais próxima do sujeito). Um *zoom* aumenta a imagem. Ele traz a imagem mais próxima de nós, fazendo parte da imagem crescer opticamente, proporcionando meramente um sentimento de movimento através de um espaço tridimensional. Mas não há um sentimento de deslocamento espacial. A imagem pode parecer maior, mas nós não nos sentimos mais perto. Consequentemente, muitos diretores não gostam de usar lentes de *zoom* e preferem usar trilhos para deslocar a câmera, embora diretores como Hitchcock gostem de usar o *zoom* de maneira bem consciente para enfatizar certas coisas em momentos dramáticos importantes.

PLANO FECHADO
Vendo a sobrinha descendo as escadas, tio Charles levanta o copo em um brinde a ela.

PLANO MÉDIO
Do ponto de vista dele, enquanto ela desce, a câmera faz um rápido zoom na...

... mão da sobrinha no corrimão. Nela está o anel incriminador...

... e a câmera para em um **PLANO DETALHE** que enfatiza sua importância.

MOVIMENTOS DE ZOOM PARA ÊNFASE

Um movimento de *tracking*, ou um *zoom* que nos leva em direção ao sujeito, é bem mais discreto que um recuar de câmera ou uma redução do *zoom*. Um recuo adiciona novas informações visuais, enquanto um avanço apenas se concentra em informações que já estavam presentes.

Por alguma razão, o cineasta principiante que usa o *zoom* pela primeira vez é capaz de se apaixonar por ele. Ele parece "dramático". Tornou-se um marco de filmes de terror e, portanto, quase que um clichê.

Acima, há um exemplo de seu uso em *A sombra de uma dúvida* de Hitchcock. Aqui ele vai além de um truque, já que acontece em um momento de clímax da história (o anel é a evidência com que a garota pode provar que o tio é o assassino) — e foi usado por Hitchcock antes que o uso de lentes de zoom se tornassem um lugar-comum.

Hitchcock admitiu que em seus primeiros filmes ele se divertia com as técnicas de câmera que eram complicadas e engenhosas; depois, seu estilo se tornou mais simples e menos autoconsciente. É uma boa regra: como principiante, você é encorajado a experimentar — mesmo que seja para "fazer até enjoar" e passar a valorizar a simplicidade.

Em *Intriga internacional* há um *zoom* bem rápido e breve de um plano fechado de Cary Grant para um primeiríssimo plano. Isso é uma tática comum para produzir um "impacto de choque" — nesse caso, o efeito do enorme caminhão-tanque que o derruba.

PLANO FECHADO
Tio Charles reage, sua confiança desaparece. Ele faz seu anúncio.

Cidadão Kane

Para juntar o nosso conhecimento de tamanhos de tela, enquadramento, edição e cobertura de câmera, vamos usar um exemplo de Cidadão Kane [Citzen Kane] de Orson Welles, visto por muitos como o filme mais importante já feito em Hollywood.

5. Esta cena pode ser encontrada em *The Citizen Kane Book* (Methuen, 1985) pp. 159-60.

Chegando a Hollywood para dirigir seu primeiro filme aos 25 anos, Welles gozava de extraordinária sorte em ter Greg Toland como seu operador de câmera. Cidadão Kane é a obra-prima de Welles, mas muito de seu estilo visual surpreendente se deve às contribuições de Toland. Welles estava interessado na encenação em profundidade e em planos-sequência que já estavam sendo usados por diretores como Jean Renoir na França. Isso pode ter levado Toland e Welles a explorar elementos de foco e profundidade de campo.

Considere uma cena que, na verdade, não está em *Cidadão Kane*, mas que teoricamente poderia estar. O roteiro de filmagem, se preparado por outro diretor, poderia ser algo assim[5].

FADE IN

1. DETALHE
A câmera está próxima de um frasco de remédios e de um copo vazio com uma colher, em uma mesa de cabeceira. Fora de quadro. escutamos o som de uma respiração difícil.

2. OUTRO ÂNGULO

SUSAN ALEXANDER *está deitada na cama ao lado da mesa. Ela está viva, mas obviamente letárgica. Fora de quadro, escutamos o som de alguém batendo na porta e o girar de uma maçaneta.*

3. CORREDOR

A mão de KANE *é vista tentando abrir a porta do quarto. Ela está trancada por dentro.* KANE *bate na porta com urgência.*

4. PLANO ABERTO

Perturbado, KANE *fica na porta e volta a bater com mais urgência. O* MORDOMO *é visto atrás dele. Sem resposta,* KANE *dá um passo para trás e joga seu peso contra a porta.*

5. INT. QUARTO

Arrombando a porta, KANE *entra no quarto. O* MORDOMO *é visto na porta atrás dele.*

6. ÂNGULO INVERSO

Por trás de KANE, vemos a figura na cama. Ao lado da cama, na pequena mesa, estão o frasco de remédios e a colher. Na cama está a mulher inconsciente.

7. PLANO FECHADO – KANE

KANE *reage. Sem se virar, instrui o* MORDOMO.

KANE
Chame o Dr. Corey.
Ele sai de quadro em direção à cama.

8. INT. QUARTO

A câmera segue KANE, que se ajoelha ao lado da cama. Ele pega o frasco de remédios da mesa e o examina.

DISSOLVE PARA

9. INT. QUARTO

Em primeiro plano, Dr. Corey fecha a maleta. A ENFERMEIRA, com uniforme branco, junta-se a ele. A câmera recua, numa panorâmica para incluir mais do quarto ao fundo e da figura de KANE, sentado em uma cadeira ao lado da cama onde a esposa está dormindo.

10. INT. QUARTO

DR. COREY
Ela estará perfeitamente bem em um ou dois dias, sr. Kane.

11. ÂNGULO INVERSO

A ENFERMEIRA e DR. COREY *no fundo*, KANE *e sua esposa em primeiro plano.* KANE *examina o frasco em suas mãos.*

KANE
Não posso imaginar como a Sra. Kane cometeu um erro tão estúpido. O sedativo que o Dr. Wagner deu a ela está em um frasco um pouco maior – imagino que o estresse de preparar a nova ópera a deixou excitada e a confundiu.

DR. COREY
Sim, sim, esteja certo de que é isso.

KANE
Não é um problema eu ficar aqui com ela, certo?

DR. COREY
(olhando para a ENFERMEIRA *no fundo)*
Não, problema nenhum. Mas eu gostaria que a enfermeira ficasse aqui também. Boa noite, sr. Kane.

Enquanto o DOUTOR *sai, a câmera se aproxima de* KANE, *que olha a mulher na cama.*

12. PLANO FECHADO. SUSAN

A jovem esposa de KANE *está deitada na cama, virada para o outro lado.*

FADE OUT

Essa cena poderia muito bem ter sido coberta com as configurações vistas nessas páginas. De acordo com fórmulas rotineiras e convencionais de direção, cada um dos cortes está lá com um propósito, para fazer um ponto específico da história. Na verdade, Welles a filmou de maneira muito diferente, em dois planos bem rígidos, em vez dos cortes e movimentos descritos aqui. Welles e Toland usaram quatro elementos primários da gramática cinematográfica para criar a cena.

1. O enquadramento e seu potencial para direcionar a atenção do público por meio do uso de entradas e saídas (fazendo da tela um palco pictórico).
2. Encobrindo elementos do quarto, colocando um objeto ou personagem na frente de outro.
3. Criando padrões, em profundidade e perspectiva, para estabelecer a composição.
4. Chiaroscuro, o uso de luz e sombra, muitas vezes em planos com profundidades distintas (parte do qual é o dispositivo de Toland de dupla exposição para alcançar profundidades extremas de foco nítido).

Na sequência real do filme, detalhada a seguir, considere o uso da maleta do médico para produzir o efeito de *fade in* do preto quando ela é levantada do quadro no começo da cena. Isso revela a enfermeira, que, sendo uma personagem de importância menor, está iluminada por trás, de modo que não vemos seu rosto, e, quando ela se move, sua cabeça desaparece do quadro. Isso foca nossa atenção, uma vez que ela sai do caminho, no personagem mais importante: o próprio Kane. O efeito notável é que, embora haja uma única posição de câmera, a velocidade com que a imagem conta a história é rápida. A câmera não se move, mas a história sim.

Veja nas páginas seguir como a cena foi realmente filmada por Welles e Toland.

INT. QUARTO. NOITE

Um ângulo aberto do quarto. Enquadrados em primeiro plano estão um frasco de remédios e um copo vazio com uma colher. Na meia distância, está a cabeça da esposa de KANE, SUSAN ALEXANDER. *Completamente nas sombras, suas feições são indistinguíveis, mas sua respiração está pesada, drogada. No centro do quadro, ao fundo, mas em foco, está a porta do quarto. [Observação: esse foco profundo foi alcançado com uma exposição dupla. O copo foi filmado primeiro com o restante do quadro escuro, depois o rolo de filme foi rebobinado.]*

Alguém bate na porta. Tentam abri-la pelo lado de fora. Uma pausa. Logo a porta é arrombada e KANE *entra no quarto, sua silhueta é vista no corredor. O* MORDOMO *é visto atrás dele.* KANE *reage à figura na cama.*

KANE
Chame o Dr. Corey.

Enquanto o MORDOMO *sai de quadro,* KANE *anda na direção da câmera e se ajoelha ao lado da cama, debruçando-se sobre a esposa. Ela move a cabeça com fraqueza.* KANE *olha para o remédio em primeiro plano.*

DISSOLVE PARA:

2. INT. QUARTO. NOITE

O dissolve é quase o mesmo exato ângulo de câmera. O quadro está tomado pela maleta preta de um médico.

DR. COREY
(fora de quadro)
Ela ficará perfeitamente bem...

Entrando no quadro, a mão do DR. COREY *levanta a maleta para fora do quadro. Isso revela* SUSAN ALEXANDER *deitada na cama na mesma posição. Uma* ENFERMEIRA *vestida de branco está debruçada sobre ela.*

DR. COREY
(fora de quadro)
... em um ou dois dias, sr. Kane.

A ENFERMEIRA *agora se levanta e revela* KANE, *que está sentado em uma cadeira ao lado da cama. Enquanto a* ENFERMEIRA *sai de cena,* KANE *examina o frasco em suas mãos.*

KANE
Não posso imaginar como a sra. Kane cometeu um erro tão estúpido.

O DR. COREY, *tendo pegado seu chapéu, volta para o quadro.*

KANE
(continuando)
O sedativo que o Dr. Wagner deu a ela está em um frasco um pouco maior – imagino que o estresse de preparar a nova ópera a deixou excitada e a confundiu.

DR. COREY
Sim, sim, esteja certo de que é isso.

KANE
Não é um problema eu ficar aqui com ela, certo?

O MÉDICO *olha para a* ENFERMEIRA. *Ela está de pé perto da porta.*

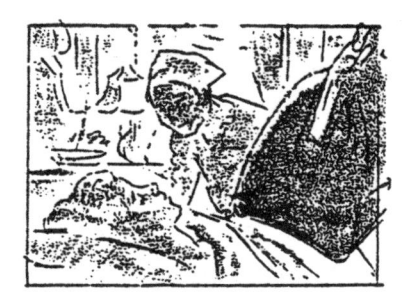

DR. COREY
Não, nenhum problema. Mas eu gostaria que a enfermeira ficasse aqui também.

O DOUTOR *caminha até a porta.*

DR. COREY
Boa noite, sr. Kane.

O DOUTOR *sai, fechando a porta atrás de si. A* ENFERMEIRA, *ao fundo, espera, imóvel.* KANE *permanece sentado na cadeira ao lado da cama, com o pequeno frasco em mãos, olhando a figura na cama. Ela se move, um movimento pequeno que vira seu rosto em direção à câmera, e contra* KANE.

Epílogo

Não existiam escolas de cinema quando, jovem, eu estava obcecado pelo sonho de fazer filmes, e havia poucos livros sobre o ofício. Assim, quando, depois de muitos anos como diretor, fui convidado a me tornar um professor, percebi que havia chegado à teoria (de que muitos dos livros "sobre" cinema tratam) somente depois da prática. Para a maioria dos diretores, a habilidade é fruto de muita experiência prática que se torna uma questão de instinto e intuição. Na verdade, um bom diretor é capaz de não saber sobre as lógicas por trás de seu método de trabalho, assim como um escritor está alheio à estrutura gramatical das frases que usa enquanto está em pleno processo criativo.

É o mesmo que a gramática de qualquer meio de comunicação: é preciso pensar (ou ler) sobre ela apenas se algo não está funcionando como deveria, ou se for necessário corrigir os erros de outra pessoa. A melhor defesa que posso oferecer sobre a teoria e o enorme número de livros sobre cinema é que eles podem ser de grande valor quando você se depara com problemas, não percebe imediatamente o que está errado, ou precisa mudar de um modo de pensar instintivo para um analítico. Lembre-se: a teoria geralmente não o ajudará a fazer um trabalho bom, embora possa servir para identificar seus erros e, portanto, às vezes pode ser útil para fins corretivos.

Essas anotações exploram os processos pelos quais certos usos comuns foram desenvolvidos pelos cineastas e, por sua vez, tornaram-se estruturas que foram rapidamente compreendidas pelo público. A importância de estudar padrões convencionais e estabelecidos da comunicação cinematográfica não é determinar nenhuma lei imutável. É para ajudá-lo a examinar os processos que estão sempre em evolução: como eles funcionaram e por que tiveram efeito no passado. Se você é capaz de entender essas coisas, então não é preciso pensar em "regras". Compreender a função de usos tradicionais deixará você livre para inventar e inovar quando necessário. Espero que uma das ideias subjacentes em tudo o que escrevi para você, como estudante de cinema, seja quão maleáveis acredito que essas ideias sejam. Já vi estudantes se perderem ao se enterrarem em um mundo de regras e convenções concretas.

Há algum tempo, recebi uma resposta de um executivo de um estúdio de TV, um homem em condições de oferecer oportunidades de carreira para alunos de graduação. Eu havia perguntado o que ele procurava nas pessoas que se candidatavam a uma vaga de emprego, e ele respondeu: "O fato é que nós não estamos interessados no que um jovem aprendeu sobre as técnicas. É um começo, claro. Seu esforço na faculdade pode demonstrar uma aptidão. Mas acreditamos que será sempre necessário recomeçar, treinando um novo empregado com nossos próprios métodos, nosso equipamento e nossa tecnologia. Estamos muito mais interessados na imaginação dos alunos, suas ideias, seus impulsos e compulsões, suas habilidades criativas."

Para dizer a verdade, fiquei um pouco aliviado com a resposta desse potencial empregador à minha pergunta, porque significa que, como membro do corpo docente desta instituição, o que posso fazer para usar meu tempo de maneira útil é tentar descobrir onde estão os verdadeiros impulsos dos alunos para fazer filmes e, por sua vez, a melhor forma de aproveitá-los ao máximo. Afinal, quando jovens recém-formados do Ensino Médio me procuram e afirmam saber exatamente que tipo de cinema querem produzir, sempre fico um pouco desconfortável. Talvez tudo o que eu possa fazer no sentido negativo seja deixar de encorajar algumas de suas compulsões menos admiráveis. Essa é uma maneira negativa de colocar as coisas, mas parece uma abordagem mais construtiva do que simplesmente impor meus próprios valores a você. A melhor coisa que posso fazer é ser um pouco menos entusiasmado quando você está ansioso demais para fazer algo que acho que não vale a pena.

Embora eu não esteja tão seguro de que seja possível ensinar qualquer pessoa a ter talento, é possível criar um ambiente para o estudo e oferecer oportunidades para o esforço de aprender. Ocasionalmente um aluno observou que, embora os cursos que eu presidia fossem (ou não) interessantes, "não aprendi nada que já não soubesse – mesmo que não soubesse que sabia. Talvez seja assim mesmo que deveria ser. Não havia alguns filósofos gregos antigos que acreditavam que *todo* conhecimento e sabedoria já estavam presentes dentro do homem, que o significado da palavra "educação" ("e" sendo para fora, "ducare" significando liderar) é simplesmente o processo de ajudar a trazer tal conhecimento para um estado consciente? Pode ser declarado assim: como um instrutor, as únicas coisas que posso ensinar são as que você já sabe, aquelas ideias e opiniões que, se você parasse para analisar por mais de dez segundos, provavelmente compreenderia intuitivamente em um nível básico. Isso é, acredito, o que respeitosamente procurei fazer com estas aulas e anotações. Espero que você faça o melhor uso delas.

Sobre o editor

Paul Cronin foi pesquisador e tradutor do livro *Cassavetes on Cassavetes* (Faber), de Ray Carney, além de consultor editorial de uma coleção de entrevistas da Knopf, extraídas dos arquivos do American Film Institute, editadas por George Stevens Jr. Ele é o editor de diversos livros, incluindo um aclamado volume de entrevistas com o diretor alemão Werner Herzog, *Herzog on Herzog* (Faber), e dois volumes – Roman Polanski e Errol Morris – da série "Conversas com cineastas", da Mississippi University Press. Já escreveu para diversas revistas, incluindo a *Sight and Sound* e a *Vertigo*. Cofundador da Sticking Place Films (www.thestickingplace.com), seus filmes *"Look out Heskell, it's real!" The Making of Medium Cool* e *Film as a Subversive Art: Amos Vogel and Cinema 16* foram exibidos em emissoras de televisão e em festivais de cinema em todo o mundo. A Sticking Place Films recentemente concluiu *Mackendrick on Film*, que contém imagens de Alexander Mackendrick dando aulas no CalArts, entrevistas com seus alunos e colegas, além de trechos de entrevistas de arquivo com Mackendrick sobre sua carreira como professor de cinema. No momento, ele está escrevendo uma monografia sobre *Dias de fogo* [*Medium Cool*] e trabalhando em um novo filme na Virgínia Ocidental.

GRÁFICA PAYM
Tel. [11] 4392-3344
paym@graficapaym.com.br